수능 감[感] 잡기

영어영역

영어

 정답과 해설은 EBSi 사이트(www.ebsi.co.kr)에서 다운로드 받으실 수 있습니다.

| 교재
내용
문의 | 교재 및 강의 내용 문의는 EBSi 사이트
(www.ebsi.co.kr)의 학습 Q&A 서비스를
활용하시기 바랍니다. | 교재
정오표
문의 | 발행 이후 발견된 정오 사항을 EBSi 사이트
정오표 코너에서 알려 드립니다.
교재 ▶ 교재 자료실 ▶ 교재 정오표 | 교재
정정
신청 | 공지된 정오 내용 외에 발견된 정오 사항이
있다면 EBSi 사이트를 통해 알려 주세요.
교재 ▶ 교재 정정 신청 |

내신에서 수능으로
수능의 시작, 감부터 잡자!

내신에서 수능으로 연결되는 포인트를 잡는 학습 전략

내신형 문항
내신 유형의 문항으로
익히는 개념과 해결법

**동일한
소재·유형**

수능형 문항
수능 유형의 문항을
통해 익숙해지는 수능

수능
감[感]
잡기

영어영역
영어

EBS 수능 감 잡기 영어 **차례**

CONTENTS

EBS 수능 감 잡기 **구성과 특징**

STRUCTURE

EBS 수능 감 잡기 영어 교재는 수능과 내신 영어 대비를 위한 종합서로 수능 영어 독해의 모든 유형을 체계적으로 학습할 수 있도록 개발되었습니다. 수능 독해 유형별로 효과적인 영어 읽기 전략을 제시하여 문제 해결력을 향상하고 수능과 함께 내신도 대비할 수 있도록 교재를 구성하였습니다. 본 교재의 구성은 다음과 같습니다.

이 책의 구성

❶ Ready – 내신 感잡기

독해 유형별 기출 지문을 제시하고 어떤 방식으로 글을 읽어나가야 하는지 설명하여 문제 풀이에 앞서 지문을 분석하는 기본 독해 능력을 높일 수 있도록 하였습니다.

Check : 지문을 좀 더 집중하여 읽을 수 있도록 내신에 출제 가능한 문항을 제시하였습니다.

❷ Get Set – 수능 感잡기

기출문제를 통해 수능에서는 어떤 유형이 출제되는지 안내하고 어떤 방식으로 문제에 접근해야 하는지 설명하여 유형에 대한 쉬운 이해와 접근이 가능하도록 하였습니다.

❸ Go – 수능 내신 둘多 잡기

수능 유형별 연습 문제를 제시하여 해당 유형을 집중적으로 학습할 수 있도록 하였습니다.

Check : 지문을 좀 더 집중하여 읽을 수 있도록 내신에 출제 가능한 문항을 제시하였습니다.

❹ PLUS – 어법道 잡기 & 어휘道 잡기

수능에서 꼭 필요한 어법과 어휘를 연습할 수 있도록 하였습니다.

❺ 정답과 해설

소재–해석–해설–구문–어휘의 순서로 구성된 상세한 해설을 통해 학습자의 이해를 높이고 문제를 정확히 해결하는 데 도움을 주고자 하였습니다.

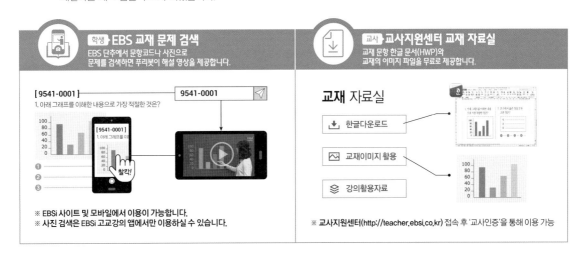

01 글의 목적 파악

APPROACH	**글의 목적은 어떻게 파악하나요?**

❶ **필자가 글을 쓴 배경을 이해하세요!** 일반적으로 글의 전반부에는 필자에 대한 소개 또는 글을 쓴 배경이 제시됩니다.

❷ **글 중반부 이후 내용에 담긴 필자의 의도를 파악하세요!** 글을 쓴 배경을 설명한 후 글의 중반부 이후에 필자가 글을 쓰게 된 궁극적 목적이 드러나는 경우가 많습니다.

❸ **직접 독자의 입장이 되어 필자가 글을 쓴 이유를 판단하세요!** 직접 독자의 입장이 되어 필자가 무슨 의도로 글을 썼는지를 파악하고, 필자가 원하는 것이 무엇인지 생각해 보세요.

READY | 내신 感 잡기

■ 다음 글을 읽고 글의 목적을 알아봅시다. | 전국연합학력평가 | ● 9541-0001

Dear Mr. Spencer,

I (a) <u>live</u> in this apartment for ten years as of this coming April. I have enjoyed living here and hope to continue doing so. **INTRO** When I first moved into the Greenfield Apartments, I was told that the apartment had been recently painted. Since that time, **CLUE 1** I have never touched the walls or the ceiling. Looking around over the past month has made me **CLUE 2** realize how old and dull the paint has become. **CLUE 3** I would like to update the apartment with a new coat of paint. I understand that this would be at my own expense, and that **SUMMARY** I must get permission to (b) <u>do so</u> as per the lease agreement. Please advise at your earliest convenience.

Sincerely,
Howard James

∗ **as per** ∼에 따라서

G U I D E		
	Introduction	처음 이사 왔을 때 최근에 도색 작업을 했다고 들음
	CLUE 1	이후 벽이나 천장에 손을 댄 적이 없음
	CLUE 2	페인트가 얼마나 오래되고 흐려졌는지 깨달음
	CLUE 3	새 페인트칠로 아파트를 새롭게 하고 싶음
	Summary	임대차 계약에 따라 허락을 받아야 함

↓

글의 목적 ▶ 아파트 도색 작업에 대한 허락을 받으려고

✔ Check

☐ **1.** 윗글의 밑줄 친 **(a) live**를 문맥에 맞게 올바른 형태로 고쳐 쓰시오.

_____

☐ **2.** 윗글의 밑줄 친 **(b) do so**가 가리키는 내용을 우리말로 쓰시오.

_____

■ 다음 글의 목적으로 가장 적절한 것은? | 대수능 | ○ 9541-0002

Dear Mr. Reese,

❶A few days ago, I submitted my application and recipe for the 2nd Annual DC Metro Cooking Contest. However, ❷I would like to change my recipe if it is possible. I have checked the website again, but I could only find information about the contest date, time, and prizes. ❸I couldn't see any information about changing recipes. ❹I have just created a great new recipe, and I believe people will love this more than the one I have already submitted. ❺Please let me know if I can change my submitted recipe. I look forward to your response.

Best Regards,
Sophia Walker

① 요리 대회 일정을 안내하려고   ② 요리 대회 심사 결과를 확인하려고
③ 요리법 변경 가능 여부를 문의하려고   ④ 새로운 요리법 개발을 요청하려고
⑤ 요리 대회 불참을 통보하려고

GUIDE

❶ 도입	자신이 요리 대회를 위해 지원서와 요리법을 제출했음을 알림
❷ 배경1	요리법을 바꾸고 싶음
❸ 배경2	요리법을 바꾸는 것에 대한 정보를 찾을 수 없었음
❹ 배경3	자신이 더 좋은 새로운 요리법을 만들었음
❺ 해결책	제출한 요리법을 바꿀 수 있는지 알려주기를 바람

글의 목적 ▶ 요리법 변경 가능 여부를 문의하려고

Words & Phrases

submit 제출하다   **application** 지원서   **recipe** 요리법
look forward to ~을 고대하다

01

◎ 9541-0003

다음 글의 목적으로 가장 적절한 것은?

Dear People,

  This is our first winter in Fairview. So far your department's work in removing the snow from the main streets and highways has been very efficient. But for whatever reason, the snowplow drivers seem to have decided to deposit much of the snow from up the street in the small cutout that leads to our driveway. Both times we had to dig through a wall of snow left by the plows. This morning, I was unable to get out of my driveway in time to get the children to school, and had to ask a neighbor for help. I want to set up a meeting with a supervisor at your department to discuss the situation and find a better solution for snow removal in this neighborhood. Please call me at the number listed on this letter.

Sincerely,

Karen Diamond

① 폭설로 인해 등교시간이 변경되었음을 알리려고
② 불법 주차로 인한 제설 작업의 어려움을 호소하려고
③ 치운 눈을 쌓아둔 위치에 대해 이의를 제기하려고
④ 눈 오는 날 차량 운행을 자제해 줄 것을 당부하려고
⑤ 눈 치우기를 좀 더 이른 시간에 해줄 것을 요구하려고

✔ Check 01

다음 영영 풀이에 해당하는 단어를 윗글에서 찾아 쓰시오.

> a person who is in charge of an activity, a place, or a group of people such as workers or students

→ _____

✔ Check 02

윗글의 내용에 근거하여 다음 물음에 대한 적절한 대답을 영어 문장으로 쓰시오.

What did the writer do to get out of the driveway?

_____

Words & Phrases

department 부서, 부처   **efficient** 효율적인   **snowplow** 제설차
deposit 쌓아놓다   **cutout** 구역, 오려낸 부분   **driveway** 진입로, 사유 차도
get out of ~에서 빠져 나오다   **set up a meeting with** ~와 만날 약속을 잡다
supervisor 관리자, 감독관   **list** (목록에) 올리다, 기재하다

02

○ 9541-0004

다음 글의 목적으로 가장 적절한 것은?

Dear Chairperson,

I came home tonight to one of your LED streetlights in front of my home. This daytime-like light is super bright and fills my house with unnecessary light at night. It also pollutes the night sky and washes out any chance of seeing stars—one of the reasons I moved here from the city. I am incredibly disappointed that the town council installed these at great cost without any public consultation. No one asked me if I wanted stadium grade lighting in front of my house. This is another example of city politicians solving problems that don't exist at great expense to taxpayers. Thanks to this new artificial sun, my house is filled with bright light and I'm emailing you, unable to sleep, and contemplating new curtains to keep this piercing light out of my face.

① 광공해를 줄일 수 있는 새로운 방안을 제시하려고
② 가로등을 교체해 준 것에 대해 감사의 뜻을 전하려고
③ 범죄 예방을 위해 가로등 밝기를 높일 것을 요구하려고
④ 교통안전을 위해 신호등을 새로 설치할 것을 건의하려고
⑤ 주민 의견을 듣지 않고 LED 가로등을 설치한 것에 항의하려고

✔ Check 01

윗글의 내용을 통해 필자에 대해 알 수 있는 것은?

① LED 조명을 설치하는 작업을 하고 있다.　② 이사 와서 밤하늘의 별을 보기를 원했다.

③ 야간 경기를 위한 경기장 건립을 지지한다.　④ 세금 인상의 필요성에 대해 공감하고 있다.

⑤ 새로 구입한 커튼에 대해 매우 실망하고 있다.

✔ Check 02

윗글의 밑줄 친 No one ~ my house.를 다음과 같이 화법을 바꿔 쓸 때 빈칸에 들어갈 적절한 말을 쓰시오.

→ No one said to me, "＿＿＿＿＿＿＿＿＿＿＿＿＿＿＿＿＿＿＿＿＿＿＿＿"

Words & Phrases

LED 발광 다이오드(light-emitting diode)	**streetlight** 가로등	**unnecessary** 불필요한
pollute 더럽히다, 오염시키다	**wash out** 없애다	**incredibly** 몹시, 믿을 수 없을 정도로
disappointed 실망한	**town council** 시의회	**install** 설치하다
consultation 협의, 상의	**stadium grade lighting** 경기장급 조명	**taxpayer** 납세자
artificial 인공의	**contemplate** 고려하다, 생각하다	**piercing** 관통하는, 꿰뚫는

03

9541-0005

다음 글의 목적으로 가장 적절한 것은?

Dear Cindy,

As always, I am writing to wish all of you the best for the coming year. This time, though, there is a change; we will not be hosting a New Year's party at our home. As I'm sure you all know, George has been undergoing chemotherapy for the past few months and is just now beginning to regain his strength. Happily, <u>it appears that he is on the road to recovery</u>. Several months ago we made the decision that as soon as he was able we were going to head somewhere warm and different. And so we have booked a two-week cruise to South America that will leave in mid-December and return after January 1. We promise to extend a toast to all of you and hope that you and your family enjoy much happiness and good fortune in the New Year.

Fondly,
Jenny

① 병상에서 투병 중인 친구를 격려하려고
② 파티 장소를 예약해줄 것을 부탁하려고
③ 신년 파티를 주최하지 못하게 됨을 알리려고
④ 유람선 여행에 필요한 정보를 문의하려고
⑤ 연말연시 여행을 위한 휴양지를 추천하려고

✔ Check 01

윗글의 밑줄 친 it appears that he is on the road to recovery를 다음과 같이 시작하여 바꿔 쓰시오.

→ he _____

✔ Check 02

윗글의 내용에 근거하여, 다음 물음에 대한 적절한 대답을 영어 문장으로 쓰시오.
What does Jenny plan to do in mid-December and early January?

_____

Words & Phrases

wish ~ the best ~에게 행운을 빌다
on the road to recovery 회복 중인
extend 건네다, 내밀다
undergo 받다, 겪다
book 예약하다
toast 축배, 건배
chemotherapy 화학 요법
cruise 유람선 여행
fondly 애정을 듬뿍 담아

04

◎ 9541-0006

다음 글의 목적으로 가장 적절한 것은?

The Village of Belleville water system has experienced excessive consumption in the last several weeks. That, coupled with the ongoing extreme heat and lack of rain, has caused an increase in water consumption for outdoor activities including pool filling and lawn, yard and garden care. A steady decline in the water level in our reservoir has triggered this notice. Customers are hereby requested to conserve water. Conservation methods include refraining from car washing, swimming pool filling, lawn watering as well as limiting laundry washing and any unnecessary water use. For more information, you may contact Mr. Thomas Compo or Mr. Rich Ross of the Village of Belleville.

① 수질 검사의 중요성을 홍보하려고
② 하수 처리 비용 납부를 독촉하려고
③ 다양한 수자원 보호 방법을 알려주려고
④ 물 아껴 쓰기에 참여할 것을 촉구하려고
⑤ 외부 물놀이 활동 시 주의사항을 안내하려고

✅ Check 01

다음 영영 풀이에 해당하는 단어를 윗글에서 찾아 쓰시오.

> a usually artificial lake that is used to store a large supply of water for use in people's homes, in businesses, etc.

→ _____

✅ Check 02

윗글에서 물 절약 방법으로 제시된 것을 찾아 우리말로 쓰시오.

_____

Words & Phrases

excessive 과도한, 지나친	**consumption** 소비	**couple** 결합하다
ongoing 계속 진행 중인	**extreme** 극심한	**steady** 꾸준한
reservoir 저수지	**trigger** 유발하다, 촉발하다	**conserve** 아끼다, 아껴 쓰다
refrain 삼가다		

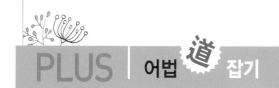

Grammar Review

| 정답과 해설 5쪽 |

1. 다음 밑줄 친 부분 중 어법상 **틀린** 것을 골라 바르게 고치시오.   9541-0007

①Thanks to this new artificial sun, my house is filled with bright light and I'm emailing you, ②unable to sleep, and ③to contemplate new curtains ④to keep this piercing light out of my face.

2. 네모 안에서 어법상 알맞은 표현을 고르시오.   9541-0008

And so we have booked a two-week cruise to South America (A) that / where will leave in mid-December and (B) return / returned after January 1.

3. 괄호 안에 주어진 낱말을 알맞은 형태로 고쳐 쓰시오.   9541-0009

That, (A)(couple) with the ongoing extreme heat and lack of rain, has caused an increase in water consumption for outdoor activities (B)(include) pool filling and lawn, yard and garden care.

4. 괄호 안에 주어진 낱말을 알맞은 순서대로 배열하시오.   9541-0010

Please let me know (can, my, I, change, if, recipe, submitted).

수능에 잘 나오는 Grammar Point

간접의문문의 개념과 어순

의문문이 절 속에서 주어나 목적어가 되면서 명사절 역할을 할 때, 이 명사절을 '간접의문문'이라 한다. 의문문에 의문사가 있는 경우와 의문사가 없는 경우에 따라 아래와 같은 순서를 따른다.

1. 의문사가 있는 의문문의 간접의문문 〈의문사 + 주어 + 동사〉

Ex Please ask them **what they want** for dinner.
(그들이 저녁식사로 무엇을 원하는지 여쭤봐 주세요.)

Ex I didn't know **how long I would stay** there.
(나는 얼마나 오랫동안 거기에 머무르게 될지를 몰랐다.)

2. 의문사가 없는 의문문의 간접의문문 〈whether 또는 if + 주어 + 동사〉

Ex I don't know **whether they were invited.**
(나는 그들이 초대받았는지 여부를 모른다.)

Ex Do you know **if he'll come** to the party?
(그가 파티에 올 것인지 아닌지를 알고 있니?)

Vocabulary Review

| 정답과 해설 5쪽 |

1. 다음 우리말에 해당하는 단어를 쓰시오.   ● 9541-0011

(1) 과도한: _____   (2) 납세자: _____

(3) 관통하는, 꿰뚫는: _____   (4) 흐릿한: _____

2. 주어진 뜻풀이에 대한 단어를 찾아 연결하시오.   ● 9541-0012

(1) a set of instructions for cooking a particular type of food •   • efficient

(2) to experience or endure something   •   • deposit

(3) to leave an amount of something, such as sand, snow, or mud on a surface or area   • recipe

(4) working quickly and effectively   •   • undergo

3. 다음 문장의 빈칸에 들어갈 말을 [보기]에서 찾아 쓰시오.   ● 9541-0013

보기

    consultation   cruise   update   department

(1) Our _____ deals mainly with imports and exports.

(2) The town decided to close the park without any _____ with residents.

(3) We went on a weeklong _____ down the Yangtze River.

(4) Nursing staff are sent on training courses to _____ their skills every year.

Vocabulary in Context

1. 다음 네모 안에서 문맥에 맞는 낱말을 고르시오.   ● 9541-0014

(1) In this city with good public transportation system, owning a car is necessary / unnecessary .

(2) You need to submit your application / applicant before the end of the month.

2. 괄호 안에 주어진 단어의 반의어로 빈칸을 완성하시오.   ● 9541-0015

(1) The chef always used real vanilla made from vanilla beans rather than a_____ vanilla flavoring. (natural)

(2) We need to cut down on our fuel c_____ to prevent air pollution. (conservation)

02 주제 추론

주제는 어떻게 찾나요?

❶ **글 전반부를 주목하세요!** 글의 전반부에는 글의 요지(main idea)나 핵심 내용과 관련된 특정 표현이 있습니다.
❷ **글 후반부를 놓치지 마세요!** 글의 후반부에는 전체 내용을 요약하고, 결론을 내리며, 강조하는 내용이 있습니다.
❸ **특정한 주제문이 없는 글이 있음을 명심하세요!** 주제문이 분명하게 드러나지 않는 글은 반복되는 표현이나 구체적 진술들을 일반화하여 핵심 내용을 찾고, 이를 통해 주제를 파악해야 합니다.

READY | 내신 感 잡기

■ 다음 글을 읽고 글의 주제를 알아봅시다. | EBS 우수 문항 |　　　　　　　○ 9541-0016

INTRO When gauging a newborn baby's health, one of the first signs doctors look for is weight gain. **CLUE 1** If you want to impress your doctor with how fast your little one can gain weight, incorporate a 5- to 15-minute massage into your daily routine. Massage relaxes your baby and aids in digestion, so food is better absorbed. Better absorption gives your baby a better than average chance of gaining weight. **CLUE 2** In addition, massage stimulates growth-enhancing hormones. Have you ever wondered why animals lick their young just after birth? **CLUE 3** Touch is nature's way of stimulating growth. Remember this every time your dog starts to lick you and won't stop: Your pet is just responding to his intuition. **CLUE 4** Maybe he thinks you could stand to gain a few pounds!

GUIDE		
	Introduction	신생아의 건강 측정 – 체중 증가
	CLUE 1	매일 5분에서 15분간 마사지 – 아이를 편안히 하고 소화를 도와 체중을 늘게 함
	CLUE 2	마사지 – 성장 강화 호르몬 자극
	CLUE 3	접촉 – 성장을 자극하는 자연의 방법
	CLUE 4	애완견이 핥아줌 – 몇 파운드 체중을 늘릴 수 있을 것으로 생각하는 듯함

↓

Topic	effects of massage on the baby's weight and growth

✔ Check

☐ **1.** 윗글의 밑줄 친 **Better ~ weight.**을 다음과 같이 바꿔 쓸 때 빈칸에 들어갈 적절한 말을 쓰시오.

→ If _____ _____ better _____, your baby will _____ a better than average chance of gaining weight.

☐ **2.** 윗글의 내용을 참조하여 주어진 철자로 시작하는 단어로 빈칸을 채우시오.

Why does your dog lick you and won't stop?
→ Because he may think t_____ is nature's way of s_____ g_____.

| APPROACH | 수능에서 주제 추론 유형은? | 주제 추론은 필자가 말하고자 하는 핵심 내용을 찾는 능력을 측정하는 유형으로, 해마다 한두 문항이 영문 선택지로 출제된다. 주제는 글의 처음이나 마지막 부분에 드러나는 경우가 많지만, 주제문이 명시적으로 드러나지 않는 경우는 반복되는 어구가 핵심 내용일 가능성이 매우 높으므로, 이를 주목하면 주제 파악에 도움이 된다. |

■ 다음 글의 주제로 가장 적절한 것은? | 전국연합학력평가 | ○ 9541-0017

❶In this world, being smart or competent isn't enough. People sometimes don't recognize talent when they see it. Their vision is clouded by the first impression we give and that can lose us the job we want, or the relationship we want. ❷The way we present ourselves can speak more eloquently of the skills we bring to the table, if we actively cultivate that presentation. ❸Nobody likes to be crossed off the list before being given the opportunity to show others who they are. Being able to tell your story from the moment you meet other people is a skill that must be actively cultivated, in order to send the message that you're someone to be considered and the right person for the position. ❹For that reason, it's important that we all learn how to say the appropriate things in the right way and to present ourselves in a way that appeals to other people—tailoring a great first impression.

* eloquently 설득력 있게

① difficulty of presenting yourself in public
② risks of judging others based on first impressions
③ factors keeping you from making great impressions
④ strategies that help improve your presentation skills
⑤ necessity of developing the way you show yourself

GUIDE

❶ 도입	똑똑하거나 능력이 있는 것만으로는 충분하지 않음
❷ 핵심 내용1	우리 자신을 보여주는 방식 → 기여할 기술들에 대해 더 설득력 있게 말해줄 수 있음
❸ 핵심 내용2	누구인지를 보여줄 기회를 제공받기 전에 목록에서 지워지는 것을 좋아하지 않음
❹ 결론	다른 사람에게 매력적인 방식으로 우리 스스로를 보여주는 방법을 배우는 것이 중요함

↓

주제 ▶ 자신을 보여줄 방법을 개발할 필요성

Words & Phrases

competent 유능한
first impression 첫인상
cultivate 개발[계발]하다, 경작하다
appropriate 적절한
tailor (특별한 요구나 목적에 맞게) 만들다[변경하다]

recognize 알아차리다, 인식하다
bring to the table ~에 기여하다, ~의 이익을 제공하다
presentation 보여주기
appeal to ~에게 매력적이다, ~에게 호소하다

cloud 가리다, 흐리게 하다
cross off (명단에서) 지우다, 빼다

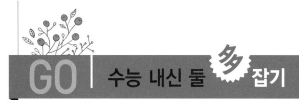

01

◎ 9541-0018

다음 글의 주제로 가장 적절한 것은?

When encounters between strangers are common, then some kind of governance is necessary based not on their unique relationship as individuals, but on generic principles: "All are equal under the law." Laws in the form of explicit codes are never found in pre-civilized peoples, (a) nor are they necessary. It is no accident that as modern society grows increasingly anonymous, and as we pay strangers to perform more and more life functions, the reach of the law extends further and further into every corner of life. Disputes that were settled informally a generation ago are today routinely administered according to written rules. Indeed, without some kind of formal standard we would feel insecure, for we would literally be at the mercy of strangers. (b) This trend is a necessary consequence of the alienation and depersonalization that began with agriculture.

* **generic** 일반적인, 포괄적인   ** **alienation** 소외

① the independence of law enforcement
② general questions about the nature of law
③ the application of the law to specific facts
④ the process of law-forming and law-making
⑤ the background for the extended application of the law

✔ Check 01

윗글의 밑줄 친 (a) nor are they necessary를 다음과 같이 바꿔 쓸 때 빈칸에 들어갈 적절한 말을 쓰시오.

→ ＿＿＿＿＿＿＿ laws in the form of explicit codes are not necessary for ＿＿＿＿＿＿＿
＿＿＿＿＿＿＿, ＿＿＿＿＿＿＿

✔ Check 02

윗글의 밑줄 친 (b) This trend가 가리키는 내용이 담긴 문장을 찾아 우리말로 해석하시오.

Words & Phrases

encounter 접촉, 만남, 조우
based on ~에 근거하여
pre-civilized 문명화되기 이전의
reach (미치는) 범위
settle 해결하다, 정착시키다
insecure 불안한
trend 경향, 추세

governance 통치, 지배
explicit 명시적인, 명백한
anonymous 익명의
extend 확장되다
administer 관리하다
literally 완전히, 글자 그대로
depersonalization 비인격화, 몰 개성화

unique 독특한
code 규약, 법전
function 직무, 기능, 행사
dispute 분쟁, 논쟁
standard 기준, 표준
at the mercy of ~에 휘둘리는, ~에 좌우되어

14 EBS 수능 감 잡기

02

○ 9541-0019

다음 글의 주제로 가장 적절한 것은?

Young children can be quite unforgiving because they deal in logic that is self-centered, unrealistic, and dominated by emotion. (a)The same can be true of adolescents. For the first time they begin to see that the adult world is complex, imperfect, and at times unfair— but still a world in which they have to live. This, in large part, accounts for the heightened levels of anger in these early years. As you grow older, forgiveness is more of an option. Child logic no longer prevails. You have a more balanced, realistic view of yourself and your fellow human beings. You come more and more to acknowledge and accept the fact that we're all frail creatures. We hurt each other, (b)intentionally or not, as we journey through life. Maybe the ability to forgive is the real gift of age.

① forgiveness that comes with maturity
② ways to ask for forgiveness and forgive
③ how to move from anger to forgiveness
④ steps to expressing anger constructively
⑤ influence of forgiveness on mental health

✓ Check 01

윗글의 밑줄 친 (a) The same can be true of adolescents.가 구체적으로 의미하는 바를 우리말로 쓰시오.

_____

✓ Check 02

윗글의 밑줄 친 (b) intentionally or not을 다음과 같이 바꿔 쓸 때 빈칸에 들어갈 적절한 말을 쓰시오.

→ _____ we do it _____ or not

Words & Phrases

unforgiving 용서를 잘 안 하는, 용서하지 않는
self-centered 자기중심적인
adolescent 청소년
account for ~을 설명하다
acknowledge 인정하다
creature 동물, 생물

deal in ~을 사용하다, ~을 취급하다
dominate 지배하다, 좌우하다, 우세하다
imperfect 불완전한
more of (오히려) ~에 가까운
accept 받아들이다, 믿다
journey 여행하다, 이동하다

logic 논리
be true of ~에 적용되다
in large part 대부분
prevail 효과를 발하다, 성공[승리]하다, 만연하다
frail 허약한, 연약한

03

9541-0020

다음 글의 주제로 가장 적절한 것은?

If the telephone rings in a neighboring room, we just get up and answer it. However, if the telephone rings on another floor, we shout to ask if someone else will answer it. Going up and down stairs and steps (A) require / requires new movements, more muscle power, and walking rhythm has to be changed to climbing rhythm. These factors make (B) it / that more difficult to go up and down than to move on the same plane, or alternatively, to be transported mechanically up and down. At metro stations, in airports and department stores, people stand in line to take the escalator, while staircases next to them are almost empty. Shopping malls and department stores built in several stories (C) rely / relies on escalators and elevators to move people from floor to floor. If the transport breaks down, people go home!

① reasons for avoiding stairs and steps
② necessity of stairs and steps in buildings
③ advantages and disadvantages of staircases
④ demands for new stairs and steps for walking
⑤ characteristics of staircases in modern societies

✔ Check 01

윗글의 밑줄 친 These factors가 가리키는 내용을 찾아 우리말로 쓰시오.

✔ Check 02

윗글 (A), (B), (C)의 네모 안에서 어법에 맞는 표현으로 가장 적절한 것은?

	(A)	(B)	(C)		(A)	(B)	(C)
①	require	that	rely	②	require	it	relies
③	requires	it	rely	④	requires	it	relies
⑤	requires	that	rely				

Words & Phrases

neighboring 인접한, 근처의
alternatively 그 대신에, 대안으로
metro 지하철, 수도권
story (건물의) 층

require 필요로 하다, 요구하다
transport 운송[수송]하다; 운송[수송] 수단
staircase (난간 등을 포함한) 계단, (건물의) 계단 부분
break down 고장 나다

plane 평면, 국면
mechanically 기계로, 기계적으로

04

⊙ 9541-0021

다음 글의 주제로 가장 적절한 것은?

Time devoted to family responsibilities influences a woman's opportunity for leisure. Care for children and older relatives are family responsibilities that are mostly performed by women. For example, the birth of a woman's first child has a dramatic influence on a woman's leisure. Often women will organize their leisure around their family tasks and duties, while men are much less likely to allow family to (A) interact / interfere with their leisure. As a result, women's own leisure experiences may be (B) constrained / extended . Research studies have documented _____ women put much time and effort into guaranteeing _____ family leisure activities are positive experiences for their family at the cost of their own leisure desires and interests. Therefore these family leisure activities may appear to be leisure but may be experienced as (C) paid / unpaid work by women.

① women's increasing desires for leisure
② the economic analysis of women's leisure activities
③ women's leisure restricted by family tasks and duties
④ characteristics of leisure activities for married women
⑤ new programs for more leisure opportunities for women

✔ Check 01

윗글의 빈칸에 공통으로 들어갈 한 단어를 쓰시오.

_____

✔ Check 02

윗글 (A), (B), (C)의 각 네모 안에서 문맥에 맞는 낱말로 가장 적절한 것은?

(A)	(B)	(C)	(A)	(B)	(C)
① interact ┄┄ constrained ┄┄ paid			② interact ┄┄ extended ┄┄ unpaid		
③ interfere ┄┄ constrained ┄┄ unpaid			④ interfere ┄┄ extended ┄┄ unpaid		
⑤ interfere ┄┄ constrained ┄┄ paid					

Words & Phrases

devoted 바쳐진, 헌신적인	**leisure** 여가, 한가한 시간	**mostly** 주로, 대부분
dramatic 극적인	**organize** 계획하다, 조직하다	**task** (힘든) 일, 과업
interfere 방해하다, 간섭하다	**constrain** 제한하다, 강요하다	**document** 실증하다, 기록하다
guarantee 보장하다, 확실히 하다	**at the cost of** ~을 희생하여	**unpaid** 무보수의, 미납의

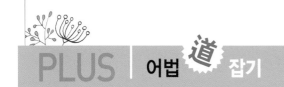
Grammar Review

정답과 해설 9쪽

1. 다음 밑줄 친 부분 중 어법상 틀린 것을 골라 바르게 고치시오. ▶ 9541-0022

You have a more ①balanced, realistic view of ②yourself and your fellow human beings. You come more and more ③to acknowledge and accept the fact ④which we're all frail creatures.

2. 네모 안에서 어법상 알맞은 표현을 고르시오. ▶ 9541-0023

These factors make it more difficult to go up and down than (A) moving / to move on the same plane, or alternatively, to (B) be transported / transport mechanically up and down.

3. 괄호 안에 주어진 낱말을 알맞은 형태로 고쳐 쓰시오. ▶ 9541-0024

Time (devote) to family responsibilities influences a woman's opportunity for leisure.

4. 괄호 안에 주어진 낱말을 알맞은 순서대로 배열하시오. ▶ 9541-0025

If you want to impress your doctor with (how, can, fast, gain, little, one, your, weight), incorporate a 5- to 15-minute massage into your daily routine.

수능에 잘 나오는 Grammar Point

명사절을 이끄는 접속사 that과 관계대명사 that

1. 명사절을 이끄는 접속사 that

주어, 보어, 또는 목적어 역할을 하는 명사절을 이끌거나, 앞의 명사(belief, evidence, fact, hope, idea, news, thought 등)를 추가로 설명하는 동격의 명사절을 이끈다. that 다음에는 주어나 목적어가 빠지지 않은 완전한 절이 이어진다.

Ex The answer is **that** we do not know whether there is life on other planets.
(대답은 우리가 다른 행성에 생명체가 있는지 알지 못한다는 것이다.)

Ex They understand **the idea that** there is a connection between mind and body.
(그들은 마음과 몸 사이의 관계가 있다는 생각을 이해한다.)

2. 관계대명사 that

관계대명사 who[whom]나 which를 대신하며, 주격 관계대명사 that 다음에는 주어가, 목적격 관계대명사 that 다음에는 목적어가 빠진 불완전한 형태의 절이 이어진다. 관계대명사 that은 전치사 다음에는 사용하지 못한다.

Ex Panic sometimes creates a condition **that** can result in death.
(공포는 때때로 사망을 초래할 수 있는 상태를 만든다.)

Vocabulary Review

| 정답과 해설 **9**쪽 |

1. 다음 우리말에 해당하는 단어를 쓰시오. ⟳ 9541-0026

(1) 소화: _____

(2) 나약한, 연약한: _____

(3) 방해하다, 간섭하다: _____

(4) 보장하다, 확실히 하다: _____

2. 주어진 뜻풀이에 대한 단어를 찾아 연결하시오. ⟳ 9541-0027

(1) near or next to each other •   • administer

(2) a young person who is changing into an adult •   • adolescent

(3) to be responsible for managing a company, organization, or institution •   • cultivate

(4) to develop something such as an attitude, ability, or skill •   • neighboring

3. 다음 문장의 빈칸에 들어갈 말을 [보기]에서 찾아 쓰시오. ⟳ 9541-0028

┌ 보기 ┐

task   devoted   gauge   intuition

(1) Cathy knew by _____ that Daniel was telling her the truth.

(2) Finding qualified people to fill those roles was a real _____.

(3) Being able to _____ wind strength is important for safety.

(4) I admire Picasso because his entire life was _____ to the creative process.

Vocabulary in Context

1. 다음 네모 안에서 문맥에 맞는 낱말을 고르시오. ⟳ 9541-0029

(1) The person began to talk more and to avoid / dominate the conversation.

(2) She was devoted / indifferent to taking care of her patients and they loved her.

2. 괄호 안에 주어진 단어의 반의어로 빈칸을 완성하시오. ⟳ 9541-0030

(1) The kids who went through cancer treatment looked very f_____. (tough)

(2) The managers a_____ that there was a problem in the project. (denied)

03 요지 추론

READY | 내신 感 잡기

■ 다음 글을 읽고 글의 요지를 찾아봅시다. | 전국연합학력평가 | ◎ 9541-0031

INTRO Think of a buffet table at a party, or perhaps at a hotel you've visited. You see platter after platter of different foods. **CLUE 1** You don't eat many of these foods at home, and you want to try them all. But trying them all might mean eating more than your usual meal size. **CLUE 2** The _____ of different types of food is one factor in gaining weight. Scientists have seen this behavior in studies with rats: **CLUE 3** Rats that normally maintain a steady body weight when eating one type of food eat huge amounts and become obese when they are presented with a variety of high-calorie foods, such as chocolate bars, crackers, and potato chips. The same is true of humans. **Conclusion** We eat much more when a variety of good-tasting foods are available than when only one or two types of food are available.

GUIDE		
Introduction	파티나 호텔의 뷔페 테이블 → 다양한 음식	
CLUE 1	집에서 먹지 않는 많은 음식이 있어서 그것들을 모두 먹기를 원함	
CLUE 2	다양한 종류의 음식을 맛볼 수 있다는 것은 체중이 느는 요인이 됨	
CLUE 3	연구 결과: 한 종류의 음식이 제공된 쥐 → 한결같은 체중 유지 다양한 음식을 제공받은 쥐 → 뚱뚱해짐	
Conclusion	한두 가지 음식이 있을 때보다 다양한 음식을 먹을 수 있을 때 훨씬 더 많이 먹게 됨	

↓

Main Idea 〉 먹을 수 있는 음식의 종류가 많을 때 과식을 하게 된다.

✔ Check

☐ **1.** 윗글의 주제를 다음과 같이 쓸 때 빈칸에 한 단어씩 넣어 완성하시오.

주제: food _____ leading to _____

☐ **2.** 윗글의 빈칸에 들어갈 말을 본문에서 찾아 적절히 변형하여 쓰시오.

_____

■ 다음 글의 요지로 가장 적절한 것은? | 전국연합학력평가 | ○ 9541-0032

❶If you're an expert, having a high follower count on your social media accounts enhances all the work you are doing in real life. **❷**A great example is a comedian. She spends hours each day working on her skill, but she keeps being asked about her Instagram following. This is because businesses are always looking for easier and cheaper ways to market their products. **❸**A comedian with 100,000 followers can promote her upcoming show and increase the chances that people will buy tickets to come see her. This reduces the amount of money the comedy club has to spend on promoting the show and makes the management more likely to choose her over another comedian. **❹**Plenty of people are upset that follower count seems to be more important than talent, but it's really about firing on all cylinders. In today's version of show business, the business part is happening online. **❺**You need to adapt, because those who don't adapt won't make it very far.

① 성공하는 데 소셜 미디어에서의 인기가 중요하다.
② 코미디언에게 인기에 대한 지나친 집착은 독이 된다.
③ 온라인 상황과 실제 상황을 구별하는 것이 필요하다.
④ 소비자의 성향을 파악하는 것이 마케팅의 효과를 높인다.
⑤ 공연을 완성하기 위해서는 다양한 분야의 협조가 필요하다.

G U I D E	❶ 도입	소셜 미디어 계정상의 많은 팔로워 수 → 모든 일을 향상시킴
	❷ 전개1	사례 제시 → 여자 코미디언: Instagram 팔로잉에 대해 계속해서 질문을 받음
	❸ 전개2	10만 명의 팔로워를 가진 코미디언 → 쇼 홍보 + 티켓 판매
	❹ 전개3	많은 팔로워 수 → 전력을 다하고 있는가에 관한 것임
	❺ 결론	온라인상에서 일어나는 비즈니스에 적응해야 성공할 수 있음

요지 ▶ 성공하는 데 소셜 미디어에서의 인기가 중요하다.

Words & Phrases

expert 전문가	**account** 계정	**enhance** 향상시키다, 높이다
market 홍보하다, 시장에 내놓다	**promote** 홍보하다, 증진하다	**upcoming** 다가오는
reduce 줄이다	**plenty of** 많은	**upset** 언짢아하는, 당황한
fire on all cylinders 전력을 다하다	**adapt** 적응하다	

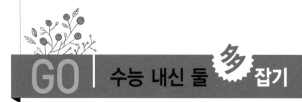

01

○ 9541-0033

다음 글의 요지로 가장 적절한 것은?

Many students think that the way to study is to sit in a chair and bear down on their books and notes (a) as long as they can. Wrong. Your brain doesn't like that. Pressing your brain into unending service becomes stressful after the first hour. (b) Its efficiency will go down and you'll start to tire. The research on effective cognitive functioning shows that optimal study spurts of twenty to forty minutes are the ideal amount of time for understanding and retaining information. So taking a break actually helps your performance. When you don't take planned, occasional breaks, your sympathetic nervous system pushes you into burnout mode. Studying for two to three hours nonstop is counter-productive and (c) it can turn into a chronic drain on the person's available energy.

* **sympathetic nervous system** 교감신경계

① 자신에게 알맞은 공부 방법을 찾아야 한다.
② 효과적인 공부를 위해 규칙적인 휴식시간이 필요하다.
③ 공부에 대한 지나친 압박은 신경쇠약을 일으킬 수 있다.
④ 자투리 시간을 이용하여 정보를 습득하고 유지해야 한다.
⑤ 공부의 효율성을 높이기 위해서 산만한 요소를 없애야 한다.

✔ Check 01

윗글의 밑줄 친 (a) as long as they can 뒤에 생략된 표현을 쓸 때 빈칸에 들어갈 적절한 말을 쓰시오.

→ as long as they can _____ their books and notes

✔ Check 02

윗글의 밑줄 친 (b) Its와 (c) it이 각각 가리키는 것을 본문에서 찾아 쓰시오.

(b) Its: _____ 's   (c) it: _____

Words & Phrases

bear down on ~에 전력을 기울이다, ~에 기대다
efficiency 효율성
optimal 최적의
occasional 때때로의
counter-productive 역효과를 내는

tire 지치다, 피로해지다
spurt 짧은 시간, 한순간, 분출
burnout 극도의 피로, 신경 쇠약
chronic 만성의, 상습적인

unending 끝이 없는, 영원한
cognitive 인지적인
retain 기억해 두다, 유지하다
mode 방식, 양식
drain 고갈[소모/유출](의 근원)

02

9541-0034

다음 글에 나타난 필자의 주장으로 가장 적절한 것은?

Occasionally, one toddler will raid another's territory, provoking a brief, but intense, clash of wills. <u>Battles of this sort</u> can be more easily managed by grouping twos according to similarities in temperament. For instance, relatively passive, easygoing twos can play alongside one another for long periods of time without conflict. _____, a group of active, assertive twos will clash, especially at first, but will arrive at detente within short order if allowed to work things out pretty much on their own. In this instance, the role of the supervising adult is to prevent bodily harm, not determine the "pecking order." We'll suffer real trouble, however, when passive toddlers are mixed with active, aggressive ones. The more assertive toddlers, sensing the advantage, will take it.

* **detente** 긴장 완화, 데탕트

① 서열을 정함으로써 유아들의 갈등을 완화시켜야 한다.
② 유아들의 싸움은 스스로 해결하도록 내버려 두어야 한다.
③ 유아들이 다치지 않을 수 있도록 보호자의 주의가 항상 필요하다.
④ 갈등을 피하기 위해서는 기질이 유사한 유아들끼리 어울리도록 해야 한다.
⑤ 유아들이 어울릴 때 온순한 유아를 주장이 강한 유아로부터 보호해야 한다.

✓ Check 01

윗글의 밑줄 친 Battles of this sort가 가리키는 내용을 우리말로 쓰시오.

_____

✓ Check 02

윗글의 빈칸에 들어갈 말로 가장 적절한 것은?

① In other words   ② On the other hand   ③ In addition
④ For example   ⑤ Therefore

Words & Phrases

toddler 유아, 걸음마를 배우는 아이
provoke 성나게 하다, 유발하다
temperament 기질, 성향
alongside ~의 곁에서
work out ~을 해결하다

raid 침범하다, 급습하다
clash 충돌, 불일치
relatively 비교적, 상대적으로
assertive 자기주장이 강한, 독단적인
pecking order 서열, 쪼는 순위

territory 영역, 영토
similarity 유사성
easygoing 느긋한, 마음 편한
within short order 금방, 신속하게

03

◯ 9541-0035

다음 글의 요지로 가장 적절한 것은?

　Countless variations on the marshmallow study on children have been done over the years. By far the most interesting finding is that individuals' performance can be manipulated by increasing the stress (a)they're under. All sorts of stressors have been studied. For example, subjects might be asked to think about or look at something distressing. (b)They might be exposed to a loud noise or a strong smell while doing the task. The testing room might purposefully be made too hot, too cold, or too crowded. Studies show that the greater the emotional, physical, or psychological stress is, the harder it is for us to delay gratification. That tells us that a child's ability to resist an impulse is first and foremost a matter of arousal: the result of too much stress and the effect this has on energy reserves. How hard is it to think clearly when you're stressed out or exhausted? Notice how much easier it is to resist a temptation when you're feeling calm.

＊ gratification 만족　＊＊ arousal 각성, 환기

① 건강한 육체에 건강한 정신이 깃든다.
② 보상이 늦어질수록 만족감은 더 높아진다.
③ 지나친 인내는 아이들에게 스트레스를 준다.
④ 어린 시절 스트레스는 소아 비만의 원인이 되기 쉽다.
⑤ 아이들은 스트레스가 많을수록 유혹을 견디기 어렵다.

✅ Check 01

윗글의 밑줄 친 (a) they와 (b) They가 가리키는 것을 본문에서 찾아 쓰시오.

(a) they: _____　　(b) They: _____

✅ Check 02

다음 영영 풀이에 해당하는 단어를 윗글에서 찾아 쓰시오.

a strong desire to have or do something even though you know you should not

→ _____

Words & Phrases

countless 많은, 셀 수 없는	variation 변형, 변화	by far 단연코, 훨씬
manipulate 조작하다, 다루다	stressor 스트레스 요인	subject 실험 대상자
distressing 괴로움을 주는, 비참한	expose 접하게 하다, 겪게 하다	purposefully 일부러
psychological 심리적인	delay 미루다	resist 억제하다, 참다, 저항하다
impulse 충동	first and foremost 무엇보다 먼저	energy reserve 에너지 비축량
exhausted 몹시 지친	temptation 유혹	

04

9541-0036

다음 글에 나타난 필자의 주장으로 가장 적절한 것은?

Almost everyone loves to be patted on the back by others. It feels good. However, when it's not happening, don't let it get you down or adversely affect your attitude. Praise from others is never a certainty, and making it a condition of your happiness is a really bad idea. What you can do is praise yourself and pat yourself on the back. Be honest and genuine regarding your compliments. If you're doing a good job, say so. If you're working long hours, give yourself some self-recognition. If you're making life a little better for even one person, or making any type of c_____ to society, then the world is a better place because of you. You deserve to be recognized. If you'll actually take the time to do so, I think you'll find this exercise is well worth the effort.

① 남에게 보이기 위해 선행을 베풀지 마라.
② 타인의 인정을 받지 못하더라도 낙담하지 마라.
③ 구체적인 사례를 가지고 주변 사람들을 칭찬하라.
④ 다른 사람의 칭찬을 추구하기보다는 스스로를 칭찬하라.
⑤ 다른 사람의 칭찬뿐만 아니라 비난도 기꺼이 감수하라.

✔ Check 01

윗글의 밑줄 친 it이 가리키는 것을 본문에서 찾아 영어로 쓰시오.

_____

✔ Check 02

다음 영영 풀이에 해당하는 한 단어로 윗글의 빈칸을 완성하시오.

> something that you give or do in order to help something be successful

→ c_____

Words & Phrases

pat ~ on the back ~을 격려하다
genuine 거짓 없는, 진심에서 우러난
contribution 기여
adversely 나쁘게, 반대로
compliment 칭찬
deserve ~할 가치가 있다
certainty 확실성
self-recognition 자아 인식, 자기 인정
worth ~의 가치가 있는

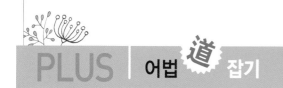
Grammar Review

정답과 해설 12쪽

1. 다음 밑줄 친 부분 중 어법상 틀린 것을 골라 바르게 고치시오.

○ 9541-0037

The ①research on effective cognitive functioning shows ②that optimal study spurts of twenty to forty minutes ③is the ideal amount of time for understanding and ④retaining information.

2. 네모 안에서 어법상 알맞은 표현을 고르시오.

○ 9541-0038

On the other hand, a group of active, assertive twos will clash, especially at first, but (A) arrived / will arrive at detente within short order if (B) allowing / allowed to work things out pretty much on their own.

3. 괄호 안에 주어진 낱말을 알맞은 형태로 고쳐 쓰시오.

○ 9541-0039

By far the most (A)(interest) finding is that individuals' performance can be manipulated by (B)(increase) the stress they're under.

4. 괄호 안에 주어진 낱말을 알맞은 순서대로 배열하시오.

○ 9541-0040

(patted, to be, everyone, almost, loves) on the back by others.

수능에 잘 나오는 Grammar Point

능동태와 수동태

1. 능동태 〈주어 + 동사 + 목적어〉

'~하다'라는 의미로 주어가 동작을 행하는 주체일 때 쓰인다.

Ex Shakespeare **wrote** that play. (셰익스피어가 그 희곡을 썼다.)

Ex Ted **will invite** Julia to the party. (Ted가 Julia를 파티에 초대할 것이다.)

Ex We **misjudge** our bodies with sweeping claims to fatness.

(우리는 비만에 대한 포괄적인 주장으로 우리 몸을 잘못 판단한다.)

2. 수동태 〈주어 + be동사 + 과거분사(+ by + 행위자)〉

'~되다, ~ 당하다'의 의미로 주어가 동작의 영향을 받거나 동작의 대상이 되는 것을 나타낼 때 쓰인다. 수동태에서 동작의 행위자가 불분명하거나 일반적인 사람인 경우에는 〈by+행위자〉는 종종 생략된다.

Ex That play **was written** by Shakespeare. (그 희곡은 셰익스피어에 의해 쓰였다.)

Ex Julia **will be invited** to the party by Ted. (Julia는 Ted에 의해 파티에 초대될 것이다.)

Ex We'll suffer real trouble when passive toddlers **are mixed** with aggressive ones.

(수동적인 유아가 공격적인 유아와 섞이게 될 때 우리는 진짜 어려움을 겪게 될 것이다.)

Vocabulary Review

| 정답과 해설 **12**쪽 |

1. 다음 우리말에 해당되는 단어를 쓰시오.   ○ 9541-0041

(1) 지치다, 피로해지다: _____   (2) 느긋한, 마음 편한: _____

(3) 많은, 셀 수 없는: _____   (4) 확실성: _____

2. 주어진 뜻풀이에 대한 단어를 찾아 연결하시오.   ○ 9541-0042

(1) most desirable or satisfactory   •   • compliment

(2) something nice that you say to praise someone   •   • chronic

(3) an area of land controlled by a particular country, leader,
   or army   •   • optimal

(4) persisting for a long time or constantly recurring •   • territory

3. 다음 문장의 빈칸에 들어갈 말을 [보기]에서 찾아 쓰시오.   ○ 9541-0043

┌─ 보기 ┤
| burnout   exhausted   recognition   efficiency |
└

(1) We will be aware that tiredness reduces _____.

(2) Take a break every now and then to avoid _____.

(3) Richard was so _____ last night that he fell asleep at his desk.

(4) She began to earn _____ as a reporter.

Vocabulary in Context

1. 다음 네모 안에서 문맥에 맞는 낱말을 고르시오.   ○ 9541-0044

(1) The team is trying to | abandon / retain | its top place in the league.

(2) I am grateful for that and I do not intend to | praise / provoke | her.

2. 괄호 안에 주어진 단어의 반의어로 빈칸을 완성하시오.   ○ 9541-0045

(1) To avoid the damage, do not e_____ this device to direct sunlight. (hide)

(2) The s_____ between the two reports suggests that one person wrote both.

(difference)

04 제목 추론

APPROACH 제목은 어떻게 찾나요?

❶ **글의 도입 부분을 주목하세요!** 글의 처음 한 두 문장에는 이 글이 무슨 내용인지를 알려주는 단서가 있습니다.

❷ **글 속에 자주 반복되는 단어와 표현을 주목하세요!** 글 속에서 자주 반복되는 단어나 표현은 이 글의 핵심어일 가능성이 높습니다.

❸ **글의 내용을 포괄하는 선택지를 주목하세요!** 너무 지엽적이거나 글의 내용을 넘어서는 선택지는 제목이 될 수 없습니다.

READY | 내신 感 잡기

■ 다음 글을 읽고 글의 제목을 찾아봅시다. | 전국연합학력평가 | ○ 9541-0046

In the 1930s the work of Sigmund Freud, the 'father of psychoanalysis', began to be widely known and appreciated. **INTRO** Less well known at the time was the fact that Freud had found out, almost by accident, how helpful his pet dog Jofi was to his patients. He had only become a dog-lover in later life when Jofi was (a)give to him by his daughter Anna. **CLUE 1** The dog sat in on the doctor's therapy sessions and Freud discovered that his patients felt much more comfortable talking about their problems if the dog was there. Some of (b)them even preferred to talk to Jofi, rather than the doctor! **CLUE 2** Freud noted that if the dog sat near the patient, the patient found it easier to relax, but if Jofi sat on the other side of the room, the patient seemed more tense and distressed. He was surprised to realize that Jofi seemed to sense this too. **SUMMARY** The dog's presence was an especially calming influence on child and teenage patients.

GUIDE		
	Introduction	Freud가 자신의 애완견 Jofi가 환자들에게 얼마나 도움이 되었는지 알게 되었다는 사실이 당시에 덜 잘 알려짐
	CLUE 1	Freud는 그 개가 Freud의 진료실에 있으면 환자들이 자신의 문제를 더 편안히 말하는 것을 발견함
	CLUE 2	Freud는 환자들이 Jofi와 가까이 있으면 편안해하지만 Jofi가 진료실의 다른 쪽에 있으면 더 긴장하고 괴로워하는 것 같아 보인다는 것을 알아차림
	Summary	그 개의 존재는 어린이 환자와 십 대 환자를 특히 안정시키는 효과가 있었음

⬇

제목 〉 **An Animal as an Assistant for Psychotherapy**

✔ Check

☐ **1.** 윗글의 밑줄 친 **(a) give**를 어법상 올바른 형태로 고쳐 쓰시오.

_____

☐ **2.** 윗글의 밑줄 친 **(b) them**이 가리키는 것을 본문에서 찾아 두 단어의 영어로 쓰시오.

_____

수능에서 제목 추론 유형은? 제목 추론은 글의 중심 내용을 파악하는 능력을 측정하는 유형으로, 해마다 한두 문항씩 출제된다. 선택지가 모두 영어로 출제되는데, 영어 제목은 함축적으로 표현되는 경우가 많으므로 책과 신문을 통해 영어 제목을 표현하는 방식에 익숙해질 필요가 있다.

■ 다음 글의 제목으로 가장 적절한 것은?　| 대수능 |　　　　　　　　　9541-0047

A defining element of catastrophes is the magnitude of their harmful consequences. ❶To help societies prevent or reduce damage from catastrophes, a huge amount of effort and technological sophistication are often employed to assess and communicate the size and scope of potential or actual losses. This effort assumes that people can understand the resulting numbers and act on them appropriately. However, recent behavioral research casts doubt on this fundamental assumption. ❷Many people do not understand large numbers. ❸Indeed, large numbers have been found to lack meaning and to be underestimated in decisions unless they convey affect (feeling). ❹This creates a paradox that rational models of decision making fail to represent. On the one hand, we respond strongly to aid a single individual in need. On the other hand, we often fail to prevent mass tragedies or take appropriate measures to reduce potential losses from natural disasters.　　* catastrophe 큰 재해

① Insensitivity to Mass Tragedy: We Are Lost in Large Numbers
② Power of Numbers: A Way of Classifying Natural Disasters
③ How to Reach Out a Hand to People in Desperate Need
④ Preventing Potential Losses Through Technology
⑤ Be Careful, Numbers Magnify Feelings!

GUIDE

❶ 도입　큰 재해로부터 오는 손실을 방지하거나 줄이며 실제 손실의 규모와 범위를 산정하기 위해 많은 노력과 정교한 지식이 사용됨

❷ 핵심 내용1　그러나 많은 사람들이 큰 수를 이해하지 못함

❸ 핵심 내용2　큰 수가 감정을 전달하지 못하면 의미가 없고 과소평가됨

❹ 결론　의사 결정의 이성적인 모델이 표현하지 못하는 역설이 생김

제목 ▶ 대규모 비극에 대한 무감각: 우리는 큰 수는 뭐가 뭔지 알 수 없다

Words & Phrases

magnitude 규모
assess 평가하다
act on ~에 의거하여 행동하다
cast doubt on ~을 의심하다, ~에 의문을 제기하다
assumption 가정
paradox 역설
in need 어려움에 처한

consequence 결과
scope 범위
appropriately 적절하게

underestimate 과소평가하다
rational 이성적인

sophistication 정교한 지식, 세련됨
potential 잠재적인

fundamental 근본적인
affect 정서, 감정
represent 표현하다, 나타내다

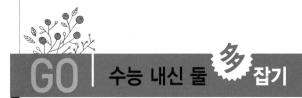

01

다음 글의 제목으로 가장 적절한 것은?

9541-0048

It's not an accident that doing business today, and being in the workforce today, is more stressful than (a)it used to be. Psychiatrist Peter Whybrow argues that many of the ills that we suffer from today have very little to do with the bad food we're eating or the partially hydrogenated oils in our diet. Rather, Whybrow says, it's the way that corporate America has developed that has increased our stress to levels so high we're literally making ourselves sick because of (b)it. Americans are suffering ulcers, depression, high blood pressure, anxiety, and cancer at record levels. According to Whybrow, all those promises of more, more, more are actually overloading the reward circuits of our brain. The short-term gains that drive business in America today are actually destroying our health.

* hydrogenated oil 경화유, 수소첨가유 ** corporate America 미국의 대기업들

① No Stress, No Efforts for Improvement
② What Is to Blame for Our Damaged Health?
③ Running Businesses: Stressful but Rewarding
④ Avoid Unhealthy Food If You Want to Stay Healthy
⑤ How Can We Increase Short-Term Gains with No Stress?

✔ Check 01

윗글의 밑줄 친 (a) it과 (b) it이 각각 가리키는 것을 본문에서 찾아 쓰시오.

(a) it: _____

(b) it: _____

✔ Check 02

윗글에서 미국인들이 겪고 있는 건강상의 문제를 구체적으로 보여주는 문장을 찾아 첫 단어와 끝 단어를 쓰시오.

첫 단어: _____   끝 단어: _____

Words & Phrases

accident 우연, 사고
suffer 고통을 받다
increase 증가시키다
overload 과부하가 걸리게 하다
destroy 파괴하다

workforce 노동 인구, 노동력
have to do with ~와 관계가 있다
ulcer 궤양
reward 보상

psychiatrist 정신과 의사
partially 부분적으로
depression 우울증
circuit 회로

02

○ 9541-0049

다음 글의 제목으로 가장 적절한 것은?

Electric cars are extremely quiet, and car lovers really like the silence. Pedestrians have mixed feelings, but the blind are greatly concerned. After all, the blind cross streets in traffic by relying upon the sounds of vehicles. That's how they know when it is safe to cross. And (a) what is true for the blind might also be true for anyone stepping onto the street while distracted. If the vehicles don't make any sounds, they can kill. The United States National Highway Traffic Safety Administration determined that (b) pedestrians are considerably more likely to be hit by hybrid or electric vehicles than by those that have an internal combustion engine. The greatest danger is when the hybrid or electric vehicles are moving slowly, when they are almost completely silent. The sounds of an automobile are important signifiers of its presence.

＊ **National Highway Traffic Safety Administration** (미국) 도로교통 안전국   ＊＊ **internal combustion engine** 내연기관

① What Makes Hybrid or Electric Cars Special?
② Watch Out for Vehicles While Crossing Streets
③ Car Manufacturers' Efforts to Protect Pedestrians
④ Are Hybrid or Electric Cars Environment-Friendly?
⑤ Hybrid or Electric Cars: Dangerous for Pedestrians

✔ Check 01

윗글의 밑줄 친 (a) what ~ distracted를 우리말로 해석하시오.

_____

✔ Check 02

윗글의 밑줄 친 (b) pedestrians ~ vehicles를 다음과 같이 바꿔 쓸 때 빈칸에 들어갈 알맞은 단어를 쓰시오.

→ it is considerably more likely _____ _____ _____ hit by hybrid or electric vehicles

---

Words & Phrases

pedestrian 보행자
concerned 걱정하는
danger 위험

mixed feelings 좋은 감정과 나쁜 감정, 상충되는 감정
distracted 주의가 산만한
completely 완전히

determine 알아내다, 밝히다
signifier 나타내는 것

03

9541-0050

다음 글의 제목으로 가장 적절한 것은?

I'd long known that antibiotics are used in farming to stop the spread of certain diseases, especially under cramped and stressful living conditions. But antibiotics don't kill just the bugs that make animals sick. They also kill a large number of beneficial gut flora. And these drugs are routinely given even when infection is not a concern. The reason may surprise you. Simply by giving antibiotics, farmers can fatten their animals *using less feed*. The scientific jury is still out on exactly why these antibiotics promote fattening, but a plausible hypothesis is that by changing the animals' gut microflora, antibiotics create an intestine dominated by colonies of microbes that are calorie-extraction experts. This may be why antibiotics act to fatten not just cattle, with their multistomached digestive systems, but also pigs and chickens, _____ GI tracts are more similar to ours.

＊ **cramped** 비좁은　＊＊ **gut flora** 장 내 세균　＊＊＊ **GI tract** (해부학) 위장기관

① Zero Antibiotics: Leave the Animals Alone
② Abuse of Antibiotics for Fattening Animals
③ How to Reduce the Side Effects of Antibiotics
④ How Antibiotics Work to Fight Harmful Microbes
⑤ Truth Revealed: Antibiotics' Unknown Positive Effects

✔ Check 01

윗글에서 항생제가 살찌는 것을 촉진하는 이유를 설명하는 가설을 찾아서 그 내용의 첫 두 단어와 끝 두 단어를 각각 쓰시오.

첫 두 단어: _____　　끝 두 단어: _____

✔ Check 02

윗글의 빈칸에 들어갈 알맞은 관계사를 쓰시오.

_____

Words & Phrases

antibiotic 항생제	**spread** 확산	**bug** 세균, 미생물, 병원균
beneficial 유익한, 이로운	**routinely** 일상적으로	**concern** 우려, 염려, 관심사
fatten 살찌우다	**the jury is still out** 결론이 아직 나오지 않다	**promote** 촉진하다
plausible 그럴듯한	**hypothesis** 가설	**intestine** 장, 창자
dominate 지배하다	**colony** 군집	**microbe** 미생물
extraction 추출	**digestive system** 소화기 계통	

04

◉ 9541-0051

다음 글의 제목으로 가장 적절한 것은?

Unlike today's conflicts, World War II wasn't a war that happened at a distance. It wasn't viewed on television. It was a war that touched the lives of most of the United States. The entire nation was involved in the war effort. According to a documentary, 24 million people relocated to take defense jobs. And millions of women, African Americans and Latinos found unprecedented opportunities in the workforce. Many others bought war bonds to help finance the war. Buying a war bond gave those who couldn't offer physical support the feeling that they too were a part of the effort. And for those who couldn't afford war bonds, they contributed by planting victory gardens, growing fruit and vegetables to help reduce the burden of rationing. This is one of the reasons we call this generation the Greatest Generation.

＊ **bond** 채권　＊＊ **rationing** 배급 제도

① What Caused World War II to Break Out?
② Americans' Devoted Efforts During World War II
③ World War II: A War That Could Have Been Avoided
④ Differences Between World War II and Today's Conflicts
⑤ The Influence of World War II on the Economic Boom in the U.S.

✔ Check 01

윗글의 밑줄 친 they가 가리키는 내용을 찾아 우리말로 쓰시오.

_____

✔ Check 02

윗글에서 전쟁 채권을 구입할 여유가 되지 않았던 사람들이 한 행동을 찾아 첫 단어와 끝 단어를 각각 쓰시오.

첫 단어: _____　　끝 단어: _____

Words & Phrases

conflict 충돌, 분쟁	**touch** 영향을 미치다	**be involved in** ~에 참여하다, ~에 포함되다
war effort 전쟁에 기울이는 총력	**relocate** 이동하다	**unprecedented** 전례가 없는
opportunity 기회	**finance** 자금을 대다	**support** 지원
contribute 기여하다	**victory garden** (제2차 세계대전 중의) 가정 채소밭	
burden 부담		

Grammar Review

| 정답과 해설 **16**쪽 |

1. 다음 밑줄 친 부분 중 어법상 틀린 것을 골라 바르게 고치시오.   ◉ 9541-0052

Rather, Whybrow says, it's the way ①that corporate America has developed that has increased our stress to levels ②so high we're literally making ③us sick ④because of it.

2. 네모 안에서 어법상 알맞은 표현을 고르시오.   ◉ 9541-0053

Pedestrians have mixed feelings, but the blind are greatly (A) concerning / concerned . After all, the blind cross streets in traffic by relying upon the sounds of vehicles. That's (B) how / what they know when it is safe to cross.

3. 괄호 안에 주어진 낱말을 알맞은 형태로 고쳐 쓰시오.   ◉ 9541-0054

(A)(Simple) by giving antibiotics, farmers can fatten their animals (B)(use) less feed.

4. 괄호 안에 주어진 낱말을 알맞은 순서대로 배열하시오.   ◉ 9541-0055

Buying a war bond gave (who, offer, physical, those, couldn't, support) the feeling that they too were a part of the effort.

수능에 잘 나오는 Grammar Point

대명사 that / those와 재귀대명사

1. 대명사 that / those

앞에 언급된 명사의 반복을 피하기 위해 대명사 that/those를 사용한다.

Ex The climate of this country is different from **that** (= the climate) of France.

(이 나라의 기후는 프랑스의 그것(= 기후)과는 다르다.)

Ex The only family trees written down before the 11th century had been **those** (= the family trees) of royal families.

(11세기 전에 기록된 유일한 족보는 왕실의 그것들(= 족보들)이었다.)

2. 재귀대명사

동일한 절 안에서 목적어가 주어와 같은 대상을 지칭할 때 재귀대명사를 사용한다.

Ex You don't have to blame **yourself** because you did your best. (You = yourself)

(너는 최선을 다했기 때문에 자신을 책망할 필요가 없어.)

어휘 道 잡기 Vocabulary

Vocabulary Review

정답과 해설 16쪽

1. 다음 우리말에 해당하는 단어를 쓰시오.　○ 9541-0056

(1) 정신과 의사: _____　　(2) 기여하다: _____

(3) 충돌, 분쟁: _____　　(4) 주의가 산만한: _____

2. 주어진 뜻풀이에 대한 단어를 찾아 연결하시오.　○ 9541-0057

(1) a chance to do something　　　　　　　　　•　　• suffer

(2) to undergo or endure　　　　　　　　　　　•　　• antibiotic

(3) likely to be true or valid　　　　　　　　　•　　• plausible

(4) a medical drug used to kill bacteria and treat infections　•　　• opportunity

3. 다음 문장의 빈칸에 들어갈 말을 [보기]에서 찾아 쓰시오.　○ 9541-0058

> ─ 보기 ├
>
> promote　　concerned　　reward　　routinely

(1) He is deeply _____ about this match.

(2) The free trade agreement will _____ peace in the region.

(3) Einstein _____ forgot places and names.

(4) The _____ is not always financial, and there is much more to life than money.

Vocabulary in Context

1. 다음 네모 안에서 문맥에 맞는 낱말을 고르시오.　○ 9541-0059

(1) Such behavior is not helpful, and will | increase / destroy | the team spirit.

(2) Thanks to their financial | support / danger |, we could continue training.

2. 괄호 안에 주어진 단어의 반의어로 빈칸을 완성하시오.　○ 9541-0060

(1) The road was c_____ blocked by a huge rock. (partially)

(2) People say that skipping breakfast is h_____ in many ways. (beneficial)

05 심경·분위기

APPROACH 심경·분위기는 어떻게 파악하나요?

❶ 필자나 특정 인물의 심경, 글의 분위기를 나타내는 어휘에 주목하세요! 심경, 분위기는 주로 형용사와 부사에서 드러나는 경우가 많습니다.

❷ 글의 초반부나 후반부에 주목하세요! 글의 초반부나 후반부에 심경, 분위기 등이 많이 나타나므로 이에 주목해야 합니다.

❸ 하나의 단서만 보지 말고 여러 단서들을 종합적으로 판단하세요! 어느 한 단어가 아니라 심경, 분위기를 나타내는 여러 어휘들을 종합적으로 판단하세요.

READY | 내신 感 잡기

■ 다음 글을 읽고 'I'의 심경 변화를 알아봅시다. | 전국연합학력평가 | ▶ 9541-0061

CLUE 1 Something inside told me that by now someone had discovered my escape. **CLUE 2** (a)It chilled me greatly to think that they would capture me and take me back to that awful place. So, I decided to walk only at night until I was far from the town. After three nights' walking, I felt sure that they had stopped chasing me. I found a deserted cottage and walked into it. (b)Tired, I lay down on the floor and fell asleep. I awoke to the sound of a far away church clock, softly ringing seven times and noticed that the sun was slowly rising. **CLUE 3** As I stepped outside, my heart began to pound with anticipation and longing. **CLUE 4** The thought that I could meet Evelyn soon lightened my walk.

G U I D E	CLUE 1	누군가가 자신의 탈출을 발견했을 거라는 생각이 듦
	CLUE 2	다시 붙잡혀 그 끔찍한 장소에 데려간다는 생각이 오싹하게 만듦
	CLUE 3	기대와 열망으로 가슴이 두근거리기 시작함
	CLUE 4	Evelyn을 곧 만날 수 있다는 생각에 발걸음이 가벼움

심경변화 ➡ 두려워하는(fearful) → 희망찬 (hopeful)

✔ Check

☐ **1.** 윗글의 밑줄 친 (a) It이 가리키는 것을 본문에서 찾아 우리말로 쓰시오.

_____

☐ **2.** 윗글의 밑줄 친 (b) Tired, ~ fell asleep.을 다음과 같이 바꿔 쓸 때 빈칸에 들어갈 적절한 말을 쓰시오.

→As _____, I lay down on the floor and fell asleep.

APPROACH
수능에서 심경·분위기 유형은?

글 속에 나와 있는 여러 정보를 종합적으로 판단하여 필자 또는 특정 인물의 심경, 글의 분위기 등을 파악하는 문항으로 매년 한 문항씩 출제되고 있다. 심경의 경우 심경 변화를 묻는 문항도 출제될 수 있다. 글을 읽으면서 글의 시간적, 공간적 배경을 파악하고 어느 한 부분이 아닌 전체 글을 통해 분위기나 심경을 파악할 수 있도록 한다.

■ 다음 글에 드러난 Dave의 심경 변화로 가장 적절한 것은? | 대수능 | ○ 9541-0062

The waves were perfect for surfing. ❶Dave, however, just could not stay on his board. He had tried more than ten times to stand up but never managed it. ❷He felt that he would never succeed. He was about to give up when he looked at the sea one last time. The swelling waves seemed to say, "Come on, Dave. One more try!" Taking a deep breath, he picked up his board and ran into the water. He waited for the right wave. Finally, it came. He jumped up onto the board just like he had practiced. ❸And this time, standing upright, he battled the wave all the way back to shore. ❹Walking out of the water joyfully, he cheered, "Wow, I did it!"

① frustrated → delighted   ② bored → comforted
③ calm → annoyed   ④ relieved → frightened
⑤ pleased → upset

GUIDE

❶ 핵심 내용1	보드 위에 서 있지 못함
❷ 핵심 내용2	자신이 성공할 수 없을 것이라고 느낌
❸ 핵심 내용3	(보드에) 똑바로 서서 파도와 싸움
❹ 핵심 내용4	기쁨에 차서 환호성을 지름

⬇

심경변화 ▶ 좌절한(frustrated) → 기뻐하는(delighted)

Words & Phrases

manage 해내다, 성공하다   **give up** 포기하다   **swelling** 넘실거리는
cheer 환호성을 지르다

01

9541-0063

다음 글에 드러난 'I'의 심경으로 가장 적절한 것은?

Maia chattered happily about her skis while my thoughts drifted to past ski trips with my husband. I wistfully recalled the pain in my tired legs and my snow-chilled hands the time we pushed on through bad weather in hope of shelter, and then how we crawled, half-frozen and hungry, from our tent after a fitful night to be welcomed by one of the most awesome vistas I'd seen in my life. The adventure was worth the pain, and maybe even sweeter because of (a) it. (b) Now that Maia has joined our life, I've missed hiking, kayaking, diving, and ski trips. We have gone on a few modified backpacking trips and done some car camping with Maia, but like leisurely Sunday brunches and wine-soaked late night debates with friends, high adventure seemed a pleasure of the past.

* **fitful** 자다 깨다 하는   ** **vista** 경치, 풍경

① hopeful   ② satisfied   ③ relieved   ④ scared   ⑤ disheartened

✔ Check 01

윗글의 밑줄 친 (a) it이 가리키는 것을 본문에서 찾아 영어로 쓰시오.

_____

✔ Check 02

윗글의 밑줄 친 (b) Now that Maia has joined our life와 같은 의미가 되도록 빈칸에 들어갈 한 단어를 쓰시오.

→ _____ Maia has joined our life

Words & Phrases

chatter 수다를 떨다, 재잘거리다   **drift** (자신도 모르게) 빠져들다, 흘러가다   **wistfully** 아쉬운 듯이
shelter 은신처, 피난처   **crawl** 기어가다   **awesome** 경탄할 만한, 어마어마한
adventure 모험   **now that** ~이기 때문에   **modify** 완화하다, 수정하다
debate 토론

02

9541-0064

다음 글의 분위기로 가장 적절한 것은?

  Stevie ignored the runner on third and threw a fastball for a strike right down the middle of the plate. As the ball hit the catcher's mitt, Keith saw Rocco hightailing it towards second base. He immediately threw down in the manner instructed. The Tiger manager, completely surprised by the contested steal, yelled at his boy on third base to run home. Before the words completely left his mouth, Eddie raced in, cutting off the throw and fired it back home. Keith took the throw from Eddie and tagged out the lead runner with plenty of time to spare. The crowd in the bleachers exploded with applause as the normally hapless Astros had pulled off the play of the game.

                                    * **bleachers** 관람석   ** **hapless** 불운한

① solemn   ② peaceful   ③ exciting   ④ scary   ⑤ sorrowful

✔ Check 01

윗글의 밑줄 친 the words가 가리키는 내용을 우리말로 쓰시오.

_____

✔ Check 02

마지막 문장에서 관중들이 박수갈채를 보낸 이유를 우리말로 쓰시오.

_____

Words & Phrases

ignore 무시하다	**fastball** (야구) 속구	**plate** (야구) 본루
mitt 야구 글러브	**hightail it** 서두르다, 도망치다	**contested** 경쟁의
steal 도루	**yell** 소리치다	**throw** 투구; 던지다
tag out 태그아웃시키다(야구 경기에서 주자가 베이스를 벗어난 상황일 때 공을 가진 수비수가 주자를 태그해서 아웃시키다)		
explode 폭발하다	**applause** 박수갈채	**pull off** (힘든 것을) 해내다

03

○ 9541-0065

다음 글에 드러난 Grandma의 심경 변화로 가장 적절한 것은?

 'Be careful, darling!' Grandma shouted. 'Don't go too near the water.' Yosef turned and smiled at her. Just at that moment, out of nowhere, a huge wave crashed on the beach and swept him out to sea. Grandma ran to the water's edge, <u>scream</u>. 'Oh God! What has happened? Oh no! Please bring little Yosef back!' For the first time in many years, Grandma prayed. She prayed to all the gods she could think of. She had never felt so bad in all her life. At that moment, another high wave, even bigger than the first one, crashed on the beach. She looked down. There was little Yosef, sitting on the sand, pale and wet, but otherwise all right. He looked up at his Grandma and smiled. She gave a sigh of relief, picked him up, and covered him with kisses.

① satisfied → angry   ② bored → excited

③ pleased → scared   ④ anticipating → disappointed

⑤ desperate → relieved

✔ Check 01

윗글의 밑줄 친 scream을 어법상 올바른 형태로 고쳐 쓰시오.

_____

✔ Check 02

윗글의 내용과 일치하면 T, 일치하지 않으면 F를 고르시오.

(1) Grandma made it a point to pray to God every day. (T / F)

(2) Yosef was badly hurt from the harsh waves. (T / F)

Words & Phrases

out of nowhere 갑자기	**crash** 요란한 소리를 내며 부서지다	**sweep** (거칠게) 휩쓸고 가다
edge 가장자리	**pray** 기도하다	**pale** 창백한
relief 안도, 안심		

04

🔘 9541-0066

다음 글에 드러난 'I'의 심경으로 가장 적절한 것은?

When I woke up, Mother was still on her knees wrapping a cloth around my lower chest. She knew exactly what she was doing. Many times when we were younger, Mother told Ron, Stan and me how she had intended to become a nurse, until she met Father. Whenever she was confronted with an accident around the home, she was in complete control. I never doubted her nursing abilities for a second. I simply waited for her to load me in the car and take me to the hospital. I felt sure that she would. It was just a matter of time. I felt a curious sense of comfort. I knew in my heart it was over. This whole charade of living like a slave had come to an end. I felt the accident had set me free.

* **charade** 가식, 위장

① grateful   ② annoyed   ③ bored   ④ relieved   ⑤ indifferent

✅ Check 01

다음 영영 풀이에 해당하는 단어를 윗글에서 찾아 쓰시오.

> to put somebody or something into a vehicle or a container

→ _____

✅ Check 02

윗글의 밑줄 친 It이 가리키는 내용을 본문에서 찾아 우리말로 쓰시오.

_____

Words & Phrases

wrap 감싸다	**lower chest** 흉격(胸膈)	**intend** 의도하다
be confronted with ~에 직면하다	**be in control** 장악[통제]하다	**load** 싣다, 태우다
curious 이상한	**slave** 노예	**set ~ free** ~을 자유롭게 하다

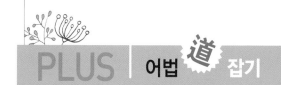

Grammar Review

| 정답과 해설 20쪽 |

1. 다음 밑줄 친 부분 중 어법상 틀린 것을 골라 바르게 고치시오. ○ 9541-0067

I awoke to the sound of a far away church clock, softly ①ringing seven times and ②had noticed ③that the sun was ④slowly rising.

2. 네모 안에서 어법상 알맞은 표현을 고르시오. ○ 9541-0068

I simply waited for her to load me in the car and (A) take / took me to the hospital. I felt sure (B) that / what she would.

3. 괄호 안에 주어진 낱말을 알맞은 형태로 고쳐 쓰시오. ○ 9541-0069

He immediately threw down in the manner (A)(instruct). The Tiger manager, (B)(complete) surprised by the contested steal, yelled at his boy on third base to run home.

4. 괄호 안에 주어진 낱말을 알맞은 순서대로 배열하시오. ○ 9541-0070

I wistfully recalled the pain in my tired legs and my snow-chilled hands the time we pushed on through bad weather in hope of shelter, and then how we crawled, half-frozen and hungry, from our tent after a fitful night to be welcomed by (of, the, one, vistas, awesome, most) I'd seen in my life.

수능에 잘 나오는 Grammar Point

현재분사와 과거분사

현재분사(-ing)와 과거분사(-ed/p.p.)는 명사를 수식하거나 보충 설명하는 역할을 한다. 분사의 의미상의 주어가 분사의 동작을 행하는 주체인 경우에는 현재분사를 사용하고, 의미상의 주어가 그 동작을 당하는 대상인 경우에는 과거분사를 사용한다.

1. 분사는 명사를 수식하고 보어의 기능을 할 수 있다.
   Ex I was **pleased** to receive the letter **accepting** me into the university.
   (나는 그 대학에 입학을 허가하는 편지를 받아서 기뻤다.)
2. 분사구에서 being이나 having been이 생략될 수 있다.
   Ex **(Being) Situated** in the center of the park, the flag is seen from everywhere.
   (그 깃발은 공원 중앙에 놓여 있어서 어디서든 보인다.)
3. with+목적어+분사
   Ex She sat on the bench **with her arms crossed**. (그녀는 팔짱을 낀 채로 벤치에 앉아 있었다.)

Vocabulary Review

| 정답과 해설 20쪽 |

1. 다음 우리말에 해당하는 단어를 쓰시오.   ▶ 9541-0071

(1) 의도하다: _____   (2) 감싸다: _____

(3) 안도, 안심: _____   (4) 무시하다: _____

2. 주어진 뜻풀이에 대한 단어를 찾아 연결하시오.   ▶ 9541-0072

(1) to break violently and noisily   •   • chase

(2) to quickly follow someone in order to catch them   •   • crash

(3) any building or covering that gives physical protection • • crawl

(4) to move forward on one's hands and knees   •   • shelter

3. 다음 문장의 빈칸에 들어갈 말을 [보기]에서 찾아 쓰시오.   ▶ 9541-0073

┌─ 보기 ┐

deserted   applause   load   modify

(1) Your feedback will be useful to _____ the course for next year.

(2) Workers are waiting to _____ the truck with sand.

(3) The old mine now remains completely _____.

(4) Claudia got a round of _____ when she finished presentation.

Vocabulary in Context

1. 다음 네모 안에서 문맥에 맞는 낱말을 고르시오.   ▶ 9541-0074

(1) The last six months in the city had been awful / awesome for her, so she decided to leave it.

(2) The woman moved to a vista / shelter after a big fire in her house.

2. 괄호 안에 주어진 단어의 반의어로 빈칸을 완성하시오.   ▶ 9541-0075

(1) Keep away from the e_____ of the cliff – you might fall. (center)

(2) She was a s_____ who was owned by a rich farmer. (master)

06 문맥 속 어휘 추론

APPROACH 적절한 어휘는 어떻게 찾나요?

❶ **가까운 곳에서 단서를 찾으세요!** 어휘 추론 유형 문항은 문맥상 쓰임이 부적절한 어휘를 찾거나 짝지은 두 단어 중 적절한 어휘를 고르는 유형으로 출제되며, 가까운 곳에 있는 관련 내용을 통해 정답을 판단할 수 있습니다.

❷ **반의어와 연관지어 생각하세요!** 문맥에 필요한 적절한 어휘와 그 반의어가 짝으로 제시될 수 있으므로, 반의어를 염두에 두고 글을 읽어야 합니다.

❸ **적절한 어휘를 넣고 다시 읽어보세요!** 적절한 어휘를 문맥 속에 넣고 글을 다시 읽음으로써 정답 여부를 확인하는 과정을 거치는 것이 좋습니다.

READY | 내신 感 잡기

■ 다음 글을 읽고 밑줄 친 부분 중, 문맥상 낱말의 쓰임이 적절하지 **않은** 것을 골라봅시다. | 전국연합학력평가 | ○ 9541-0076

❶Painters have in principle an infinite range of colours at their disposal, especially in modern times with the chromatic ①explosion of synthetic chemistry. And yet ❷painters don't use all the colours at once, and indeed many have used a remarkably ②restrictive selection. Mondrian limited himself mostly to the three primaries red, yellow and blue to fill his black-ruled grids, and Kasimir Malevich worked with similar self-imposed restrictions. For Yves Klein, one colour was ③enough; ❸Franz Kline's art was typically black on white. There was nothing ④new in this: ❹the Greeks and Romans tended to use just red, yellow, black and white. Why? It's impossible to generalize, but both in antiquity and modernity it seems likely that the ⑤expanded palette ❺aided clarity and comprehensibility, and helped to focus attention on the components that mattered: shape and form. ＊ chromatic 유채색의 ＊＊ grid 격자무늬

GUIDE

explosion	❶ 이론상 화가는 무한한 색 사용이 가능 → 유채색의 '폭발적 증가'
restrictive	❷ 실제 화가들은 모든 색을 사용하지 않음 → '제한적인' 선택을 함
enough	❸ Franz Kline처럼 Yves Klein도 제한된 색 사용 → 한 가지 색으로 '충분했음'
new	❹ 그리스, 로마에도 있었던 일 → 제한된 색 사용은 '새롭지' 않음
expanded	❺ '확대된' 색깔이 명확성과 이해 가능성, 모양과 형태에 주의를 집중하는 것을 도움 (X)

⬇

부적절한 어휘 ▷ ⑤ '확대된' 색깔 → '제한된' 색깔

✔Check

☐ **1.** 밑줄 친 **this**의 내용을 담고 있는 문장을 찾아 쓰시오.

☐ **2.** 윗글의 내용에 근거하여, 다음 물음에 대한 적절한 대답을 영어 문장으로 쓰시오.

What colours did the Greeks and Romans limit themselves to in their paintings?

APPROACH

수능에서 어휘 추론 유형은? 수능에서 어휘 추론 문항은 흐름과 맞지 않게 사용된 어휘를 찾는 유형 또는 네모 안의 두 개 어휘 중 흐름상 적절한 것을 고르는 유형으로 출제된다. 두 유형 모두 흐름상 적절한 단어와 상반된 단어를 제시하는 경우가 많다. 글을 읽으면서 흐름을 반영하는 주요 어휘들이 무엇인지 찾아보는 연습을 해두는 것이 필요하다.

■ 다음 글의 밑줄 친 부분 중, 문맥상 낱말의 쓰임이 적절하지 <u>않은</u> 것은? | 대수능 | ◐ 9541-0077

Europe's first *Homo sapiens* lived primarily on large game, particularly reindeer. Even under ideal circumstances, ❶hunting these fast animals with spear or bow and arrow is an ①uncertain task. The reindeer, however, had a ②weakness that mankind would mercilessly exploit: ❷it swam poorly. While afloat, it is uniquely ③vulnerable, ❸moving slowly with its antlers held high as it struggles to keep its nose above water. At some point, a Stone Age genius realized the enormous hunting ④advantage he would gain ❹by being able to glide over the water's surface, and ❺built the first boat. Once the ⑤laboriously overtaken and killed prey had been hauled aboard, getting its body back to the tribal camp would have been far easier by boat than on land. It would not have taken long for mankind to apply this advantage to other goods.

* **exploit** 이용하다   ** **haul** 끌어당기다

GUIDE

uncertain	❶ 빠른 동물을 창이나 활과 화살로 사냥하는 것 → '불확실한' 일
weakness	❷ 순록이 수영을 잘 못한다는 것 → 인류가 이용할 수 있는 순록의 '약점'
vulnerable	❸ 코를 물 위로 내놓고 뿔을 쳐들고 움직임 → '공격받기 쉬운' 상태
advantage	❹ 수면 위를 미끄러지듯이 움직이는 방식 → 엄청난 사냥의 '이점'
laboriously	❺ 배를 이용하여 '힘들게' 따라잡아 먹잇감을 도살함 (X)

↓

부적절한 어휘 ⑤ 힘들게(laboriously) → 쉽게(easily)

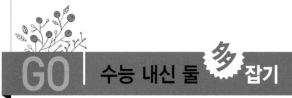

01

○ 9541-0078

(A), (B), (C)의 각 네모 안에서 문맥에 맞는 낱말로 가장 적절한 것은?

When you purchase a pair of jeans, you might evaluate the quality and prices of jeans at several different stores. At some point, though, you will decide that additional (A) comparison / maintenance is simply not worth the trouble. You will make a choice (a)base on the limited information you already have. The process is similar when individuals search for a restaurant, a new car, or a roommate. They will seek to (B) acquire / distribute some information, but at some point, they will decide the expected benefit derived from gathering still more information is simply not worth the cost. When differences among the alternatives are (C) important / meaningless to decision makers, (b)they will spend more time and effort (c)gather information. People are much more likely to read a consumer ratings magazine before purchasing a new automobile than they are before purchasing a new can opener.

	(A)	(B)	(C)
①	comparison	acquire	important
②	comparison	acquire	meaningless
③	comparison	distribute	meaningless
④	maintenance	acquire	important
⑤	maintenance	distribute	meaningless

✔ Check 01

윗글의 밑줄 친 (a) base와 (c) gather를 어법상 올바른 형태로 고쳐 쓰시오.

(a)base → _____   (c)gather → _____

✔ Check 02

윗글의 밑줄 친 (b) they가 가리키는 것을 찾아 쓰시오.

_____

Words & Phrases

purchase 구입하다	**evaluate** 평가하다	**limited** 제한된, 한정된
search for ~을 찾다	**derive** (이익 · 즐거움 등을) 얻다, 끌어내다	**alternative** 대안
rating 평가, 등급 매기기		

02

⊙ 9541-0079

다음 글의 밑줄 부분 중, 문맥상 낱말의 쓰임이 적절하지 <u>않은</u> 것은?

Surveys conducted in a wide range of cultures reveal that black is seen as the color of evil and death in virtually all corners of the world. This ①<u>negative</u> association leads to several interesting results in the domain of professional sports. When we asked a group of respondents to rate the ②<u>appearance</u> of professional football uniforms, they judged those that were at least half black to be the most "bad," "mean," and "aggressive" looking. These ③<u>perceptions</u> influence, in turn, how specific actions performed by black-uniformed teams are viewed. We showed groups of trained referees one of two videotapes of the same aggressive play in a football game, one with the team wearing white and one with <u>it</u> wearing black. The referees who saw the black-uniformed version rated the play as much more ④<u>favorable</u> than those who saw the white-uniformed version. As a result of this bias, it is not surprising to learn that teams that wear black uniforms have been ⑤<u>penalized</u> significantly more than average.

✅ Check 01

윗글의 밑줄 친 it이 가리키는 것을 찾아 영어로 쓰시오.

_____

✅ Check 02

다음 영영 풀이에 해당하는 단어를 윗글에서 찾아 쓰시오.

> a strong feeling in favor of or against one group of people or one side, often not based on fair judgment

→ _____

Words & Phrases

virtually 거의, 사실상	**association** 연상, 관련	**domain** 영역, 분야
respondent 응답자	**rate** 평가하다	**mean** 비열한, 짓궂은
specific 구체적인	**referee** 심판	**bias** 편견
penalize 벌칙을 주다, 처벌하다	**significantly** 상당히, 의미가 있게	

03

9541-0080

(A), (B), (C)의 각 네모 안에서 문맥에 맞는 낱말로 가장 적절한 것은?

We all agree our troubled and wounded world needs a lot of compassionate healing, right now, not when it's convenient. There is a compelling sense of (A) confidence / urgency . We live in a messy, complicated, frustrating, demanding world, and it is impossible to do the right thing all of the time, however we define it. Compassion is the glue that holds ecosystems, webs of nature together. We are an integral part of many beautiful, awe-inspiring, and far-reaching webs of nature, and we all suffer when these (B) complex / simple interrelationships are compromised. We should work for the planet because we belong to it despite our imagining and acting as if we stand apart and above nature as natural aliens. Our species was born of a world rich with animals, so we cannot flourish in one where biodiversity is (C) protected / threatened .

	(A)	(B)	(C)
①	confidence	complex	protected
②	confidence	simple	threatened
③	urgency	complex	protected
④	urgency	complex	threatened
⑤	urgency	simple	protected

✔ Check 01

윗글의 어조로 가장 적절한 것은?

① humorous　　② apologetic　　③ cynical　　④ pessimistic　　⑤ persuasive

✔ Check 02

윗글의 밑줄 친 however we define it을 다음과 같이 바꿔 쓸 때 빈칸에 들어갈 적절한 말을 쓰시오.

→ _____ _____ how we define it

Words & Phrases

troubled 힘든, 문제가 많은　　　**wounded** 상처받은, 부상당한　　　**compassionate** 동정어린, 동정심이 있는
healing 치유　　　**convenient** 편리한, 형편이 되는　　　**compelling** 강력한, 강제적인
messy 지저분한　　　**complicated** 복잡한　　　**frustrating** 좌절감을 주는
demanding 부담이 큰, 힘든　　　**define** 정의하다　　　**glue** 접착제
ecosystem 생태계　　　**integral** 없어서는 안 될, 필수적인　　　**awe-inspiring** 경외심을 불러일으키는
far-reaching 광범위한 영향을 미치는　　　**interrelationship** 연관성, 상호관계　　　**compromise** 손상되다, 타협하다
alien 이방인, 외계인　　　**species** 종(種)　　　**flourish** 잘 지내다, 번성하다
biodiversity 생물 다양성

04

▶ 9541-0081

다음 글의 밑줄 친 부분 중, 문맥상 낱말의 쓰임이 적절하지 않은 것은?

One need not be a scholar of cultural change to notice that cultures have been changing more rapidly with each passing decade. Cultural change occurs at such an ①accelerated pace today that it is difficult to keep up with the latest developments. The recent revolutions in transportation and electronic communications have made the world seem ②smaller. Today it is possible to travel to the other side of the earth in a commercial airliner in about the same time it took our great-grandparents to travel fifty miles in a horse and carriage. Via satellite we can view ③instant transmissions of live newscasts from anywhere in the world. Indeed the global exchange of commodities and information is bringing the world's population ④closer to the notion of living in a global village. Because of this rapid and dramatic increase in our capacity to interact with people in other parts of the world, the likelihood of cultures diffusing has ⑤decreased dramatically in recent decades.

✔ Check 01

오늘날의 문화 변화를 가져온 것으로 윗글에 언급되지 않은 것은?

① 교통수단의 발달   ② 통신수단의 발달   ③ 상품 교역의 증가
④ 정보 교류의 확대   ⑤ 교육 투자의 확대

✔ Check 02

다음 두 가지 영영 풀이에 해당하는 단어를 윗글에서 찾아 쓰시오.

> 1. the act or process of moving people or things from one place to another
> 2. a system for moving passengers or goods from one place to another

→ _____

Words & Phrases

decade 10년	**keep up with** ~와 보조를 맞추다	**revolution** 획기적 변화, 혁명
transportation 수송, 교통	**commercial** 상업적인	**airliner** 여객기
horse and carriage 말 한 필이 끄는 마차	**via** ~을 통하여, ~을 매개로 하여	**satellite** 인공위성
transmission 전송, 전달	**newscast** 뉴스방송	**commodity** 상품, 필수품, 물자
likelihood 가능성	**diffuse** 확산하다, 전파되다	

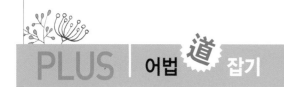
Grammar Review

| 정답과 해설 **24**쪽 |

1. 다음 밑줄 친 부분 중 어법상 **틀린** 것을 골라 바르게 고치시오.   ◎ 9541-0082

It's impossible ①to generalize, but both in antiquity and modernity it seems likely ②that the limited palette aided clarity and comprehensibility, and ③helps to focus attention on the components that ④mattered: shape and form.

2. 네모 안에서 어법상 알맞은 표현을 고르시오.   ◎ 9541-0083

It is impossible (A) | do / to do | the right thing all of the time, (B) | whatever / however | we define it.

3. 괄호 안에 주어진 낱말을 알맞은 형태로 고쳐 쓰시오.   ◎ 9541-0084

As a result of this bias, it is not (A)(surprise) to learn that teams that wear black uniforms have been penalized (B)(significant) more than average.

4. 괄호 안에 주어진 낱말을 알맞은 순서대로 배열하시오.   ◎ 9541-0085

(accelerated, an, at, change, cultural, occurs, pace, such) today that it is difficult to keep up with the latest developments.

수능에 잘 나오는 Grammar Point

복합관계사의 종류와 기능

복합관계사는 관계사에 -ever를 더한 형태를 지닌다. 주로 사용되는 복합관계대명사와 복합관계부사의 종류와 기능은 다음과 같다.

1. 복합관계대명사

Ex A prize will be given to **whoever** solves the riddle. [= anyone who]
(그 수수께끼를 푼 사람이면 누구에게나 상이 주어질 것이다.)

Ex You can take **whatever** you need. [= anything that] (네가 필요한 것이면 무엇이든 가져가도 좋다.)

Ex He is an honest man, **whoever** his friends might be. [= no matter who]
(그의 친구들이 누구이든 간에 그는 정직한 사람이다.)

Ex **Whatever** he says, don't believe him. [= No matter what] (그가 무슨 말을 할지라도 그를 믿지 마라.)

2. 복합관계부사

Ex You may leave **whenever** you wish. [= at any time when/that] (네가 원하는 때면 아무 때나 떠나도 좋다.)

Ex I will help you **however** I can. [= in any way that] (내가 할 수 있다면 무슨 방식으로든 너를 도와주겠다.)

Ex **Wherever** you are, I will always be there. [= No matter where] (네가 어디 있든 간에 난 항상 그곳에 있을 것이다.)

Vocabulary Review

| 정답과 해설 **24**쪽 |

1. 다음 우리말에 해당하는 단어를 쓰시오.   ◐ 9541-0086

(1) 화학: _____   (2) 대안, 선택 가능한 것: _____

(3) 생태계: _____   (4) 상업적인: _____

2. 주어진 뜻풀이에 대한 단어를 찾아 연결하시오.   ◐ 9541-0087

(1) a feeling, memory, or thought that is connected to a person, place, or thing   •

         • alien

(2) open to attack, harm, or damage   •

         • association

(3) a person who was born in a different country and is not a citizen of the country in which he or she now lives   •

         • vulnerable

(4) a machine that is sent into space and that moves around the earth   •

         • satellite

3. 다음 문장의 빈칸에 들어갈 말을 [보기]에서 찾아 쓰시오.   ◐ 9541-0088

> ┤ 보기 ├
>
> compromise   flourish   overtake   rate

(1) The company seems to _____ him very highly.

(2) Avoid trying to _____ a truck when it is turning.

(3) Most plants _____ in the rich deep soils here.

(4) He will not do anything that _____s his reputation.

Vocabulary in Context

1. 다음 네모 안에서 문맥에 맞는 낱말을 고르시오.   ◐ 9541-0089

(1) She had a | demanding / relaxing | schedule with little free time.

(2) Hard work has been a major | comparison / component | of her success.

2. 괄호 안에 주어진 단어의 반의어로 빈칸을 완성하시오.   ◐ 9541-0090

(1) Only a l_____ number of students will be allowed in the class. (limitless)

(2) Each debate will focus on a s_____ political issue. (general)

07 어법 판단하기

어법의 정오를 어떻게 판단 하나요?

❶ **문장의 기본 구조에 주목하세요!** 문장의 기본 구조는 〈주어＋동사 (＋보어 / 목적어) (＋접속사＋주어＋동사＋ ∼)〉입니다.

❷ **묻고 있는 어법의 전후를 살피세요!** 초점이 되는 부분이 전체 글의 흐름과 문장의 기본 구조에서 벗어나는지를 판단합니다.

❸ **자주 출제되는 어법 항목을 정리하세요!** 대명사, 일치, 병렬 관계, 접속사, 관계사, 준동사(to부정사, 동명사, 분사), 태, 형용사, 부사, 시제, 조동사, 대동사 등은 자주 출제되는 항목들입니다.

READY | 내신 感 잡기

■ 다음 글을 읽고 밑줄 친 부분에서 어법상 **틀린** 표현을 골라봅시다. | 전국연합학력평가 | ◐ 9541-0091

　If there's one thing koalas are good at, it's sleeping. For a long time many scientists suspected that koalas were so lethargic ①because **CLUE 1** the compounds in eucalyptus leaves kept the cute little animals in a drugged-out state. But more recent research has shown that the leaves are simply **CLUE 2** so low in nutrients ②that koalas have almost no energy. Therefore they tend to move as little as possible—and **CLUE 3** when they ③do move, they often look as though they're in slow motion. They rest sixteen to eighteen hours a day and spend most of that u_____. In fact, koalas spend little time thinking; their brains actually **CLUE 4** appear to ④have shrunk over the last few centuries. **CLUE 5** The koala is the only known animal ⑤its brain only fills half of its skull.

＊ lethargic 무기력한　＊＊ drugged-out 몽롱한, 취한

GUIDE		
	CLUE 1	뒤에 〈주어(the compounds ∼ leaves) + 동사(kept)〉가 이어지므로 접속사가 필요함
	CLUE 2	〈so + 형용사 ∼ that + 주어 + 동사〉의 구문을 형성하고 있음
	CLUE 3	주어가 복수이고 시제가 현재인 경우의 일반 동사를 강조하고 있음 → do
	CLUE 4	동사가 현재(appear)인데 과거부터 현재까지의 시간을 나타내는 부사구 over the last few centuries가 있음 → 완료부정사구(to have + 과거분사)로 표현함
	CLUE 5	앞에 〈주어(The koala) + 동사(is)〉가 있는데 접속사나 관계사 없이 〈주어(its brain) + 동사(fills) + 목적어(half of its skull)〉가 이어짐

⬇

적절한 어법 ▷ 소유격 대명사 its를 소유격 관계대명사 whose로 고쳐 써야 한다.

✔ Check

☐ **1.** 다음 빈칸에 들어갈 내용을 우리말로 쓰시오.

_____ → (원인)	코알라가 에너지가 거의 없음	→ (결과) _____

☐ **2.** 다음 영영 풀이에 해당하는 한 단어로 윗글의 빈칸을 완성하시오.

in a condition similar to sleep in which you do not see, feel, or think

→ u_____

A P P R O A C H

수능에서 어법 판단 유형은? 어법 판단하기는 어법을 바탕으로 글을 정확하게 이해하고 파악할 수 있는 능력을 묻는 간접 글쓰기 유형으로 어법상 틀린 것 찾기와 어법상 적절한 것 고르기로 분류된다. 단순한 어법을 묻는 것이 아니라 문장 구조의 전후 관계와 글의 내용을 파악하여 어법상 틀린 것이나 적절한 것을 고르는 형태로 출제된다.

■ 다음 글의 밑줄 친 부분 중, 어법상 **틀린** 것은? | 전국연합학력평가 | ◎ 9541-0092

Trying to produce everything yourself would mean you are using your time and resources to produce many things ①for which ❶you are a high-cost provider. This would translate into lower production and income. For example, even though most doctors might be good at record keeping and arranging appointments, ②it is generally in their interest ❷to hire someone to perform these services. The time doctors use to keep records is time they could have spent seeing patients. Because ❸the time ③spent with their patients is worth a lot, the opportunity cost of record keeping for doctors will be high. Thus, doctors will almost always ❹find it ④advantageous to hire someone else to keep and manage their records. Moreover, when the doctor ❺specializes in the provision of physician services and ⑤hiring someone who has a comparative advantage in record keeping, costs will be lower and joint output larger than would otherwise be achievable.

G U I D E

❶ for which의 판단	뒤에 구성 성분이 모두 갖추어진 완전한 절이 이어지고 있음
❷ it의 판단	앞에 부사절이 있고, 뒤에 내용상의 주어 to부정사구가 있음
❸ spent의 판단	뒤에 동사 is가 있으므로, spend의 동작 대상인 the time을 수식하는 과거분사가 필요함
❹ advantageous의 판단	⟨find + it(형식상의 목적어) + 목적격 보어 + to부정사구(내용상의 목적어)⟩ 구문에서 목적격 보어로 쓰인 형용사임
❺ hiring의 판단	시간의 부사절에서 주어(the doctor) 다음에 ⟨동사 ~ and ~⟩의 형태가 되어야 하고, 뒤에 주절(costs will be ~)이 이어지고 있음

⬇

적절한 어법 〉 'specializes'와 병렬을 이루어야 하므로 'hiring'을 'hires'로 고쳐 써야 한다.

Words & Phrases

translate into ~을 초래하다, 야기하다
opportunity cost 기회비용
physician 의사
output 결과(물), 산출

arrange (일을) 처리하다, 정리하다
advantageous 이득이 되는, 유리한
comparative advantage 비교 우위
achievable 얻을 수 있는, 성취할 수 있는

hire 고용하다
provision 제공, 공급
joint 공동의

01

○ 9541-0093

다음 글의 밑줄 친 부분 중, 어법상 틀린 것은?

　　As psychologists, we know only ①<u>too</u> well the vital role that beliefs and attitudes play in accomplishing any goal. More good intentions and great ideas are sacrificed ②<u>because of</u> limiting beliefs and negative attitudes than anything else we know. If you believe that you don't deserve $1 million or that you could never earn that much money, <u>the likelihood of your ever having it</u> quickly ③<u>go</u> to zero. Relatively little has been written about beliefs, attitudes and intention as they relate to the field of finances. Like everything else, there are healthy beliefs and attitudes (those that help you reach your goals) as well as unhealthy ④<u>ones</u> (those that hold you back). The best thing about beliefs and attitudes is that they can easily ⑤<u>be changed</u>—more easily than people generally realize. While we may not have complete control over what happens to us in the physical world, we do, in fact, have the power to choose what beliefs, attitudes and thoughts we cultivate.

✔ Check 01

윗글의 밑줄 친 the likelihood of your ever having it을 아래와 같이 바꿀 때 빈칸에 각각 알맞은 한 단어를 쓰시오.

→ the likelihood ＿＿＿＿＿＿＿ you will ever ＿＿＿＿＿＿＿ it

✔ Check 02

믿음과 태도가 쉽게 바뀔 수 있는 이유를 윗글에서 찾아 우리말로 쓰시오.

이유: ＿＿＿＿＿＿＿＿＿＿＿＿＿＿＿＿＿＿＿＿

Words & Phrases

psychologist 심리학자	**vital** 중대한, 없어서는 안 될	**intention** 의도, 의지
sacrifice 희생하다, 제물로 바치다	**limiting** 제한적인, 제한하는	**deserve** 받을 자격이 있다
likelihood 가능성, 공산	**relatively** 비교적	**finance** 금융, 재정, 자금
hold ~ back ~을 저지[억제]하다	**have control over** ~을 통제하다	**cultivate** 기르다, 연마하다, 경작하다

02

◎ 9541-0094

(A), (B), (C)의 각 네모 안에서 어법에 맞는 표현으로 가장 적절한 것은?

When accurate, assumptions keep you safe and make your life easier. For example, seeing storm clouds in the sky may prompt you to grab your umbrella, (A) as / which you assume you may need it even though it's not raining at the moment. (a)Noticing an expired date on your yogurt and assuming it's no longer edible may save you from having to use one of your sick days. Imagine how tedious it would be if you had to research and (B) check / checked out every minute detail of your day to make sure you had every piece of information available. No one has (b)that much time! But as useful as assumptions are, they can also get you into trouble. Not (C) accurate / accurately processing the information in your environment or only seeing what you want to see can lead to incorrect assumptions.

(A)	(B)	(C)		(A)	(B)	(C)
① as	check	accurate		② as	checked	accurately
③ as	check	accurately		④ which	checked	accurately
⑤ which	check	accurate				

✓ Check 01

윗글의 밑줄 친 (a)Noticing ~ your sick days.에서 주어를 쓰고 그 부분을 우리말로 해석하시오.

주어: _____

해석: _____

✓ Check 02

윗글의 밑줄 친 (b)that much time이 가리키는 내용을 찾아 우리말로 쓰시오.

_____

Words & Phrases

assumption 추정, 가정
grab 움켜잡다, 붙잡다
notice 알아차리다
save ~ from ... ~에게 ...을 피하게 하다[덜어주다]
minute 상세한, 세세한
incorrect 부정확한

storm cloud 먹구름
assume 추정하다, 가정하다
expired (유통)기한이 지난, 만료된
tedious 지겨운, 지루한
make sure ~을 확인하다, ~을 확실히 하다

prompt 촉구[유발]하다, 불러일으키다
at the moment 당장, 지금
edible 먹을 수 있는, 식용의
check out ~을 점검하다, ~을 확인하다
process 처리하다

03

◐ 9541-0095

다음 글의 밑줄 친 부분 중 어법상 틀린 것은?

Scientists simply do not have the time nor the money to check up on the research of other scientists. Scientists in the academic community ①are busy with their teaching assignments, their graduate student supervision, and their own research programs. They are driven by the publish-or-perish attitude ②prevalent today. ③It simply does not benefit them in any way—no fame or fortune—to confirm or falsify the work of someone else. Scientists in industry have a bottom-line mentality. They must be productive in the areas ④which their company specializes. They have no time to check out the work of other scientists just for the fun of checking them out or ⑤to prove that science really is self-correcting. There are exceptions, but in practice this is normally the case.

✔ Check 01

윗글의 주제를 아래와 같이 쓸 때 주어진 철자로 시작하는 단어로 빈칸을 채우시오.

r_____ w_____ scientists can't c_____ or f_____ the research of other scientists

✔ Check 02

윗글의 밑줄 친 this가 가리키는 내용을 찾아 우리말로 쓰시오.

_____

Words & Phrases

check up ~의 진위를 확인하다   **academic** 학문의   **assignment** 임무
supervision 관리, 감독   **publish-or-perish** 논문을 출판하지 않으면 쫓겨나는
prevalent 널리 행해지는, 일반적인   **benefit** 유익하다, 이득이 되다   **confirm** 옳음을 증명하다, 확증하다
falsify 거짓을 입증하다, 속이다   **bottom-line** 손익 계산만 문제 삼는, 실리적인   **mentality** 사고 방식, 정신 상태
productive 생산적인, 이익을 낳는   **specialize in** ~을 전문으로 하다   **self-correcting** 자기 수정적인
exception 예외   **in practice** 실제로는   **be the case** 사실이다

04

● 9541-0096

(A), (B), (C)의 각 네모 안에서 어법에 맞는 표현으로 가장 적절한 것은?

We continually bring new items into our households without removing old items to accommodate them, (A) [what / which] creates a home filled to capacity and beyond. Since 1970, home sizes in the United States have increased from 1,500 square feet to between 2,000 and 2,500 square feet. Today many homeowners have a two-car garage in which they cannot fit a vehicle because it serves as a storage area. Whatever does not fit in the home (B) [is packed / packed] away in a rental storage unit. Consider a popular weight loss theory as a parallel: if calories in exceed calories out, weight is gained; if calories in are fewer than calories out, weight is lost; and if calories in equal calories out, weight is maintained. Is this not true of our living spaces? Our bodies may stretch, but unfortunately for our homes, our closets (C) [are / do] not!

	(A)		(B)		(C)
①	what	······	is packed	······	are
②	what	······	packed	······	do
③	which	······	is packed	······	do
④	which	······	packed	······	do
⑤	which	······	is packed	······	are

✅ Check 01

윗글의 제목을 아래와 같이 쓸 때 주어진 철자로 시작하는 단어로 빈칸을 채우시오.

Our Home Is O_____!

✅ Check 02

윗글의 밑줄 친 a popular weight loss theory의 구체적인 내용을 우리말로 쓰시오.

_____

Words & Phrases

continually 계속적으로, 끊임없이
accommodate (~을 위한) 충분한 공간을 제공하다
serve as ~의 역할을 하다
pack away ~을 챙겨 넣다, 보관 처리하다
parallel 비교, 유사한 것, 평행선
closet 벽장, 옷장

household 집안, 세대
capacity 수용 능력, 용량
storage 보관, 저장
rental 임대의
exceed 초과하다, 능가하다

remove 제거하다
garage 차고

theory 이론
stretch 늘어나다, 늘이다, 잡아당기다

Grammar Review

| 정답과 해설 28쪽 |

1. 다음 밑줄 친 부분 중 어법상 틀린 것을 골라 바르게 고치시오.   ○ 9541-0097

①Imagine how ②tediously it would be if you had to research and ③check out every minute detail of your day ④to make sure you had every piece of information ⑤available.

2. 네모 안에서 어법상 알맞은 표현을 고르시오.   ○ 9541-0098

They (A) drive / are driven by the publish-or-perish attitude prevalent today. It simply does not benefit them in any way — no fame or fortune — (B) confirm / to confirm or falsify the work of someone else.

3. 괄호 안에 주어진 낱말을 알맞은 형태로 고쳐 쓰시오.   ○ 9541-0099

More good intentions and great ideas (A)(sacrifice) because of (B)(limit) beliefs and negative attitudes than anything else we know.

4. 괄호 안에 주어진 낱말을 알맞은 순서대로 배열하시오.   ○ 9541-0100

(does, fit, home, in, not, the, whatever) is packed away in a rental storage unit.

수능에 잘 나오는 Grammar Point

형용사와 부사

1. 형용사

명사의 앞이나 뒤에서 그 명사를 직접 수식하거나, 주어나 목적어로 쓰인 명사를 설명해 주는 보어로 사용된다.

Ex Their **excellent** attitude and service made them really **perfect**.

    (그들의 훌륭한 태도와 서비스는 그들을 정말로 완벽하게 만들었다.)

2. 부사

동사, 형용사, 다른 부사, 부사구, 부사절 및 문장 전체를 수식한다.

Ex Not **surprisingly**, they remained loyal, **largely** because they were fearful.

    (놀랄 것도 없이, 그들은 계속 충성스러웠는데, 주된 이유는 그들이 두려움을 느꼈기 때문이었다.)

Ex **Genetically** modified foods have been **commercially** available since 1994.

    (유전자 조작 식품은 1994년 이후 상용화되었다.)

Vocabulary Review

| 정답과 해설 28쪽 |

1. 다음 우리말에 해당하는 단어를 쓰시오.   ○ 9541-0101

(1) 예외: _____   (2) 지겨운, 지루한: _____

(3) 추정하다, 가정하다: _____   (4) 처리하다: _____

2. 주어진 뜻풀이에 대한 단어를 찾아 연결하시오.   ○ 9541-0102

(1) to be helpful or useful to   •   • exceed

(2) the management of money, banking, and investments   •   • benefit

(3) to be greater than or go beyond the limit of something   •   • prevalent

(4) widely or commonly occurring, existing, accepted, or practiced   •   • finance

3. 다음 문장의 빈칸에 들어갈 말을 [보기]에서 찾아 쓰시오.   ○ 9541-0103

┌─ 보기 ┐
      accommodate   confirm   storage   supervision

(1) Some people own a trailer which is used for _____ only.

(2) Mr. Baker is responsible for the _____ of the volunteer program.

(3) The mansion on the hill has a parking lot big enough to _____ buses.

(4) The tests will _____ the cause of death and rule out other possibilities.

Vocabulary in Context

1. 다음 네모 안에서 문맥에 맞는 낱말을 고르시오.   ○ 9541-0104

(1) The hours are long and the work is | interesting / tedious | but the results are worth it.

(2) My accomplishments have | exceeded / excluded | my expectations and I am pleased with my progress.

2. 괄호 안에 주어진 단어의 반의어로 빈칸을 완성하시오.   ○ 9541-0105

(1) Some of his methods are still p_____ in the American markets. (uncommon)

(2) As a result, the organization created a health program to b_____ sufferers.

(harm)

08 지칭 대상 파악

APPROACH 지칭 대상이 다른 것은 어떻게 찾나요?

❶ 글의 전개 과정에서 나오는 대상에 주목하세요! 글을 읽을 때, 같은 대명사로 받을 수 있는 둘 이상의 대상이 등장하는데, 이때 서로의 관계나 상황을 파악해야 합니다.

❷ 맥락을 생각하며 대상을 파악하세요! 대명사는 대개 바로 앞에서 언급한 명사를 가리키는 경향이 있지만, 그렇지 않은 경우도 충분히 존재할 수 있으므로 문맥을 고려하여 각 대명사가 가리키는 대상을 찾아야 합니다.

❸ 대상을 다르게 표시해 보세요! 글을 읽으며 동그라미나 세모 등을 이용해 시각적으로 대상을 다르게 표시하는 것이 도움이 될 수 있습니다.

READY | 내신 感 잡기

■ 다음 글을 읽고 밑줄 친 부분이 가리키는 대상이 나머지 넷과 다른 것을 찾아봅시다. | 전국연합학력평가 | ○ 9541-0106

CLUE 1 Jack stopped the cycle of perfectionism that ①his son Mark was developing. Mark could not stand to lose at games by the time he was eight years old. Jack was contributing to (a)Mark's attitude by always letting him win at chess **CLUE 2** because ②he didn't like to see Mark get upset and cry. One day, Jack realized it was more important to allow Mark some experience with losing, **CLUE 3** so ③he started winning at least half the games. Mark was upset at first, but soon began to win and lose with more grace. **CLUE 4** Jack felt a milestone had been reached one day when ④he was playing catch with Mark and threw a bad ball. Instead of getting upset about missing the ball, **CLUE 5** Mark was able to use ⑤his sense of humor and commented, (b)"Nice throw, Dad. Lousy catch, Mark."

＊ milestone 중대한 시점

GUIDE

CLUE 1	Jack은 아들 Mark의 완벽주의를 멈추게 함 → his는 Jack
CLUE 2	그는 Mark가 화를 내는 것을 보고 싶지 않았음 → he는 Jack
CLUE 3	그는 시합의 절반은 이기기 시작함 → he는 Jack
CLUE 4	그는 Mark와 캐치볼을 하고 있었음 → he는 Jack
CLUE 5	Mark는 자신의 유머감각을 사용함 → his는 Mark

↓

지칭 대상 > ⑤의 his는 Mark를 가리키고, 나머지는 모두 Jack을 가리킴

Check

☐ 1. 윗글의 밑줄 친 (a) Mark's attitude가 가리키는 내용을 우리말로 쓰시오.

_____

☐ 2. 윗글의 밑줄 친 (b) "Nice throw, Dad. Lousy catch, Mark."를 들었을 때 Jack의 심경으로 가장 적절한 것은?
① upset   ② disappointed   ③ proud   ④ jealous   ⑤ indifferent

A P P R O A C H 수능에서 지칭 대상 파악 유형은?

지칭 대상 파악 문항은 밑줄 친 대명사가 문맥 속에서 가리키는 대상이 나머지 넷과 다른 것을 고르는 유형으로, 대명사는 주격, 목적격, 소유격 등 다양한 형태로 나올 수 있다. 글을 읽으며 각 대명사가 가리키는 대상이 누구[무엇]인지 메모하면서 읽는 과정이 필요하다.

■ 밑줄 친 부분이 가리키는 대상이 나머지 넷과 다른 것은? | 대수능 | ● 9541-0107

❶Scott Adams, the creator of *Dilbert*, one of the most successful comic strips of all time, says that two personal letters dramatically changed his life. ❷One night ①he was watching a PBS-TV program about cartooning, when he decided to write to the host of the show, Jack Cassady, to ask for his advice about becoming a cartoonist. ❸Much to ②his surprise, he heard back from Cassady within a few weeks in the form of a handwritten letter. The letter advised Adams not to be discouraged if he received early rejections. Adams got inspired and submitted some cartoons, but ③he was quickly rejected. Not following Cassady's advice, ④he became discouraged, put his materials away, and decided to forget cartooning as a career. ❹About fifteen months later, he was surprised to receive yet another letter from Cassady, especially since he hadn't thanked ⑤him for his original advice. ❺He acted again on Cassady's encouragement, but this time he stuck with it and obviously hit it big.

GUIDE

❶ 도입	두 통의 편지가 Scott Adams의 인생을 바꿈
❷ 전개1	Scott이 Jack Cassady에게 조언을 구하는 편지를 씀 (① he → Scott)
❸ 전개2	Scott이 Jack의 답장을 받고 시도 → 거절당함 → 낙담함 (②, ③, ④는 모두 Scott)
❹ 전개3	15개월 후 → Jack으로부터 편지를 다시 받고 놀람 (⑤ him → Jack Cassady)
❺ 결론	Jack의 충고에 따라 행동하여 성공을 거둠

⬇

지칭 대상 ▶ ①, ②, ③, ④는 모두 **Scott Adams**를 가리키며, ⑤는 **Jack Cassady**를 가리킴

Words & Phrases

creator 창작자	**comic strip** (신문·잡지의) 연재만화	**dramatically** 극적으로
cartooning 만화 제작	**host** 사회자	**rejection** 거절
submit 제출하다	**act on** ~에 따라 행동하다	**encouragement** 격려
stick with ~을 끝까지 계속하다	**obviously** 명백히	**hit it big** 크게 성공하다

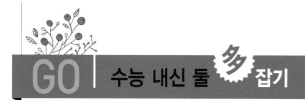
01

9541-0108

밑줄 친 부분이 가리키는 대상이 나머지 넷과 다른 것은?

My mother was running back and forth through the kitchen trying to beat the clock and be ready before the guests came. As usual, my grandmother was the first to arrive, right on time. ["Do ①you need my help, Lubna?" my grandmother—my Apa Ji—called to my mom in the kitchen.] "Yes, Apa," ②she said. "Please get my stubborn daughter in the shower and dressed before the guests arrive!" I was only six years old, but I can still remember how ③she had been asking me for two hours to get ready. It was not the shower that made me disobey ④**her words**; it was the lavender sweater which made me so itchy! When Apa found me hiding in the basement, she took a firm hold of my arm, although ⑤her grasp was gentle.

✔ Check 01

윗글의 [ ] 안의 내용을 다음과 같이 바꿔 쓸 때 빈칸에 들어갈 적절한 말을 쓰시오.

→ My grandmother—my Apa Ji—asked my mom in the kitchen _____ she needed _____ help.

✔ Check 02

선택지 ④와 연결된 her words가 가리키는 내용을 우리말로 쓰시오.

_____

Words & Phrases

beat the clock 제시간에 일을 마치다	**stubborn** 고집 센, 완고한	**disobey** (말을) 듣지 않다, 불순종하다
lavender 옅은 자주색	**itchy** 가려운	**basement** 지하실
firm 굳은, 견고한	**grasp** 붙잡음	**gentle** 온화한, 유순한

02

○ 9541-0109

밑줄 친 부분이 가리키는 대상이 나머지 넷과 다른 것은?

My older sister, Robin, had a friend, Stephanie, who wanted to be an actress. This was a passion that you could almost feel whenever ①she talked about it. After she graduated from high school, Stephanie drove all the way across the country to Los Angeles, where ②she started attending classes at a junior college and got an agent. Her passion for doing things didn't allow any fear or uncertainty to get in the way of following ③**her dreams and goals**. To me, that is the way to look at life. My sister told me just last week that ④she heard Stephanie was expecting to hear back on a regular role in a sitcom she auditioned for, and ⑤she was also auditioning for a minor speaking part in a huge movie.

✅ Check 01

윗글의 밑줄 친 After she graduated from high school을 다음과 같이 바꿔 쓸 때 빈칸에 들어갈 적절한 한 단어를 쓰시오.

→ After _____ from high school

✅ Check 02

선택지 ③과 연결된 her dreams and goals에 해당되는 내용을 본문에서 찾아 영어로 쓰시오.

_____

Words & Phrases

passion 열정, 열망
agent 에이전트, 대리인
audition 연기 테스트를 받다

attend 출석하다, 참석하다
uncertainty 불확실성
huge 엄청난, 거대한

junior college 전문대학
get in the way 방해가 되다

03

9541-0110

밑줄 친 부분이 가리키는 대상이 나머지 넷과 <u>다른</u> 것은?

One day, when Mike was a teen, he was joking around with some friends. He made an insensitive, disgusting, racist comment. He didn't know it, but he was being watched by Alan, the classmate of that particular race. When Mike turned around and saw him, ①<u>his</u> heart sank, and he felt like an idiot. He couldn't believe what ②<u>he</u> had done. At that moment, he made one of the best decisions of his life. In a humble and sincere tone, he asked Alan if ③<u>he</u> would allow him to apologize. Luckily for him, the classmate he had just insulted allowed ④<u>him</u> to continue. Mike offered his most gracious apology and admitted that <u>what he had done</u> was inexcusable and absurd. ⑤<u>His</u> apology was accepted by the classmate because of his sincerity.

✔ Check 01

윗글의 밑줄 친 what he had done에 해당되는 내용을 우리말로 쓰시오.

_____

✔ Check 02

윗글의 내용을 요약할 때 빈칸 (A), (B)에 알맞은 말을 본문에서 찾아 쓰시오. (필요 시 변형해서 쓸 것)

→ Although Mike made a stupid mistake of ____(A)____ a particular race, his sincere ____(B)____ allowed him to be forgiven.

(A): _____   (B): _____

Words & Phrases

joke around 익살을 떨다	**insensitive** 둔감한	**disgusting** 역겨운
racist 인종 차별적인, 인종 차별의	**idiot** 바보	**humble** 겸손한, 천한
insult 모욕하다	**gracious** 정중한, 친절한	**inexcusable** 변명할 수 없는
absurd 어처구니없는, 불합리한	**sincerity** 진실, 성실	

04

⊙ 9541-0111

밑줄 친 부분이 가리키는 대상이 나머지 넷과 다른 것은?

A month before she turned one, my sister Ann had her first asthma attack. Though it was before the Internet, my mother doggedly tracked down as much research about treatment as ①she could get her hands on: reading books on asthma, clipping articles, and swapping notes about treatment with other parents. She soon grew skeptical of the doctor who was treating ②her youngest daughter. The doctor's answers contradicted those of other doctors, and ③her treatment suggestions departed pretty radically from some of the material my mom was reading. ④Her growing skepticism peaked after looking up the dosage of steroids the doctor had prescribed for my one-year-old sister, to find that it was sufficient for a three-hundred-pound adult. My mom decided to find another doctor, and though Ann got better, ⑤she always retained the same air of skepticism when talking to doctors.

✔Check 01

윗글의 내용과 일치하는 것은 T, 불일치하는 것은 F로 표시하시오.

(1) Ann은 한 살이 되기 전에 천식 발작을 일으켰다. (　　　)

(2) 엄마는 인터넷을 통해 질병의 치료법을 찾아냈다. (　　　)

(3) 엄마는 의사의 처방을 전적으로 신뢰했다. (　　　)

✔Check 02

윗글의 밑줄 친 those가 가리키는 말을 본문에서 찾아 쓰시오.

_____

Words & Phrases

asthma 천식	**doggedly** 끈질기게, 집요하게	**track down** ~을 찾아내다, ~을 밝혀내다
clip 자르다, 가위질하다	**swap** 교환하다, 바꾸다	**skeptical** 회의적인
contradict 모순되다	**depart** 벗어나다, 이탈하다	**radically** 근본적으로, 급격하게
peak 최고조에 달하다	**dosage** 복용량	**prescribe** 처방하다
sufficient 충분한	**retain** 유지하다	

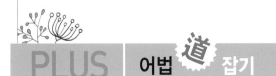

Grammar Review

| 정답과 해설 **31**쪽 |

1. 다음 밑줄 친 부분 중 어법상 틀린 것을 골라 바르게 고치시오.   9541-0112

①It was not the shower that made me ②disobey her words; it was the lavender sweater ③what made me so ④itchy!

2. 네모 안에서 어법상 알맞은 표현을 고르시오.   9541-0113

Her passion for doing things didn't allow any fear or uncertainty (A) get / to get in the way of (B) following / followed her dreams and goals.

3. 괄호 안에 주어진 낱말을 알맞은 형태로 고쳐 쓰시오.   9541-0114

Her growing skepticism peaked after (A)(look) up the dosage of steroids the doctor had (B)(prescribe) for my one-year-old sister, to find that it was sufficient for a three-hundred-pound adult.

4. 괄호 안에 주어진 낱말을 알맞은 순서대로 배열하시오.   9541-0115

In a humble and sincere tone, he asked Alan (would, if, allow, him, he, to apologize).

수능에 잘 나오는 Grammar Point

관계대명사와 관계부사

1. 관계대명사 (who, whom, that, which, whose)

앞선 명사, 즉 선행사를 가리키면서, 그것이 속한 절 안에서 주어, 보어, 혹은 목적어의 역할을 한다. (whose는 소유격이므로 〈whose+명사〉 전체가 그 역할을 한다.)

Ex The man **who** succeeds is the one **who** seizes the moment.

(성공하는 사람은 순간을 포착하는 사람이다.)

Ex He was a science fiction writer **who** worked for the *New York Sun*.

(그는 'New York Sun'에서 일하던 공상 과학 소설 작가였다.)

2. 관계부사 (where, when, why, how)

앞선 명사, 즉 선행사를 가리키면서, 그것이 속한 절 안에서 장소, 시간, 이유, 방법을 표현하는 부사어구의 역할을 한다.

Ex The Internet is free space **where** anybody can post anything.

(인터넷은 누구나 어떤 것이든지 게시할 수 있는 자유 공간이다.)

Ex Stephanie drove all the way across the country to Los Angeles, **where** she started attending classes at a junior college.

(Stephanie는 차로 국토를 줄곧 횡단하여 Los Angeles까지 갔으며, 그곳에서 그녀는 전문대학에서 수업에 출석하기 시작했다.)

Vocabulary Review

| 정답과 해설 **32**쪽 |

1. 다음 우리말에 해당하는 단어를 쓰시오.　　　　　　　　　　　　　　　　⟳ 9541-0116

(1) 가려운: _____　　　　(2) 열정, 열망: _____

(3) 역겨운: _____　　　　(4) 최고조에 달하다: _____

2. 주어진 뜻풀이에 대한 단어를 찾아 연결하시오.　　　　　　　　　　　　　⟳ 9541-0117

(1) refusing to change your ideas or to stop doing something •　　• attend

(2) to be present at an event or activity　　　　　　　　　•　　• insensitive

(3) showing or feeling no concern for others' feelings　　•　　• swap

(4) to give something to someone and get something in
return　　　　　　　　　　　　　　　　　　　　　　•　　• stubborn

3. 다음 문장의 빈칸에 들어갈 말을 [보기]에서 찾아 쓰시오.　　　　　　　　　⟳ 9541-0118

┌ 보기 ┐
| gentle　　dosage　　sincerity　　sufficient |

(1) Only the _____ are ever really strong.

(2) I don't think the food they prepared is _____ to feed all the guests.

(3) Ted's doctor has increased the _____ from two to four pills a day.

(4) Her _____ finally changed his mind.

Vocabulary in Context

1. 다음 네모 안에서 문맥에 맞는 낱말을 고르시오.　　　　　　　　　　　　⟳ 9541-0119

(1) Minimize | certainty / uncertainty | about the future by taking expert advice.

(2) He was | insulted / praised | by his boss at the meeting and felt very displeased.

2. 괄호 안에 주어진 단어의 반의어로 빈칸을 완성하시오.　　　　　　　　　　⟳ 9541-0120

(1) This machinery looks as f_____ as a rock. (weak)

(2) When they heard the news, people were s_____ about the government
announcement. (certain)

09 세부 내용 파악

APPROACH 세부 내용은 어떻게 파악 하나요?

❶ **독해 전에 먼저 선택지를 보세요!** 선택지를 보면서 지문에서 주목하여 읽을 항목을 미리 알아두면 도움이 됩니다.

❷ **글을 읽으며 선택지의 내용을 확인하세요!** 선택지의 순서는 글의 순서에 따라 나오기 때문에, 글을 읽으면서 선택지의 내용을 순서대로 찾으면 문제 해결에 도움이 됩니다.

❸ **글의 내용에 근거하여 일치 여부를 확인하세요!** 세부 내용 파악 유형은 글을 사실적으로 이해하고 있는지 평가하는 유형이기 때문에, 글을 추론하지 말고 내용을 있는 그대로 파악하여 일치 여부를 확인하는 것이 필요합니다.

READY | 내신 感 잡기

■ 다음 글을 읽고, Alexander Young Jackson에 관한 글의 내용과 일치하지 <u>않는</u> 것을 찾아봅시다. | 전국연합학력평가 |

▶ 9541-0121

CLUE 1 Alexander Young Jackson (everyone called him A. Y.) was born to a poor family in Montreal in 1882. His father abandoned them when he was young, and A. Y. had to go to work at age twelve to help support his brothers and sisters. **CLUE 2** <u>Work</u> in a print shop, he became interested in art, and he began to paint landscapes in a fresh new style. **CLUE 3** Traveling by train across northern Ontario, A. Y. and several other artists painted everything they saw. The "Group of Seven," as they called themselves, put the results of the tour together to create an art show in Toronto in 1920. **CLUE 4** That was the show where their paintings were severely criticized as "art gone mad." **CLUE 5** But he kept painting, traveling, and exhibiting, and by the time he died in 1974 at the age of ninety-two, A. Y. Jackson was acknowledged as a painting genius and a pioneer of modern landscape art.

GUIDE

CLUE 1	① Montreal의 한 가난한 가정에서 태어났다. → 일치
CLUE 2	② 인쇄소에서 일을 하며 미술에 관심을 갖게 되었다. → 일치
CLUE 3	③ Ontario 북부를 횡단하는 기차 여행을 했다. → 일치
CLUE 4	④ Toronto 전시회에서 비평가들로부터 좋은 평가를 받았다. → 불일치 (Toronto 전시회에서 A. Y.와 몇 명의 다른 화가들의 그림은 '미쳐버린 예술'이라고 혹독하게 비판받았음)
CLUE 5	⑤ 사망할 무렵에는 현대 풍경화의 개척자로 인정받았다. → 일치

✔ Check

☐ **1.** 윗글의 밑줄 친 **Work**를 어법상 올바른 형태로 고쳐 쓰시오.

_____

☐ **2.** 다음 영영 풀이에 해당하는 단어를 윗글에서 찾아 쓰시오.

> a person who is among the first to research and develop a new area of knowledge or activity

→ _____

A P P R O A C H **수능에서 세부 내용 파악 유형은?**

세부 내용 파악하기는 해마다 세 문항 정도가 출제되는 유형으로, 글을 얼마나 정확하게 읽을 수 있는지를 측정한다. 내용 일치와 불일치 유형으로 구성되는 이 유형에서는 인물이나 동식물을 소재로 하는 지문과 홍보문이나 광고문 같은 실용문이 주로 출제되기 때문에, 영어 문장을 읽고 정확하게 해석하는 능력을 키워야 한다.

■ Marjorie Kinnan Rawlings에 관한 다음 글의 내용과 일치하지 <u>않는</u> 것은? | 대수능 | ● 9541-0122

❶Marjorie Kinnan Rawlings, an American author born in Washington, D.C. in 1896, wrote novels with rural themes and settings. ❷While she was young, one of her stories appeared in *The Washington Post*. ❸After graduating from university, Rawlings worked as a journalist while simultaneously trying to establish herself as a fiction writer. In 1928, she purchased an orange grove in Cross Creek, Florida. This became the source of inspiration for some of her writings which included *The Yearling* and her autobiographical book, *Cross Creek*. In 1939, *The Yearling*, which was about a boy and an orphaned baby deer, won the Pulitzer Prize for Fiction. ❹Later, in 1946, *The Yearling* was made into a film of the same name. ❺Rawlings passed away in 1953, and the land she owned at Cross Creek has become a Florida State Park honoring her achievements.

* grove 과수원

① Washington, D.C.에서 태어난 미국 작가이다.
② 그녀의 이야기 중 하나가 *The Washington Post*에 실렸다.
③ 대학교를 졸업한 후 저널리스트로 일했다.
④ *The Yearling*이라는 소설은 다른 제목으로 영화화되었다.
⑤ Cross Creek에 소유했던 땅은 Florida 주립 공원이 되었다.

G U I D E

❶ (1행) Washington, D.C.에서 태어난 미국 작가이고, 소설을 썼다. → 일치
❷ (2행) 어렸을 때 이야기 중 하나가 *The Washington Post*에 실렸다. → 일치
❸ (3행) 대학교 졸업 후 저널리스트로 일했다. → 일치
❹ (8행) *The Yearling*은 같은 제목의 영화로 제작되었다. → 불일치
❺ (9행) 그녀가 Cross Creek에 소유한 땅은 Florida 주립공원이 되었다. → 일치

Words & Phrases

rural 시골풍의, 전원의
establish oneself as ~로서 자리를 잡다
orphaned 어미 잃은, 고아가 된

setting 배경
inspiration 영감
pass away 죽다

simultaneously 동시에
autobiographical 자전적인

01

9541-0123

great auk에 관한 다음 글의 내용과 일치하는 것은?

Rich in protein, full of nutritious fats and oils, the great auk was great, although it was a flightless bird. Found on the rocky islands and coastal areas on both sides of the North Atlantic, great auks were like a somewhat smaller version of the dodo, and they had the brains to match. Starting in the early 16th century, sailors began marching the helpless creatures up the gangplank and pushing them into the ship's storage area by the hundreds. The great auk was considered great food, and the (a)taste bird was hunted for its feathers, skin, and eggs. (b)Unfortunately, you'll never get to feast on the great auk's tender meat. The last pair was killed on an island off the coast of Iceland back in 1844.

* **gangplank** 건널 판자(배와 육지 사이에 다리처럼 걸쳐놓은 판자)

① 단백질과 지방이 거의 없었다.
② 도도새보다 크기가 약간 더 큰 편이었다.
③ 16세기 말부터 선원들이 수백 마리씩 배 안으로 잡아들이기 시작했다.
④ 훌륭한 음식으로 여겨졌다.
⑤ 마지막 한 쌍이 20세기 초에 죽었다.

✔ Check 01

윗글의 밑줄 친 (a) taste를 문맥에 알맞게 형태를 바꾸어 쓰시오.

✔ Check 02

윗글의 밑줄 친 (b) Unfortunately, ~ meat.이라고 한 이유를 찾아 우리말로 쓰시오.

Words & Phrases

nutritious 영양가가 높은   **flightless** 날 수 없는   **march** 줄지어 가게 하다, 행진시키다
helpless 무력한   **unfortunately** 아쉽게도   **feast on** ~을 마음껏 먹다
tender 연한, 부드러운   **off the coast of** ~의 앞바다에

02

9541-0124

Ivan the Great에 관한 다음 글의 내용과 일치하지 <u>않는</u> 것은?

Through conquest, diplomacy, and his rejection of Moscow's two-hundred-year loyalty to the Mongols, Ivan the Great made Russia a European power. When he assumed the throne, his realm consisted of just fifteen thousand square miles, less than half the size of present-day Indiana State of the United States. With his son Vasily, he nearly tripled Russian territory. Ivan the Great dreamed of making Russia the Third Rome, cherishing <u>a monk's prophecy</u> that while "the two Romes have fallen, the third does endure. Your Christian Empire shall last forever." To fulfill his vision, he claimed to be a direct descendant of the Roman emperor Caesar Augustus, and he married the niece of the last emperor of Byzantium (the second Rome).

① 2백 년 동안 지속된 몽골인에 대한 충성을 거부했다.
② 즉위시 영토가 오늘날의 Indiana 주보다 작았다.
③ 아들과 함께 러시아의 영토를 거의 세 배로 만들었다.
④ 한 수도사가 했던 예언을 대수롭지 않게 생각했다.
⑤ 비잔티움의 마지막 황제의 조카딸과 결혼했다.

✔ Check 01

윗글의 밑줄 친 a monk's prophecy가 가리키는 구체적인 내용을 찾아 우리말로 쓰시오.

_____

✔ Check 02

윗글에서 Ivan the Great가 자신의 비전을 이루기 위해 주장했던 내용을 찾아 우리말로 쓰시오.

_____

Words & Phrases

conquest 정복
loyalty 충성
territory 영토
endure 지속되다, 참다

diplomacy 외교
assume 맡다, 가정하다
cherish 마음에 품다, 귀중히 여기다
fulfill 성취하다

rejection 거부
realm 왕국, 영역
prophecy 예언
descendant 후손

03

○ 9541-0125

SCHOOL SUPPLY DRIVE에 관한 다음 글의 내용과 일치하는 것은?

Hillside
Community Services

SCHOOL
SUPPLY DRIVE

Suggested Items:
notebooks, backpacks,
construction paper,
markers, pens, pencils,
tape, rulers, crayons, copy
paper, pocket folders, glue
sticks, Post-its, erasers,
calculators, etc.

SCHOOL SUPPLY DRIVE
July 10 to August 28

Collection Box at Hillside Community
Services, 5th St, 1st Floor.

• Hillside Community Services is collecting school
supplies for the children in the after-school programs
at the Stonewall Community Center.

• You can drop off supplies at Hillside Community Services, 5th St,
on the first floor by the welcome desk, from 8:30 a.m. until 8:30 p.m.,
Monday through Friday.

• If you buy online, shop at www.happysmile.all.com and
pick Hillside Community Services. Shop from our
wish list: http://v.kk/5ths6Jh.

Thank you for your support! If you have questions or would like
more information, contact 828-321-1234, or email info@hcsny.org.

① 7월 하순부터 8월 중순까지 진행된다.
② 방과후 프로그램에 참여하지 못하는 학생들을 위한 것이다.
③ 기증 물품은 오전에만 받는다.
④ 지정된 웹사이트에서 학용품 구매가 가능하다.
⑤ 문의는 이메일로만 받는다.

✓ Check 01

윗글의 SCHOOL SUPPLY DRIVE에 관해 언급되지 않은 것은?

① 기간   ② 장소   ③ 참가 자격   ④ 추천 물품   ⑤ 문의 방법

✓ Check 02

다음 영영 풀이에 해당하는 단어를 윗글에서 찾아 쓰시오.

knowledge or facts about someone or something

→ _____

Words & Phrases

school supplies 학용품	**drive** (조직적인) 운동	**collection** 수집
community 지역사회, 공동체	**after-school program** 방과후 프로그램	**welcome desk** 안내처
construction paper 색도화지	**glue stick** 막대 풀	**calculator** 계산기

04

Bekonscot Model Village & Railway에 관한 다음 글의 내용과 일치하지 <u>않는</u> 것은?

Bekonscot Model Village & Railway

All profits are given to charity	OPEN DAILY 10 am to 5 pm Feb 11th — Nov 4th

BE A GIANT in this miniature wonderland _____ nobody grows up.
Established in 1929, Bekonscot Model Village captures a delightful and timeless image of a lost age, depicting rural England in the 1930's.
Bekonscot boasts the ultimate train set, and its historic Gauge 1 line has been famous since 1929 for being one of the longest, most exciting and complex in Great Britain.

★Remote control boats   ★Tea room   ★Playground   ★Kiddie rides
★Log cabin—a fun place to hold a child's birthday party
★Bekonscot is also educational as among the topics which can be covered in this miniature village are geography, science, history and engineering!
*Admission: £10 for adults / free for children under 18

www.bekonscot.co.uk

* **Gauge 1** 모형 철도 규격의 일종

① 모든 이익금이 자선 단체에 기부된다.
② 2월 11일부터 11월 4일까지 매일 문을 연다.
③ 1930년대 영국의 도시를 묘사한다.
④ 지리, 과학, 역사, 공학 등을 주제로 다룬다.
⑤ 18세 미만 어린이의 입장료는 무료이다.

✔ Check 01

윗글의 빈칸에 들어갈 알맞은 관계사를 한 단어로 쓰시오.

_____

✔ Check 02

윗글의 Bekonscot의 Gauge 1 line이 유명한 이유를 본문에서 찾아 우리말로 쓰시오.

_____

Words & Phrases

charity 자선 단체, 자선기금
delightful 정말 기분 좋은
rural 시골의
log cabin 통나무집

miniature 아주 작은; 축소 모형
timeless 영원한, 세월이 흘러도 변치 않는
boast 자랑할 만한 ~을 갖고 있다
cover 다루다

establish 설립하다
depict 묘사하다
ultimate 최고의, 궁극적인

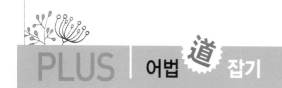

Grammar Review

정답과 해설 35쪽

1. 다음 밑줄 친 부분 중 어법상 틀린 것을 골라 바르게 고치시오.

○ 9541-0127

Bekonscot is also ①<u>educational</u> as among the topics ②<u>which</u> can be covered in this miniature village ③<u>is</u> geography, science, history and engineering!

2. 네모 안에서 어법상 알맞은 표현을 고르시오.

○ 9541-0128

Ivan the Great dreamed of making Russia the Third Rome, (A) cherishing / cherished a monk's prophecy that while "the two Romes have (B) fallen / been fallen , the third does endure. Your Christian Empire shall last forever."

3. 괄호 안에 주어진 낱말을 알맞은 형태로 고쳐 쓰시오.

○ 9541-0129

(A)(Start) in the early 16th century, sailors began marching the helpless creatures up the gangplank and (B)(push) them into the ship's storage by the hundreds.

4. 괄호 안에 주어진 낱말을 알맞은 순서대로 배열하시오.

○ 9541-0130

You (drop off, Hillside Community Services, can, supplies, at), 5th St, on the first floor by the welcome desk, from 8:30 a.m. until 8:30 p.m., Monday through Friday.

수능에 잘 나오는 Grammar Point

도치와 강조

1. 도치

〈전치사+장소 명사〉의 뒤에 나오는 주어와 자동사는 종종 도치된다. 그리고 부정어구, only와 연결된 부사(구, 절), 또는 so, neither, nor 등이 문두에 나오면 도치되어 〈be/조동사/do+주어〉의 어순이 된다.

Ex *Behind the house* **stand two trees.** (집 뒤에 두 그루의 나무가 있다.)

Ex *Never* **did I think** that I would be awarded a scholarship. (나는 장학금을 받게 되리라고 결코 생각하지 못했다.)

Ex *Only then* **did I find** out that he was right. (그때서야 나는 그가 옳았다는 것을 알게 되었다.)

2. 강조

특정한 어구나 어절을 강조하기 위해서는 〈It is[was] ~ that ...〉의 강조 구문이 사용되고, 일반 동사의 의미는 그 앞에 do[does/did]를 써서 강조한다.

Ex **It was** last night **that** he called on me. (그가 나를 방문한 것은 바로 어젯밤이었다.)

Ex **I do** hate washing the dishes. (나는 설거지를 정말 싫어한다.)

Vocabulary Review

| 정답과 해설 35쪽 |

1. 다음 우리말에 해당하는 단어를 쓰시오.　　　　　　　　　○ 9541-0131

(1) 영양분이 많은: _____　　(2) 외교: _____

(3) 소독제: _____　　(4) 자랑할 만한 ~을 갖고 있다: _____

2. 주어진 뜻풀이에 대한 단어를 찾아 연결하시오.　　　　　　　○ 9541-0132

(1) unable to fly　　　　　　　　　　　　　　　　•　　　• drive

(2) a big effort to achieve something, especially by a
company or government　　　　　　　　　　•　　　• flightless

(3) the act of taking control of land or people during a war　•　　• prophecy

(4) a statement that something will happen in the future　•　　• conquest

3. 다음 문장의 빈칸에 들어갈 말을 [보기]에서 찾아 쓰시오.　　　○ 9541-0133

┌ 보기 ┐
territory　　issue　　rural　　calculator

(1) This _____ is hard to understand in a short time.

(2) The great king did not let any enemy enter his _____.

(3) You are not allowed to use a _____ on a math test.

(4) After retirement, Jake enjoyed the peace of _____ life.

Vocabulary in Context

1. 다음 네모 안에서 문맥에 맞는 낱말을 고르시오.　　　　　　　○ 9541-0134

(1) The painting depicts / cherishes a happy family.

(2) The scientists protected the strong / helpless creatures from predators.

2. 괄호 안에 주어진 단어의 반의어로 빈칸을 완성하시오.　　　　○ 9541-0135

(1) The solution was very s_____ and easy to understand. (complex)

(2) A_____ worship has been found in many parts of the world. (descendant)

10 도표 정보 파악

<table>
<tr><td>A P P R O A C H</td><td>도표 정보는 어떻게 파악하나요?</td><td>

❶ **무엇을 나타내는 도표인지 확인하세요!** 지문을 읽기 전에 도표의 제목과 모양을 통해 도표가 전달하는 바를 파악하고, 도표에서 주목할 만한 부분을 찾아봅니다.

❷ **도표에서 지문 내용에 해당되는 부분을 찾으세요!** 지문의 문장을 읽으면서 도표의 해당 부분을 정확히 찾아야 합니다.

❸ **수치 정보와 증감 여부를 정확히 판단하세요!** 주로, 간단한 수치 계산과 증감 여부를 잘못 제시한 문장을 찾는 능력을 요구하는 경우가 많으므로, 계산이나 도표 추이 분석을 실수 없이 해야 합니다.

</td></tr>
</table>

READY | 내신 感 잡기

■ 다음 글을 읽고 도표의 내용과 일치하지 **않는** 문장을 찾아봅시다. | 전국연합학력평가 | ▶ 9541-0136

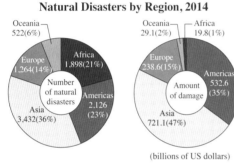

Natural Disasters by Region, 2014

(billions of US dollars)

The two pie charts above show [INTRO] the number of natural disasters and the amount of damage by region in 2014. The number of natural disasters in Asia was [CLUE 1] the largest of all five regions and (a) accounted for 36 percent, which was more than twice the percentage of Europe. Americas had [CLUE 2] the second largest number of natural disasters, taking up 23 percent. The number of natural disasters in Oceania was [CLUE 3] the smallest and less than a third of (b) that in Africa. The amount of damage in Asia was [CLUE 4] the largest and more than the combined amount of Americas and Europe. Africa had [CLUE 5] the least amount of damage even though it ranked third in the number of natural disasters.

<table>
<tr><td rowspan="7">G U I D E</td><td>**Introduction**</td><td>2014년 지역별 자연재해 횟수와 피해액을 나타낸 원 그래프</td></tr>
<tr><td>**CLUE 1**</td><td>아시아의 가장 많은 횟수(36%) → 유럽(14%)의 2배 넘음 (○)</td></tr>
<tr><td>**CLUE 2**</td><td>아메리카의 횟수(23%) → 두 번째 순위 (○)</td></tr>
<tr><td>**CLUE 3**</td><td>오세아니아의 가장 적은 자연재해 횟수(6%) → 아프리카(21%)의 1/3 미만 (○)</td></tr>
<tr><td>**CLUE 4**</td><td>아시아의 최대 피해액(47%) → 아메리카(35%)와 유럽(15%) 합계 이상 (×)</td></tr>
<tr><td>**CLUE 5**</td><td>아프리카 자연재해 → 횟수는 3위지만 피해액은 가장 적음 (○)</td></tr>
<tr><td colspan="2" align="center">⬇</td></tr>
</table>

불일치 ▶ The amount of damage in Asia was the largest and more(→ less) than ~

✓ Check

☐ 1. [CLUE 1]의 밑줄 친 (a) **accounted for**에 적용된 **account for**의 의미로 가장 적절한 것은?

　① to give a reason or explanation for something
　② to take something into consideration
　③ to be a particular amount or part of something

☐ 2. [CLUE 3]의 밑줄 친 (b) **that**이 대신하고 있는 말을 찾아 영어로 쓰시오.

_____

■ 다음 표의 내용과 일치하지 <u>않는</u> 것은? | 대수능 | ◎ 9541-0137

Top Ten Origin Countries of International Students
(School Years 1979-1980 and 2016-2017)

School Year 1979-1980	
Country	Number
Iran	51,000
Taiwan	18,000
Nigeria	16,000
Canada	15,000
Japan	12,000
Hong Kong	10,000
Venezuela	10,000
Saudi Arabia	10,000
India	9,000
Thailand	7,000
Other countries	129,000
Total	**286,000**

School Year 2016-2017	
Country	Number
China	351,000
India	186,000
South Korea	59,000
Saudi Arabia	53,000
Canada	27,000
Vietnam	22,000
Taiwan	22,000
Japan	19,000
Mexico	17,000
Brazil	13,000
Other countries	311,000
Total	**1,079,000**

·Note: Detail may not add to total shown because of rounding.

The tables above show ❶the top ten origin countries and the number of international students enrolled in U.S. colleges and universities in two school years, 1979-1980 and 2016-2017. ① The total number of international students in 2016-2017 was ❷over three times larger than the total number of international students in 1979-1980. ② Iran, Taiwan, and Nigeria were ❸the top three origin countries of international students in 1979-1980, among which only Taiwan was included in the list of the top ten origin countries in 2016-2017. ③ The number of students from India was ❹over twenty times larger in 2016-2017 than in 1979-1980, and India ranked higher than China in 2016-2017. ④ South Korea, ❺which was not included among the top ten origin countries in 1979-1980, ranked third in 2016-2017. ⑤ Although the number of students from Japan was ❻larger in 2016-2017 than in 1979-1980, Japan ranked lower in 2016-2017 than in 1979-1980.

G U I D E	❶ 도입	1979~1980학년도와 2016~2017학년도의 미국 대학 유학생 상위 10개 출신국과 학생 수
	❷ 핵심 내용1	2016~2017학년도(1,079,000)는 1979~1980학년도(286,000)의 3배 이상 (○)
	❸ 핵심 내용2	1979~1980학년도 상위 3개국(이란, 타이완, 나이지리아) 중 타이완만이 2016~2017학년도 상위 10개국에 포함 (○)
	❹ 핵심 내용3	인도 유학생 수는 20배 넘게 증가하여, 2016~2017학년도에 중국보다 높은 순위를 보임 (×)
	❺ 핵심 내용4	대한민국은 1979~1980학년도 상위 10개국에 포함되지 않았으나 2016~2017학년도에는 3위에 오름 (○)
	❻ 핵심 내용5	일본 유학생 수는 2016~2017학년도에 더 많아졌으나 순위는 낮아짐 (○)

⬇

불일치 ❯ ~ India ranked higher(→ lower) than China in 2016-2017.

Words & Phrases

origin country 출신국   **enroll** 등록시키다   **school year** 학년도

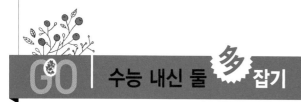

01

9541-0138

다음 도표의 내용과 일치하지 <u>않는</u> 것은?

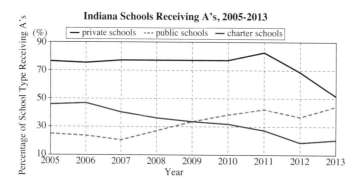

Indiana Schools Receiving A's, 2005-2013

The above graph shows the percentages of public, private, and charter schools that earned A's in the school ratings made by the Indiana Department of Education from 2005 to 2013. ①Among the three types of schools, private schools always showed the highest percentage of A-rated schools every year since 2005. ②However, the percentage of A-rated private schools began to decline significantly after it hit its peak in 2011. ③The percentage of A-rated public schools stayed just under thirty percent before 2008, but it began to increase in 2007 and exceeded fifty percent in 2013. ④<u>Compare</u> to the percentage of A-rated public schools, the percentage of A-rated charter schools showed generally the opposite tendency. ⑤It started at around 48 percent in 2005, but it showed an overall downward trend to about twenty percent in 2013.

✓ Check 01

윗글의 밑줄 친 Compare를 어법에 맞게 고쳐 쓰시오.

Compare → _____

✓ Check 02

위의 도표 내용에 근거하여 다음 질문에 대한 대답을 쓰시오.

When was the percentage of A-rated public schools the same as that of A-rated charter schools?

_____

Words & Phrases

charter school 차터 스쿨(공적 자금을 받아 교사·부모·지역 단체 등이 설립한 학교)　**rating** 평가, 등급 매기기
decline 하락하다, 감소하다　　**significantly** 현저하게, 상당히　　**peak** 정점, 최고조
exceed 넘다, 초과하다　　**tendency** 경향　　**downward** 하락의, 하강의
trend 추세, 동향

02

○ 9541-0139

다음 도표의 내용과 일치하지 <u>않는</u> 것은?

The Planet's Longest-Living Animals

Longest-living terrestrial and aquatic animals

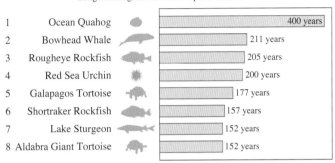

1	Ocean Quahog	400 years
2	Bowhead Whale	211 years
3	Rougheye Rockfish	205 years
4	Red Sea Urchin	200 years
5	Galapagos Tortoise	177 years
6	Shortraker Rockfish	157 years
7	Lake Sturgeon	152 years
8	Aldabra Giant Tortoise	152 years

For humans, reaching the age of 100 is a rare milestone. For some animals, however, it's hardly uncommon. All the eight animals listed in the chart above live well past 100 years. ①Of the animals with the longest life spans, an ocean quahog that lives to be 400 years old has by far the longest life span. ②Actually, <u>an ocean quahog has twice the life span of a red sea urchin</u>, which has the fourth longest life span. ③A bowhead whale, the second longest-living creature, lives to be 211 years old, which is six years longer than a rougheye rockfish's life span. ④Although it lives over 200 years old, the famous Galapagos tortoise ranks only as the fifth longest-living creature. ⑤The life span of a lake sturgeon is the same as that of a Aldabra giant tortoise, and their life span is five years shorter than that of a shortraker rockfish.

✓ Check 01

윗글의 밑줄 친 an ocean quahog ~ a red sea urchin과 같은 내용이 되도록 다음과 같이 바꿔 쓸 때 빈칸에 들어갈 적절한 말을 쓰시오.

the life span of an ocean quahog is ＿＿＿＿ ＿＿＿＿ long ＿＿＿＿ ＿＿＿＿ of a red sea urchin

✓ Check 02

위의 도표 내용에 근거하여 다음과 같은 문장을 만들 때, 빈칸에 알맞은 말을 쓰시오.

A Galapagos tortoise lives ＿＿＿＿＿ than a shortraker rockfish ＿＿＿＿ ＿＿＿＿ years.

Words & Phrases

terrestrial 육생의, 육지에 사는
bowhead whale 수염 고래
Galapagos tortoise 갈라파고스땅거북
Aldabra giant tortoise 앨더브라코끼리거북
uncommon 드문, 흔하지 않은

aquatic 물속에 사는
rougheye rockfish 한볼락
shortraker rockfish 갈퀴볼락
rare 희귀한, 드문
well 훨씬, 꽤, 상당히

ocean quahog 대양 백합 조개
red sea urchin 성게
lake sturgeon 용철갑상어
milestone 중대 사건, 획기적 단계
life span 수명

03

◯ 9541-0140

다음 도표의 내용과 일치하지 않는 것은?

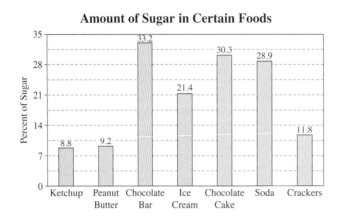

Amount of Sugar in Certain Foods

The bar graph above compares the percentages of the amount of sugar present in some foods. ①Both ketchup and peanut butter contain less than 10 percent of sugar, while the other foods in the graph (A) ☐ contain / contains ☐ more than 10 percent of sugar in each of them. ②The food which has the highest percentage of sugar content is chocolate bar, and its sugar content is higher than that of chocolate cake by 2.9 percentage points. ③Ice cream has more sugar content than soda (B) ☐ does / is ☐ by 7.5 percentage points. ④The percentage of sugar content present in crackers is 11.8 percent, (C) ☐ which / that ☐ is higher than that of ketchup by 3 percentage points. ⑤The difference of sugar content between a chocolate bar and ketchup is 24.4 percentage points.

✔ Check 01

(A), (B), (C)의 각 네모 안에서 어법에 맞는 표현을 골라 쓰시오.

(A) _____ (B) _____ (C) _____

✔ Check 02

위의 도표 내용에 근거하여 다음 질문에 대한 대답을 쓰시오.

Which foods contain over 20 percent of sugar content?

_____

Words & Phrases

compare 비교하다   **present** 들어있는, 존재하는   **contain** 함유하다, 포함하다
content 함유량   **difference** 차이

04

9541-0141

다음 도표의 내용과 일치하지 <u>않는</u> 것은?

Europeans Love To Shop Abroad

Cross-border e-commerce purchases in selected countries in Europe in 2018

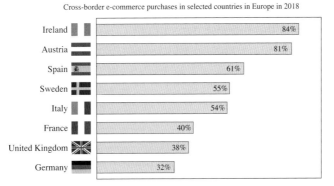

The graph above shows the percentage of online shoppers in selected European countries who purchased goods from a foreign retailer in 2018. ①Of the selected countries, Ireland had the highest percentage of overseas online shoppers, with 84 percent of Irish people shopping abroad online. ②Austria had the second highest percentage of overseas online shoppers, which was 3 percentage points below that of Ireland. ③The percentage of Spanish overseas online shoppers was 20 percentage points lower than that of Austria, but it was more than 10 percentage points higher than that of Sweden and Italy. ④Among the French, four out of ten shopped across their own borders, and this rate was slightly higher than <u>that</u> of the United Kingdom. ⑤Germany had the lowest percentage of overseas online shoppers among the selected countries, with less than a third of the total population shopping abroad online.

✔ Check 01

밑줄 친 that이 대신하는 말을 두 단어의 영어로 쓰시오.

_____

✔ Check 02

위의 도표 내용에 근거하여 다음 두 문장의 빈칸을 완성하시오.

The percentage of Austria's overseas online shoppers is almost t_____ as high as that of France.

= The percentage of Austria's overseas online shoppers is almost d_____ that of France.

Words & Phrases

purchase 구매(하다)　　　　**retailer** 소매업자　　　　**overseas** 해외의
abroad 해외에(서)　　　　**border** 국경, 경계　　　　**rate** 비율
slightly 약간, 조금

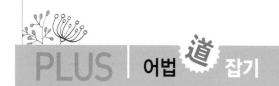

Grammar **Review**

| 정답과 해설 **38**쪽 |

1. 다음 밑줄 친 부분 중 어법상 **틀린** 것을 골라 바르게 고치시오.   ◎ 9541-0142

The food ①<u>which</u> has the highest percentage of sugar content ②<u>is</u> chocolate bar, and its sugar content is higher than ③<u>those</u> of chocolate cake ④<u>by</u> 2.9 percentage points.

2. 네모 안에서 어법상 알맞은 표현을 고르시오.   ◎ 9541-0143

The number of natural disasters in Asia (A) | was / were | the largest of all five regions and accounted for 36 percent, which was more than twice (B) | a / the | percentage of Europe.

3. 괄호 안에 주어진 낱말을 알맞은 형태로 고쳐 쓰시오.   ◎ 9541-0144

Of the animals with the longest life spans, an ocean quahog that lives (A)(be) 400 years old has by far the (B)(long) life span.

4. 괄호 안에 주어진 낱말을 알맞은 순서대로 배열하시오.   ◎ 9541-0145

The total number of international students in 2016-2017 (larger, over, than, three, times, was) the total number of international students in 1979-1980.

수능에 잘 나오는 Grammar Point

배수 비교

배수 비교는 '…보다 −배 ~한'이라는 의미를 갖는 비교 구문으로 다음과 같이 세 가지 형태로 나타낼 수 있다.

1. 배수사+as ~ as …

Ex She earns **twice** *as* much money *as* I do.

(그녀는 나보다 두 배나 많은 돈을 번다.)

2. 배수사+비교급 than …

Ex His house is **three times** *bigger than* mine.

(그의 집은 우리 집보다 세 배나 더 크다.)

3. 배수사+the+명사+of …

Ex The aircraft can travel at **ten times** *the speed of* sound.

(그 항공기는 음속의 10배 속도로 이동할 수 있다.)

Vocabulary Review

| 정답과 해설 **39**쪽 |

1. 다음 우리말에 해당하는 단어를 쓰시오.   ▶ 9541-0146

(1) 등록시키다: _____   (2) 정점, 최고조: _____

(3) 소매업자: _____   (4) 국경, 경계: _____

2. 주어진 뜻풀이에 대한 단어를 찾아 연결하시오.   ▶ 9541-0147

(1) an unexpected event that causes a lot of damage •   • content

(2) a general direction of change   •   • disaster

(3) a very important event or advance   •   • milestone

(4) the amount of something that is in something else •   • trend

3. 다음 문장의 빈칸에 들어갈 말을 [보기]에서 찾아 쓰시오.   ▶ 9541-0148

┌─ 보기 ┐
| account   contain   decline   exceed |

(1) Women _____ for nearly half of Texas' workforce.

(2) Rail travel began to _____ with a growing highway system.

(3) He's trying to match or _____ last year's sales.

(4) American cuisine features lots of fried foods that _____ a high level of fat.

Vocabulary in Context

1. 다음 네모 안에서 문맥에 맞는 낱말을 고르시오.   ▶ 9541-0149

(1) The two scientists had the same information but reached opposite / similar conclusions.

(2) Visitors can purchase / sell tickets online before visiting the museum.

2. 괄호 안에 주어진 단어의 반의어로 빈칸을 완성하시오.   ▶ 9541-0150

(1) Susan is a very kind person, so it's extremely r_____ for her to lose her temper. (common)

(2) The high levels of iron p_____ in the tea are essential to lower blood pressure. (absent)

11 빈칸 채우기

APPROACH 빈칸에 적절한 말을 어떻게 찾나요?

❶ **전체 글의 흐름을 파악하세요!** 빈칸은 주로 글의 주제와 관련이 있는 핵심 부분에 있습니다.

❷ **빈칸이 있는 문장과 앞뒤 문장 간의 관계를 잘 살피세요!** 빈칸에 들어갈 말이 앞에 나온 내용을 요약한 것인지, 혹은 뒤에 나오는 예시에 대한 핵심 어구인지를 파악합니다.

❸ **빈칸 앞이나 뒤에 나온 어구나 내용을 달리 표현한 것을 찾아보세요!** 빈칸 부분은 구체적인 내용을 간단하게 표현한 어구나 요지를 다른 표현으로 제시한 것이 많습니다.

READY | 내신 感 잡기

■ 다음 글을 읽고 빈칸에 적절한 말을 찾아봅시다. | 전국연합학력평가 | ● 9541-0151

Theseus was a great hero to the people of Athens. When he returned home after a war, **INTRO** the ship that had carried him and his men was so treasured that the townspeople preserved it for years and years, **CLUE 1** replacing its old, rotten planks with new pieces of wood. The question Plutarch asks philosophers is this: is the repaired ship still the same ship that Theseus had sailed? Removing one plank and replacing it might not make a difference, but **CLUE 2** can that still be true once all the planks have been replaced? Some philosophers argue that the ship must be _____. But if this is true, **CLUE 3** then as the ship got pushed around during its journey and lost small pieces, it would already have stopped being the ship of Theseus.

＊ plank 널빤지

G U I D E	Introduction	Theseus와 그의 병사들이 탔던 배를 시민들이 여러 해 동안 보존함
	CLUE 1	그 배의 낡고 썩은 널빤지를 새로운 나무 조각으로 교체
	CLUE 2	배의 모든 널빤지가 교체되었을 때도 차이가 없을까?
	CLUE 3	항해하는 동안 작은 조각들을 잃었을 때 이미 Theseus의 배가 아님
	Conclusion	작은 조각을 잃어버리면 이미 이전의 그 배라고 말할 수 없음

⬇

빈칸	모든 부분의 총합(the sum of all its parts)

✓ Check

☐ **1. 윗글의 내용과 일치하도록 다음 질문에 대한 응답을 우리말로 쓰시오.**

How did the Athenians treat Theseus's ship?

_____

☐ **2. 다음 두 문장의 빈칸에 공통으로 들어갈 한 단어를 윗글에서 찾아 쓰시오.**

– Do you _____ have Jennifer's phone number?

– Georgia didn't do much work, but she _____ passed the exam.

APPROACH 수능에서 빈칸 추론 유형은?

수능 유형 중 난이도가 가장 높은 유형 중 하나로 매년 서너 문항이 출제되고 있다. 전체 글의 논리적 흐름을 파악하여 빈칸에 들어갈 적절한 단어나 어구, 절을 추론하는 것으로 주로 글의 요지와 관련된 내용이 빈칸으로 제시된다. 글의 논리적 관계를 잘 파악하고 주제를 뒷받침하는 여러 단서들을 종합하여 그것들을 함축하는 어구를 고르도록 한다.

■ 다음 빈칸에 들어갈 말로 가장 적절한 것은? | 대수능 | ○ 9541-0152

❶Finkenauer and Rimé investigated the memory of the unexpected death of Belgium's King Baudouin in 1993 in a large sample of Belgian citizens. ❷The data revealed that the news of the king's death had been widely socially shared. By talking about the event, ❸people gradually constructed a social narrative and a collective memory of the emotional event. At the same time, they consolidated their own memory of the personal circumstances in which the event took place, an effect known as "flashbulb memory." ❹The more an event is socially shared, the more it will be fixed in people's minds. Social sharing may in this way help to counteract some natural tendency people may have. Naturally, people should be driven to "forget" undesirable events. Thus, someone who just heard a piece of bad news often tends initially to deny what happened. The _____ social sharing of the bad news contributes to realism.

* **consolidate** 공고히 하다

① biased
② illegal
③ repetitive
④ temporary
⑤ rational

GUIDE

❶ 도입   Finkenauer와 Rimé가 Baudouin의 예기치 못한 죽음에 대한 기억을 조사함

❷ 핵심 내용1   왕의 죽음에 대한 소식이 널리 사회적으로 공유됨

❸ 핵심 내용2   사람들이 그 감정적 사건의 사회적 이야기와 집단 기억을 구축함

❹ 결론   특정 사건이 사회적으로 더 많이 공유되면 될수록 사람들의 마음에 더 많이 고정됨

↓

빈칸 > 반복되는 (repetitive)

Words & Phrases

reveal 나타내다, 드러내다   **construct** 구축하다, 건설하다   **collective** 집단의

counteract 중화하다, 반대로 행동하다   **undesirable** 바람직하지 않은   **initially** 처음에

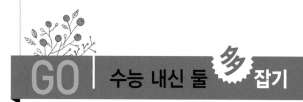
01

○ 9541-0153

다음 빈칸에 들어갈 말로 가장 적절한 것은?

Although the *potential* for acquiring a truly global education has never been greater, actually achieving it requires more than simply "being there." Much depends on whether our field experiences are structured in ways that _____. Pressure to satisfy student demand can easily lead to hastily constructed programs that lack focus and clear definition. In such cases, any preparatory training that would help us to interact effectively in our overseas setting tends to drop out. (a)This deficiency has fairly predictable consequences. Without the requisite understandings and skills to learn with and from those in our field setting, we will tend to accumulate novel experiences but (b)without stepping much outside our comfort zones. When this "cocooning" occurs, we can't expect much deep learning to take place.

① bring predictable results and educational setting
② give people lots of options and experiences to choose
③ promote meaningful intellectual and intercultural learning
④ make students stick to their own cultures and identities
⑤ don't require immediate feedback and response

✔ Check 01

윗글의 밑줄 친 (a) This deficiency가 의미하는 것을 본문에서 찾아 우리말로 쓰시오.

_____

✔ Check 02

윗글의 밑줄 친 (b) without stepping much outside our comfort zones를 비유적으로 표현한 한 단어를 본문에서 찾아 쓰시오.

_____

Words & Phrases

field experience 현장 경험	**lead to** ~로 이어지다, 초래하다	**definition** 정의
preparatory 준비를 위한	**setting** 환경, 배경	**tend to** ~하는 경향이 있다
deficiency 부족, 결핍	**consequence** 결과	**requisite** 필요한
accumulate 축적하다	**comfort zone** 안락 지대	**cocoon** 고치를 만들다, 보호하다
take place 일어나다, 발생하다	**intercultural** 문화 간의	**stick to** ~을 고수하다

02

다음 빈칸에 들어갈 말로 가장 적절한 것은?

On the subject of the economy of words, the use of an analogy might be helpful. (a) Odd as this analogy might seem at first glance, suppose you have a piece of cloth soaked with water, and you must get it as dry as you can and as soon as you can for one reason or another. The harder you turn and twist this piece of cloth, the more water you extract from (b) it and the drier it gets, short of ripping the fabric. In a way, poetry is just like that. The more you squeeze letters, words, adjectives, verbs, nouns, and so on, while still preserving the integrity of the intended meaning, the better the poetry becomes. Hence, in poetry, the concept of "_____" applies.

① less is more
② analogy is necessary
③ the more, the better
④ integrity is essential
⑤ writing poetry needs talent

✔ Check 01

윗글의 밑줄 친 (a) Odd as this analogy might seem at first glance를 주어진 단어로 시작하여 다시 쓰시오.

→ Though _____

✔ Check 02

윗글의 밑줄 친 (b) it이 가리키는 것을 본문에서 찾아 영어로 쓰시오.

_____

Words & Phrases

economy 절약, 아끼기	**analogy** 비유	**odd** 이상한
at first glance 언뜻 보기에는	**soaked with** ~에 흠뻑 젖은	**twist** 꼬다, 비틀다
extract 빼내다, 뽑다	**short of** ~이 일어나지 않는 한	**rip** 찢다
fabric 천, 직물	**squeeze** 짜내다, 압착하다	**adjective** 형용사
preserve 보존하다	**integrity** 온전함	**hence** 이런 이유로
concept 개념		

03

● 9541-0155

다음 빈칸에 들어갈 말로 가장 적절한 것은?

Some people seem to have a bad attitude all the time — those who are always angry, or sociopathic. For most of us, it's situational, and can be quickly summoned when we're put in triggering circumstances — like driving a car. It seems to bring out the worst in us. When we're behind the wheel, we tend to be very defensive and territorial, and will behave much more aggressively than we would face to face. Road rage is an all-too-common response to trivial events like being cut off in traffic. It turns out that most of us are more likely to take more time leaving a parking lot if we see someone waiting for our spot. If the other driver honks or flashes his lights, (a) we'll take even longer. (b) This is a great example of passive aggression. The _____ that comes with being in a movable box allows us to do things we would never do face to face.

* **sociopathic** 반사회적인

① driving time
② swift movement
③ urgent situation
④ passivity and impatience
⑤ anonymity and insulation

✔ Check 01

윗글의 밑줄 친 (a) we'll take even longer 다음에 생략된 말을 본문에서 찾아 쓰시오.

_____

✔ Check 02

윗글의 밑줄 친 (b) This가 의미하는 바를 우리말로 쓰시오.

_____

Words & Phrases

attitude 태도	**summon** 호출하다, 소환하다	**trigger** 촉발시키다
be behind the wheel 차를 운전하다	**territorial** 영역 보전적인, 세력권[텃세권]을 주장[보호]하는	
aggressively 공격적으로	**road rage** (도로에서 운전 중) 분통 터뜨리기, 운전자 폭행 (사건)	
trivial 사소한	**spot** 장소, 자리	**honk** 경적을 울리다
anonymity 익명	**insulation** 단절	

04

⊙ 9541-0156

다음 빈칸에 들어갈 말로 가장 적절한 것은?

The logic of the marketplace is simple. Businesses decide to sell whatever commodities will maximize their profit, and they will, if they are rational, seek the most efficient means of realizing that profit by purchasing materials as cheaply as possible, employing new technology when it increases productivity, seeking lower wages to produce more at less cost, and (a) market to increase demand for their products. Because investors demand a return on their investment that is greater than the return from alternative places to park their money, growth from quarter to quarter is essential. (b) Fail to maximize profit or to grow more than your competitors begins a death spiral that puts a firm out of business if it doesn't reverse (c) the trend. What you produce or the quality of the product does not matter as long as _____.

＊ **spiral** 소용돌이

① consumers are satisfied with it
② it is cheap compared to its quality
③ profit and growth meet expectations
④ you can trust the company that makes it
⑤ you can find another place to invest your money

✔ Check 01

윗글의 밑줄 친 (a) market, (b) Fail을 어법에 맞게 고쳐 쓰시오.

_____

✔ Check 02

윗글의 밑줄 친 (c) the trend의 내용을 우리말로 쓰시오.

_____

Words & Phrases

logic 논리
rational 합리적인
realize (재산·수입·이익을) 얻다, 벌다
return 수익
firm 회사

commodity 상품, 물자
efficient 효율적인
employ 사용[이용]하다
alternative 대안의
reverse 뒤집다, 반전시키다

maximize 극대화하다
means 수단
wage 임금
quarter 분기
trend 추세

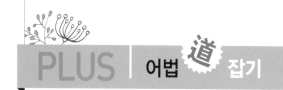

Grammar Review

| 정답과 해설 42쪽 |

1. 다음 밑줄 친 부분 중 어법상 틀린 것을 골라 바르게 고치시오.   �𝇇 9541-0157

Much ①depends on ②whether our field experiences are structured in ways ③that ④promotes meaningful intellectual and intercultural learning.

2. 네모 안에서 어법상 알맞은 표현을 고르시오.   �𝇇 9541-0158

Because investors demand a return on their investment (A) that / what is greater than the return from alternative places (B) park / to park their money, growth from quarter to quarter is essential.

3. 괄호 안에 주어진 낱말을 알맞은 형태로 고쳐 쓰시오.   �𝇇 9541-0159

When we're behind the wheel, we tend to be very (A) (defend) and territorial, and will behave much more (B) (aggressive) than we would face to face.

4. 괄호 안에 주어진 낱말을 알맞은 순서대로 배열하시오.   ◌ 9541-0160

(as, analogy, seem, might, odd, this) at first glance, suppose you have a piece of cloth soaked with water, and you must get it as dry as you can and as soon as you can for one reason or another.

수능에 잘 나오는 Grammar Point

결과의 부사절

1. so ~ that ...
   〈so+형용사/부사+that ...〉의 형식으로 쓰여 '매우 ~해서 …하다'라는 결과적 의미로 해석된다. so가 부사라고 해서 too로 바꿔 써서는 안 된다. 중간에 명사가 들어갈 경우 〈so+형용사+(a/an)+명사+that ...〉의 어순으로 쓰인다.
   Ex The river is **so dirty that** it smells bad.
   (그 강은 너무 더러워서 나쁜 냄새가 난다.)

2. such ~ that ...
   〈such+(a/an)+형용사+명사+that ...〉의 형식으로 쓰여 '매우 ~해서 …하다'라는 결과적 의미로 해석된다. that 대신 which를 쓰지 않도록 유의한다.
   Ex She was **such a nice person that** I gave her a present.
   그녀가 매우 좋은 사람이어서 나는 그녀에게 선물을 줬다.

Vocabulary Review

| 정답과 해설 **43**쪽 |

1. 다음 우리말에 해당하는 단어를 쓰시오.　　　　　　　　　　　　● 9541-0161

(1) 소환하다: _____　　　　(2) 단절: _____

(3) 문화 간의: _____　　　(4) 온전함: _____

2. 주어진 뜻풀이에 대한 단어를 찾아 연결하시오.　　　　　　　● 9541-0162

(1) the result of doing something　　　　　•　　　• rational

(2) based on clear thought and reason　　•　　　• trigger

(3) to start an explosion, to start a reaction　•　　• consequence

(4) a substance or product that can be traded, bought, or sold　•　　• commodity

3. 다음 문장의 빈칸에 들어갈 말을 [보기]에서 찾아 쓰시오.　　● 9541-0163

┌─ 보기 ┌
accumulate　　preserve　　means　　anonymity
└

(1) Keeping food in the refrigerator helps _____ its freshness.

(2) The police have reassured witnesses that they will be guaranteed _____.

(3) Interest will _____ in your savings account month by month.

(4) We need to find some other _____ of transportation.

Vocabulary in Context

1. 다음 네모 안에서 문맥에 맞는 낱말을 고르시오.　　　　　　● 9541-0164

(1) Social media is an efficient / inefficient way of communicating with people, so lots of people are using it.

(2) I find Dorothy really sensible / odd – I can't figure her out at all.

2. 괄호 안에 주어진 단어의 반의어로 빈칸을 완성하시오.　　　● 9541-0165

(1) Andrew grew poorly because of a vitamin d_____ in his diet. (sufficiency)

(2) Don't bother him with t_____ matters. (important)

12 함축된 의미 파악

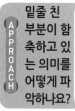

APPROACH	밑줄 친 부분이 함축하고 있는 의미를 어떻게 파악하나요?	
	❶ 밑줄 친 부분의 글자 그대로의 의미를 파악하세요! 글자 그대로의 의미를 파악하면 글의 내용을 추측할 수 있습니다.	
	❷ 주제, 요지, 혹은 글의 핵심 내용을 파악하세요! 글의 전반부나 후반부에는 주제나 요지가 포함된 문장이 제시될 수 있고, 이런 주제가 명시적으로 제시되지 않을 때는 글에서 반복되는 어구를 바탕으로 글의 핵심 내용을 파악할 수 있습니다.	
	❸ 글의 핵심 내용을 바탕으로 밑줄 친 부분의 함축된 의미를 파악하세요! 밑줄 친 부분의 의미는 글의 핵심 내용을 담고 있으므로, 글에 제시된 핵심 어구가 포함된 영문 선택지를 골라야 합니다.	

READY | 내신 感 잡기

■ 다음 글을 읽고 밑줄 친 The body works the same way.가 다음 글에서 의미하는 바를 알아봅시다. | 전국연합학력평가 |

◐ 9541-0166

INTRO The body tends to accumulate problems, often beginning with one small, seemingly minor imbalance. This problem causes another subtle imbalance, which triggers another, then several more. In the end, you get a symptom. (a) It's like lining up a series of dominoes. **CLUE 1** All you need to do is knock down the first one and many others will fall too. What caused the last one to fall? **CLUE 2** Obviously (b) it wasn't the one before it, or the one before that, but the first one. The body works the same way. **CLUE 3** The initial problem is often unnoticed. It's not until some of the later "dominoes" fall that more obvious clues and symptoms appear. In the end, you get a headache, fatigue or depression — or even disease. When you try to treat the last domino — treat just the end-result symptom — the cause of the problem isn't addressed. **Conclusion** The first domino is the cause, or primary problem.

* accumulate 축적하다

GUIDE		
	Introduction	몸은 작고 사소한 불균형으로 시작하는 문제들을 축적함
	CLUE 1	첫 번째 도미노를 쓰러뜨리면 다른 많은 것들도 쓰러질 것임
	CLUE 2	마지막 도미노를 쓰러뜨린 것 → 바로 첫 번째 도미노임
	CLUE 3	최초의 문제는 흔히 눈에 띄지 않음
	Conclusion	첫 번째 도미노가 원인 즉 가장 중요한 문제임

밑줄 친 부분의 의미	최종의 증상은 최초의 사소한 문제에서 비롯된다. (The final symptom stems from the first minor problem.)

✔ Check

☐ **1.** 윗글의 요지를 다음과 같이 쓸 때 주어진 철자로 시작하는 단어로 빈칸을 채우시오.

A_____ the r_____ of the d_____ is important.

☐ **2.** 윗글의 밑줄 친 (a) It과 (b) it이 가리키는 내용을 각각 찾아 우리말로 쓰시오.

(a) It: _____ (b) it: _____

APPROACH	수능에서 함축된 의미 파악 하기 유형은?	이 유형은 밑줄 친 부분의 글자 그대로의 뜻을 파악하는 것은 물론 글의 흐름상 핵심 내용을 추론하는 유형이다. 주제나 요지, 혹은 글의 핵심 내용을 정확히 파악한 후 그것을 요약하는 것과 더불어 영문으로 재구성한 선택지를 해석하는 능력도 요구된다.

■ 밑줄 친 delete "perfect" and insert "complete"가 다음 글에서 의미하는 바로 가장 적절한 것은? | 전국연합학력평가 |

❷ 9541-0167

❶You can be perfect, but you need to change the way you think about it. ❷Perfection actually is possible if you delete "perfect" and insert "complete." Imagine a basketball player taking a fifteen-foot shot and the ball going through the net, never touching the rim. ❸Someone is likely to exclaim, "That was a perfect shot!" And it was perfect. The scoreboard reflects an increase of two points. Now again imagine that same player a few minutes later taking another fifteen-foot shot. But this time the ball hits one side of the rim, rolls around and stands still for half a second, and it finally falls through the net. An announcer might comment on what an ugly shot that was, and she would be right. ❹But basketball games are not won on such criteria as pretty or ugly. In this instance the ball went through the net and the scoreboard increased by two points. ❺In that sense, the second shot was as perfect as the first.

* rim 가장자리

① redefine perfection based on task accomplishment
② distinguish what you can achieve from what you can't
③ make something free of flaws to be absolutely perfect
④ take a social perspective on what you have completed
⑤ complete the small stuff first to deal with the big stuff

G U I D E	❶ 주제 문장	완벽함에 대해서 생각하는 방식을 바꿀 필요가 있음
	❷ 전개 1	"완벽한"을 지우고 "완수된"을 삽입하면 완벽함은 실제로 가능함
	❸ 전개 2	사례 제시 → 골대 가장자리를 건드리지 않은 완벽한 슛
	❹ 전개 3	농구 경기는 깔끔한지 혹은 볼품없는지로 승부가 나지 않음
	❺ 결론	두 번째 슛도 첫 번째 슛만큼 완벽함

밑줄 친 부분의 의미 ▶ 과업 완수에 근거하여 완벽함을 재정의함

Words & Phrases

perfection 완벽함	delete 지우다, 삭제하다	insert 삽입하다
exclaim 외치다, 큰 소리로 말하다	scoreboard 점수판	reflect 보여주다, 반사하다, 반영하다
roll around 빙글빙글 돌다	stand still 정지해 있다	comment 언급하다, 논평하다
criterion 기준, 척도 (pl. criteria)	redefine 재정의하다	distinguish 구별하다
flaw 흠, 결함	perspective 시각, 원근법	

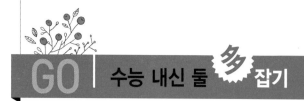

01

○ 9541-0168

밑줄 친 ego flexibility가 다음 글에서 의미하는 바로 가장 적절한 것은?

   Acceptance of change will better enable you to "roll with the punches" and tolerate the fickle nature of fate. Conversely, the more reliant you are on things staying as they are, the more you are at risk of depression if you lose the person to whom you are most attached or move from the place with which you most identify. A man's ego (or sense of self) must conform to unfolding realities, even if they are unexpected. Winning a large sum of money in a lottery or later-life grandparenthood can be as stressful and identity changing as selling the home your children grew up in. Men who score high on measures of adaptability and "ego flexibility" are at lower risk of depression as they age. They are able to adjust to changes with less disruption to their happiness, pride, and sense of purpose in life. Older men who have been able to develop flexibility are able to maintain a more positive perspective.

* fickle 변덕스러운, 변화가 심한

① the ability to cope with changing situations
② the awareness that all life is interdependent
③ the acceptance of other people's perspective
④ the generosity toward other people's mistakes
⑤ the understanding of how precious every day is

✔ Check 01

윗글에서 아래 문장의 내용을 담고 있는 문장을 찾아 우리말로 해석하시오.

> You are more likely to get depressed if you don't adjust to changing realities.

→ _____

✔ Check 02

자아 유연성을 갖추었을 때 얻는 이점 세 가지를 윗글에서 찾아 우리말로 쓰시오.

1) _____
2) _____
3) _____

Words & Phrases

acceptance 수용, 수락, 승인
tolerate 견디다, 참다, 용인하다
reliant 의지하는
identify 동질감을 갖다, 확인하다
lottery 복권
flexibility 유연성

enable 할 수 있게 하다, 가능하게 하다
fate 운명
depression 우울증
ego 자아
identity 정체성, 신원
adjust to ~에 적응하다

roll with the punches 힘든 상황에 적응하다
conversely 정반대로, 역으로
attached 애착을 갖고 있는, 부속의
conform to ~에 순응하다
adaptability 적응성
disruption 혼란, 방해

02

○ 9541-0169

밑줄 친 the exact opposite가 다음 글에서 의미하는 바로 가장 적절한 것은?

  We are subjected to a never-ending flood of negative news from across the world: wars, famines, natural disasters, corruption, diseases, and acts of terror. Stories about gradual improvements rarely make the front page even when they occur on a dramatic scale and impact millions of people. And thanks to increasing press freedom and improving technology, we hear more about disasters than ever before. When Europeans killed a huge number of indigenous peoples across America a few centuries ago, it didn't make the news back in the old world. When in the past whole species or ecosystems were destroyed, no one realized or even cared. Alongside all the other improvements, our observation of suffering has improved tremendously. This improved reporting is itself a sign of human progress, but it creates the impression of the exact opposite.

* indigenous 토착의, 원산의

① Our society seems to progress backward.
② We are restoring a damaged ecosystem.
③ Humans enjoy more material abundance.
④ The government suppresses press freedom.
⑤ The environment around us is improving gradually.

✓ Check 01

우리가 예전보다 재난에 대해 더 많이 접하게 된 이유 두 가지를 우리말로 쓰시오.

_____

✓ Check 02

다음 영영 풀이에 해당되는 단어를 윗글에서 찾아 쓰시오.

> a situation in which a large number of people have little or no food for a long time and many people die

→ _____

Words & Phrases

subject ~에게 (싫은 일을) 당하게 하다, 겪게 하다
famine 기근
scale 규모
disaster 재난
destroy 파괴하다

corruption 부패
impact 영향을 미치다
huge 엄청난
tremendously 엄청나게

flood (엄청나게) 쏟아짐, 쇄도, 폭주
gradual 점진적인
press freedom 언론의 자유
ecosystem 생태계
progress 발전, 진보

03

9541-0170

밑줄 친 counting angels on a pinhead가 다음 글에서 의미하는 바로 가장 적절한 것은?

A little bit of Scotland is in all of us, (A) which / whether we know it or not. If you've ever consulted a calendar or the *Encyclopaedia Britannica*, you can thank the Scots. If you've ever flushed a toilet or used a refrigerator or ridden a bicycle, thank the Scots. Perhaps the greatest Scottish inventions, _____, are the ones you can't touch, for they occupy the realm of the mind. Big ideas such as empathy and morality and common sense. The Scots, _____, never let these ideas float off into the heavens, untethered. They grounded (B) them / themselves in the here and now. This was the Scottish brand of genius: the blending of deeply philosophical ideas with real-world applications. The bright lights who illuminated old Edinburgh (C) wasn't / weren't interested in counting angels on a pinhead. They put those angels to work, and the result was the birth of everything from modern economics to sociology to historical fiction.

* encyclopaedia 백과사전   ** untethered 줄에 묶여있지 않은

① rejecting religious faith that has shaped their way of life
② receiving excessive support that may make them too arrogant
③ relying on abstract ideas that can't be applied in the real world
④ engaging in mathematical arguments that haven't been explored before
⑤ coming up with great inventions that will change their destiny overnight

✔ Check 01

윗글의 빈칸에 공통으로 들어갈 말로 가장 적절한 것은?

① though   ② instead   ③ namely   ④ similarly   ⑤ therefore

✔ Check 02

윗글 (A), (B), (C)의 각 네모 안에서 어법에 맞는 표현으로 가장 적절한 것은?

	(A)	(B)	(C)		(A)	(B)	(C)
①	which	them	wasn't	②	which	themselves	weren't
③	whether	them	weren't	④	whether	them	wasn't
⑤	whether	themselves	weren't				

Words & Phrases

flush 물로 씻어내리다	**occupy** 차지하다	**realm** 영역
empathy 공감, 감정이입	**float off** 떠오르다	**ground** 이륙하지 못하게 하다
the here and now 이 세상, 현재	**blend** 혼합하다	**application** 적용, 응용
light 지도적인 인물	**illuminate** 계몽하다, 밝게 비추다	**Edinburgh** 에든버러(스코틀랜드의 수도)
put ~ to work ~을 일하게 하다		

04

○ 9541-0171

밑줄 친 the gray가 다음 글에서 의미하는 바로 가장 적절한 것은?

Much of the distrust we see in work groups is a result of misunderstanding or misreading the intentions of others—especially leaders. When we aren't sure what's happening around us, we become distrustful. We are born that way. It's a reason children don't want to turn off the lights at bedtime. What are they afraid of? Not something they can see, but that something *unknown* is hiding in the closet. In a dark work environment, where information is withheld or not communicated properly, employees tend to suspect the worst and rumors take the place of facts. It is openness that drives out the gray and helps employees regain trust in a culture. Through their example, leaders can create a contagion of openness that leads to trust and is a major contribution to a culture in which employees are engaged, enabled, and energized to give their all.

① depression in the workplace
② the absence of strong leadership
③ an environment full of suspicion
④ discrimination against the elderly
⑤ the condition of complete darkness

✅ Check 01

윗글의 세 번째 문장 We are born that way.에서 that way가 지칭하는 바를 우리말로 쓰시오.

_____

✅ Check 02

다음의 두 가지 의미를 갖는 한 단어를 윗글에서 찾아 쓰시오.

1. the spreading of a disease by people touching each other
2. a feeling or attitude that spreads quickly between people

→ _____

Words & Phrases

distrust 불신
withhold 주지 않다, 보류하다
contagion 확산, 전염
energize 활기를 북돋우다

misread 잘못 해석하다, 오해하다
suspect 추측하다, 의심하다
contribution 기여, 공헌

closet 벽장, 작은 방
take the place of ~을 대체하다
engage 끌어들이다

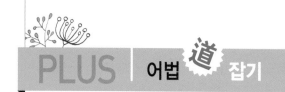
Grammar Review

정답과 해설 46쪽

1. 다음 글의 밑줄 친 부분 중 어법상 틀린 것을 골라 바르게 고치시오.   ▶ 9541-0172

Conversely, the more ①<u>reliant</u> you are on things ②<u>staying</u> as they are, the more you are at risk of depression if you ③<u>lose</u> the person ④<u>whom</u> you are most attached or move from the place with which you most ⑤<u>identify</u>.

2. 네모 안에서 어법상 알맞은 표현을 고르시오.   ▶ 9541-0173

Stories about gradual improvements rarely (A) make / making the front page even when they occur on a dramatic scale and impact millions of people. And thanks to increasing press freedom and (B) improve / improving technology, we hear more about disasters than ever before.

3. 괄호 안에 주어진 낱말을 알맞은 형태로 고쳐 쓰시오.   ▶ 9541-0174

It is (A) (open) that drives out the gray and helps employees (B) (regain) trust in a culture.

4. 괄호 안에 주어진 낱말을 알맞은 순서대로 배열하시오.   ▶ 9541-0175

The Scots, though, never (float off, the heavens, these ideas, into, let), untethered.

수능에 잘 나오는 Grammar Point

관계대명사 what과 which / that

1. 관계대명사 what

what은 선행사를 포함하는 관계사로, 문장에서 주어, 보어, 그리고 동사나 전치사의 목적어 역할을 하는 명사절을 이끈다. the thing(s) that[which], all that 정도로 이해될 수 있으며, 이어지는 절은 주어나 목적어가 빠져서 불완전하다.

Ex You should repeat **what** you hear when taking the word test.
(단어 시험을 볼 때는 듣는 내용을 반복해야 한다.)

2. 관계대명사 which / that

앞의 선행사를 수식하는 형용사절을 이끌며, 이어지는 절은 주어나 목적어가 빠져서 불완전하다. 그러나 〈전치사+which〉 다음에는 완전한 절이 이어진다. 관계사 which는 앞에 놓인 절 전체를 선행사로 취할 수도 있다.

Ex We are using the massage machine **that[which]** we purchased in America.
(우리는 미국에서 구매한 마사지 기계를 사용하고 있다.)

Ex He took early retirement and traveled extensively, **which** was a source of great pleasure for him.
(그는 일찍 은퇴해서 널리 여행을 했는데 그것이 그에게는 큰 즐거움의 원천이었다.)

Vocabulary Review

| 정답과 해설 **47**쪽 |

1. 다음 우리말에 해당하는 단어를 쓰시오.   ◐ 9541-0176

(1) 외치다, 큰 소리로 말하다: _____   (2) 혼란, 방해: _____

(3) 기근: _____   (4) 계몽하다, 밝게 비추다: _____

2. 주어진 뜻풀이에 대한 단어를 찾아 연결하시오.   ◐ 9541-0177

(1) great in scale or degree   •   • symptom

(2) to take up a place or extent in space   •   • tolerate

(3) to endure someone or something unpleasant   •   • huge

(4) subjective evidence of disease or physical disturbance •   • occupy

3. 다음 문장의 빈칸에 들어갈 말을 [보기]에서 찾아 쓰시오.   ◐ 9541-0178

┌ 보기 ┐

corruption   blend   attached   flaw

(1) I realized then that I was starting to become _____ to him.

(2) She had to _____ all the ingredients for five minutes.

(3) The new map looks pretty nice, but there's a fatal _____ in it.

(4) They're a sad political legacy of decades of _____ and misrule.

Vocabulary in Context

1. 다음 네모 안에서 문맥에 맞는 낱말을 고르시오.   ◐ 9541-0179

(1) The patient may show signs of ｜gradual / rapid｜ recovery which will continue over the coming months and years.

(2) President's ｜acceptance / rejection｜ of the invitation was diplomacy rather than a real commitment to visit Ireland.

2. 괄호 안에 주어진 단어의 반의어로 빈칸을 완성하시오.   ◐ 9541-0180

(1) Take a look at the advertisements, and you'll notice a s_____ change.

(obvious)

(2) Their mission was to d_____ the water pipes in the basement of this plant.

(construct)

13 무관한 문장 찾기

APPROACH
무관한 문장은 어떻게 찾나요?

❶ **글의 주제를 파악하세요!** 글의 처음에 주제문이 오기 쉬우므로 첫 문장에서 글의 줄거리를 암시하는 핵심어구나 문장이 있는지 확인해야 합니다.

❷ **소재는 유사하지만, 차이점에 주목하세요!** 보통 오답 문장은 비슷한 소재를 다루고 있지만, 주제에서 벗어나는 내용입니다. 따라서 소재가 아니라 주제의 관점에서 무관한 문장을 찾아내야 합니다.

❸ **무관한 문장을 빼고 다시 읽어 보세요!** 무관한 문장을 찾은 후에 그 문장을 빼고 지칭어나 연결사에 유의하며 다시 읽어 보고 글의 흐름이 자연스럽게 연결되는지 확인해야 합니다.

READY | 내신 感 잡기

■ 다음 글을 읽고 전체 흐름과 관계 없는 문장을 찾아봅시다. | 전국연합학력평가 | ▶ 9541-0181

When we were infants, we were tuned in to the signals from our body that told us when to eat and when to stop. **INTRO** We had an instinctive awareness of what foods and how much food our body needed. **CLUE 1** As we grew older this inner wisdom became lost in a bewildering host of outer voices that told us how we should eat. **CLUE 2** We received conflicting messages from our parents, from our peers, and from scientific research. **CLUE 3** These messages created a confusion of desires, impulses, and aversions that have made us unable to just eat and to eat just enough. They have helped us see things in our right perspectives, thus having an insight into the world. If we are to return to a healthy and balanced relationship with food, **SUMMARY** it is essential that we learn to turn our awareness inward and to hear again what our body is always telling us.   ＊ aversion 반감, 혐오

GUIDE

Introduction	우리는 몸이 필요로 하는 음식을 본능적으로 알고 있음
CLUE 1	외부의 목소리로 인해 내부의 지혜가 길을 잃음
CLUE 2	외부로부터 상충하는 메시지를 받게 됨
CLUE 3	이러한 메시지는 욕망, 충동, 반감의 혼란을 야기함
Summary	건강한 음식과의 관계를 위해서 내부의 목소리에 귀 기울여야 함

↓

무관한 문장 세상을 보는 통찰력을 키워주었다는 여섯 번째 문장(They have helped ~ into the world)은 전체 흐름과 관계 없음

✔ Check

☐ **1.** 윗글의 밑줄 친 **These messages**가 가리키는 내용을 본문에서 찾아 영어로 쓰시오.

_____

☐ **2.** 빈칸에 알맞은 우리말을 넣어 윗글의 주장을 완성하시오.

→ 건강한 식습관을 위해서는 _____.

A P P R O A C H

수능에서 무관한 문장 찾기 유형은?

무관한 문장 찾기는 글을 읽으면서 전체적인 일관성을 파악하여 글의 내용과 잘 맞지 않거나 주제가 다른 문장을 찾아내는 유형으로, 해마다 한 문항씩 출제된다. 소재는 유사하지만, 글의 논리적인 흐름이나 주제에 어긋나는 문장으로 출제되는 경우가 많으므로 전체적인 흐름을 염두에 두고 글을 읽어야 한다.

■ 다음 글에서 전체 흐름과 관계 <u>없는</u> 문장은? | 대수능 | ○ 9541-0182

❶When photography came along in the nineteenth century, painting was put in crisis. The photograph, it seemed, did the work of imitating nature better than the painter ever could. ①Some painters made practical use of the invention. ❷②There were Impressionist painters who used a photograph in place of the model or landscape they were painting. ❸③But by and large, the photograph was a challenge to painting and was one cause of painting's moving away from direct representation and reproduction to the abstract painting of the twentieth century. ❹④Therefore, the painters of that century put more focus on expressing nature, people, and cities as they were in reality. ❺⑤Since photographs did such a good job of representing things as they existed in the world, painters were freed to look inward and represent things as they were in their imagination, rendering emotion in the color, volume, line, and spatial configurations native to the painter's art.

＊ **render** 표현하다　＊＊ **configuration** 배치

G U I D E

❶ 도입	사진의 도입 → 회화의 위기 (사진은 화가보다 자연을 더 잘 모방함)
❷ 전개1	일부 화가들이 모델이나 풍경 대신 사진을 사용함
❸ 전개2	사진은 회화에 대한 도전 → 20세기 추상 회화로 이동
❹ 일탈 문장	화가들이 현실의 모습을 표현하는 데 초점을 둠 → 전체 흐름에서 벗어남
❺ 결론	화가들은 상상 속에 존재하는 대로 사물을 표현함

⬇

무관한 문장 | 화가들이 자연, 사람, 도시를 현실적으로 표현하는 데 초점을 두었다는 ④는 전체 흐름과 관계 없음

Words & Phrases

photography 사진술	**come along** 나타나다	**crisis** 위기
imitate 모방하다	**practical** 실용적인	**impressionist painter** 인상파 화가
in place of ~ 대신에	**landscape** 풍경	**by and large** 대체로
representation 표현	**reproduction** 복제	**abstract** 추상적인
spatial 공간의		

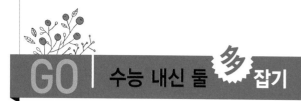

01

○ 9541-0183

다음 글에서 전체 흐름과 관계 없는 문장은?

Going to an event unrelated to your specific field or area of interest can yield surprising results. ① You might get turned on to a subject you didn't know could interest you; you might be able to work this new knowledge into conversations with others. ② _____, you might discover from an outdoor recreation specialist that you and your colleagues could benefit from a team-building retreat. ③ Aside from breathing fresh air and discovering nature's many wonders, the benefits of outdoor recreation are endless and will help keep you and your family physically and mentally healthy. ④ Similarly, an art exhibit might introduce you to a new shade of red that will make a bolder statement on your website. ⑤ Participating in unrelated events opens you up to new opportunities and experiences.

✔ Check 01

윗글의 빈칸에 들어갈 말로 가장 적절한 것은?

① Therefore   ② In contrast   ③ For example
④ Nevertheless   ⑤ On the other hand

✔ Check 02

윗글의 주제가 되도록 빈칸에 각각 알맞은 한 단어를 본문에서 찾아 쓰시오.

→ the _____ of participating in _____ events

Words & Phrases

specific 특정한
recreation 레크리에이션, 오락
wonder 경이로움
shade 색조

yield (결과·이익을) 가져오다, 산출하다
colleague 동료
endless 끝이 없는
statement 진술, 표현

get turned on to ~에 흥미를 갖게 되다
retreat 수련, 휴양지
mentally 정신적으로

02

9541-0184

다음 글에서 전체 흐름과 관계 <u>없는</u> 문장은?

  As a rule, Americans favor "positive" over "negative" political campaigns. That is, voters prefer a candidate who is in favor of something to another candidate who is merely against something. ①There are many reasons for <u>this preference</u>. ②One reason is that voters may suspect a negative candidate has something to hide and is using negative politics to hide it. ③Also, a positive campaign tends to be stronger and more successful than a negative campaign because it is more effective to be for something than merely against something. ④Sometimes, candidates with negative campaigns have succeeded in making their opponents look weak, corrupt, or unpatriotic because of the opponents' stand on some very sensitive issue. ⑤A positive campaign usually projects an image of success, confidence, and optimism: three qualities that Americans like to see in elected officials.

✔ Check 01

윗글의 밑줄 친 this preference가 가리키는 내용을 우리말로 쓰시오.

this preference: _____

✔ Check 02

미국인들이 선호하는 공직자의 특질 세 가지를 우리말로 쓰시오.

_____

Words & Phrases

as a rule 일반적으로, 대개
voter 유권자
hide 숨기다
corrupt 부패한
project 보여 주다, 나타내다

favor 호의를 보이다
in favor of ~을 지지하는
effective 효과적인
unpatriotic 비애국적인
optimism 낙관주의

campaign 선거운동
preference 선호(도), 더 좋아함
opponent 상대방, 적
sensitive 민감한

03

○ 9541-0185

다음 글에서 전체 흐름과 관계 없는 문장은?

  Traditionally, people have eaten three meals a day: breakfast in the morning, lunch at midday and dinner in the evening. ①Although this is a useful standard, people often develop the habit of eating a small breakfast and lunch and a large evening meal. ②(a)This has a detrimental effect on digestion, especially as our digestive systems become more sluggish with age. ③If your digestion is poor, intermittent fasting can effect your ability to metabolize food and burn fat. ④It also means that we have an inadequate supply of energy at the times of the day when we are most active and a calorie overload at the end of the day when we are winding down. ⑤A preferable eating pattern is a large breakfast, a substantial lunch and (b)a comparatively small meal early in the evening.

* intermittent 간헐적인

✓ Check 01

윗글의 밑줄 친 (a) This가 가리키는 내용을 우리말로 쓰시오.

This: _____

✓ Check 02

윗글의 밑줄 친 (b) a comparatively small meal early in the evening이 바람직한 이유를 완성할 때 빈칸에 들어갈 적절한 말을 본문에서 찾아 쓰시오.

→ It is because we are likely to have _____ _____ _____ in the evening.

Words & Phrases

midday 한낮, 정오
sluggish 기능이 둔한, 게으른
metabolize 신진대사시키다
wind down 편히 쉬다, 서서히 끝나다
comparatively 비교적, 상대적으로

detrimental 해로운, 유해한
fasting 단식
inadequate 불충분한, 부적절한
preferable 바람직한

digestion 소화
effect (어떤 결과를) 가져오다, 초래하다
overload 과부하, 지나치게 실음
substantial 상당한, 꽤 많은

04

9541-0186

다음 글에서 전체 흐름과 관계 없는 문장은?

Just imagine for a second now what can happen if your bad habits stress you out. It's the perfect recipe for a negative feedback circle. ①Your stress triggers a bad habit, which triggers guilt, internal anxiety, and more stress, which triggers the habit again. ②But now imagine what could happen if your habits are naturally stress-relieving, such as exercise. ③In this case, your stress will ride you to the gym, and the exercise will help you to relieve tension. ④Whether from a lack of proper guidance, not asking for advice, or being new to the gym, many people don't realize the importance of good form when exercising. ⑤The difference in impact on your life is mind-blowing, as one puts you in a positive position to succeed despite life's harsh occurrences, while the other constantly threatens to drop you into a negative spiral.

＊ **spiral** 소용돌이

✔Check 01

윗글의 밑줄 친 mind-blowing과 바꿔 쓰기에 문맥상 가장 적절한 것은?

① skeptical　　　② surprising　　　③ subjective
④ mysterious　　　⑤ unnoticeable

✔Check 02

윗글의 주장이 되도록 빈칸에 각각 알맞은 한 단어를 본문에서 찾아 쓰시오.

→ It is necessary for you to form a good ＿＿＿＿＿ even when you're under ＿＿＿＿＿.

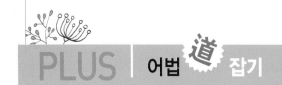
Grammar Review

| 정답과 해설 50쪽 |

1. 다음 밑줄 친 부분 중 어법상 **틀린** 것을 골라 바르게 고치시오. ▶ 9541-0187

Aside from breathing fresh air and ①discovering nature's many wonders, the benefits of outdoor recreation ②are endless and will help ③keep you and your family physically and mentally ④healthily.

2. 네모 안에서 어법상 알맞은 표현을 고르시오. ▶ 9541-0188

The difference in impact on your life is mind-blowing, as one puts you in a positive position to succeed (A) although / despite life's harsh occurrences, while the other constantly threatens (B) dropping / to drop you into a negative spiral.

3. 괄호 안에 주어진 낱말을 알맞은 형태로 고쳐 쓰시오. ▶ 9541-0189

Also, a positive campaign tends to be stronger and more successful than a negative campaign because it is more effective (be) for something than merely against something.

4. 괄호 안에 주어진 낱말을 알맞은 순서대로 배열하시오. ▶ 9541-0190

A preferable eating pattern is a large breakfast, a substantial lunch and a (early, small, meal, comparatively, in the evening).

수능에 잘 나오는 Grammar Point

수의 일치

1. 주어와 동사가 떨어져 있는 경우
수식어구나 관계절 등으로 주어와 동사가 떨어져 있는 경우, 주어를 정확히 파악한 후 주어의 수에 동사를 일치시켜야 한다.

Ex **Animals** which are in cages / **are** not happy. (우리 안에 있는 동물들은 행복하지 않다.)

Ex During the procedure, **the four smaller toes** on each foot / **were** broken.
(그 절차 동안에 각각의 발에 있는 네 개의 더 작은 발가락이 부러졌다.)

2. 구와 절이 주어로 쓰인 경우
주어로 쓰인 동명사구나 명사절은 단수로 취급되므로 동사도 단수 동사가 와야 한다.

Ex **Whether we need it or not** / **is** a different story.
(우리에게 그것이 필요한지 아닌지는 별개의 이야기이다.)

Ex **Participating in unrelated events** / **opens** you up to new opportunities.
(관련이 없는 일에 참여하는 것은 여러분을 새로운 기회에 눈뜨게 한다.)

Vocabulary Review

정답과 해설 **50**쪽

1. 다음 우리말에 해당하는 단어를 쓰시오.　　　　　　　　　　○ 9541-0191

(1) 유권자: _____

(2) 효과적인: _____

(3) 촉발하다: _____

(4) 끊임없이: _____

2. 주어진 뜻풀이에 대한 단어를 찾아 연결하시오.　　　　　　　○ 9541-0192

(1) to say that you will cause someone harm if they do not do what you want　　• 　　• yield

(2) the process of changing food into the substances that your body needs　　• 　　• digestion

(3) to feel or show approval or preference for　　•　　• threaten

(4) to produce or provide something, such as a plant or crop　•　　• favor

3. 다음 문장의 빈칸에 들어갈 말을 [보기]에서 찾아 쓰시오.　　　○ 9541-0193

┌─ 보기 ┐
specific　　opponent　　recreation　　substantial

(1) He won the election by a(n) _____ number of votes.

(2) I think _____ is an important part of human existence.

(3) Spectators are only allowed into _____ areas of the stadium.

(4) You're facing a much more experienced _____ in tomorrow's match.

Vocabulary in Context

1. 다음 네모 안에서 문맥에 맞는 낱말을 고르시오.　　　　　　　○ 9541-0194

(1) We sometimes need a safe place to | hide / reveal |.

(2) The mayor accepted bribes and became a | corrupt / decent | official.

2. 괄호 안에 주어진 단어의 반의어로 빈칸을 완성하시오.　　　　○ 9541-0195

(1) They took a rest in their hotel rooms and prepared m_____ for the match. (physically)

(2) Before starting the operation, you should check the i_____ parts of the machine. (external)

14 문단 내 글의 순서 정하기

READY | 내신 感 잡기

■ 다음 글을 읽고, 주어진 문장에 이어질 글의 순서를 찾아봅시다. | 전국연합학력평가 | ◎ 9541-0196

> **INTRO** One of the first things I did in each classroom in South Milwaukee was to draw a diagram of the students' desks, labelled with their names, as an aid to recognizing them.

(A) **CLUE 1** One said, "Where's your name?" and was not satisfied until I included a sketch of the chair by the bookcase where I was sitting, labelled with my name. It had not occurred to me that I needed to (a)include: after all, I knew where I was sitting, and knew my name.

(B) **CLUE 2** At lunch in the first grade classroom the first day I was present, a group of students came over, saw the diagram, and began finding their names on my picture.

(C) **CLUE3** But to her, my presence in the classroom was the newest, most noteworthy thing that had occurred that day, and it was logical to include me. Her point of view was different from mine, and resulted in (b)a different diagram of the classroom.

GUIDE

Introduction	'I'가 학생들을 알아보기 위한 보조물로 학생들의 이름이 적힌 좌석표를 그림
CLUE 2	좌석표의 재언급 → 한 무리의 학생들이 와서 그 좌석표를 보고 자신들의 이름을 찾기 시작함
CLUE 1	한 학생의 등장과 'I'의 생각 → 한 학생이 'I'의 이름이 어디에 있는지 묻고, 'I'가 자신의 이름을 좌석표에 포함시키자 만족해 함. 'I'는 자기 이름이 포함되어야 한다고 생각하지 못했음
CLUE 3	역접 → 'I'의 생각과 달리 그녀에게는 'I'의 이름이 포함되는 것이 타당했음

글의 순서 ▶ (B) - (A) - (C)

✓ Check

☐ **1.** 윗글의 밑줄 친 (a) **include**를 어법상 올바른 형태로 고쳐 쓰시오.

include → _____

☐ **2.** 윗글의 밑줄 친 (b) **a different diagram**이 구체적으로 의미하는 것을 20자 이내의 우리말로 쓰시오.

→ _____

GET SET 수능 感 잡기

A P P R O A C H | 수능에서 문단 내 글의 순서 정하기 유형은?

문단 내 글의 순서 정하기는 주어진 글을 포함한 네 부분의 글을 문맥에 맞게 논리적인 순서로 배열하는 유형으로 해마다 한두 문제씩 출제된다. 이 유형은 사고력을 요하고 학생들이 많이 틀리는 경향이 있기 때문에 글의 내용과 흐름을 정확히 이해할 수 있도록 준비해야 한다.

■ 주어진 글 다음에 이어질 글의 순서로 가장 적절한 것은? | 대수능 | ○ 9541-0197

> ❶Researchers in psychology follow the scientific method to perform studies that help explain and may predict human behavior. This is a much more challenging task than studying snails or sound waves.

(A) ❷But for all of these difficulties for psychology, the payoff of the scientific method is that the findings are replicable; that is, if you run the same study again following the same procedures, you will be very likely to get the same results.

(B) ❸It often requires compromises, such as testing behavior within laboratories rather than natural settings, and asking those readily available (such as introduction to psychology students) to participate rather than collecting data from a true cross-section of the population. It often requires great cleverness to conceive of measures that tap into what people are thinking without altering their thinking, called reactivity.

(C) ❹Simply knowing they are being observed may cause people to behave differently (such as more politely!). People may give answers that they feel are more socially desirable than their true feelings.

* replicable 반복 가능한

① (A) - (C) - (B)   ② (B) - (A) - (C)   ③ (B) - (C) - (A)

④ (C) - (A) - (B)   ⑤ (C) - (B) - (A)

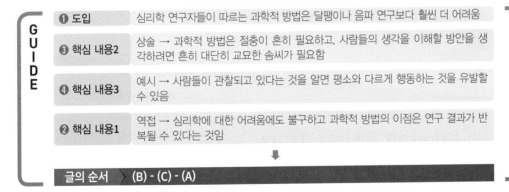

G U I D E

❶ 도입 | 심리학 연구자들이 따르는 과학적 방법은 달팽이나 음파 연구보다 훨씬 더 어려움

❸ 핵심 내용2 | 상술 → 과학적 방법은 절충이 흔히 필요하고, 사람들의 생각을 이해할 방안을 생각하려면 흔히 대단히 교묘한 솜씨가 필요함

❹ 핵심 내용3 | 예시 → 사람들이 관찰되고 있다는 것을 알면 평소와 다르게 행동하는 것을 유발할 수 있음

❷ 핵심 내용1 | 역접 → 심리학에 대한 어려움에도 불구하고 과학적 방법의 이점은 연구 결과가 반복될 수 있다는 것임

⬇

글의 순서 ▶ (B) - (C) - (A)

Words & Phrases

predict 예측하다, 예언하다
procedure 절차
cross-section 대표적인 예, 횡단면
tap into ~을 이해하다, ~을 이용하다

challenging 어려운
compromise 절충, 타협
population 모집단
reactivity 반응성

payoff 이점, 수익, 보답
readily 손쉽게
conceive of ~을 생각하다, 상상하다

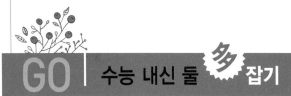

01

⊙ 9541-0198

주어진 글 다음에 이어질 글의 순서로 가장 적절한 것은?

> Some of the rules of Englishness do not require years of participant observation research to discover.

(A) In some parts of the country, the boxes will be a greyish colour; in others, a sort of reddish-brown. In more affluent areas, the boxes will be spaced further apart, and the patches of green attached to them will be larger.

(B) But the principle will be clear: the English all want to live in their own private little (a)box with their own private little (b)green bit.

(C) The privacy rules, for example, are so obvious that you could spot them from a helicopter, without even setting foot in the country. (c)Hover above any English town for a few minutes, and you will see that the residential areas consist almost entirely of rows and rows of small boxes, each with its tiny patch of green.

＊ **hover** 공중에서 맴돌다

① (A) − (C) − (B)　　② (B) − (A) − (C)　　③ (B) − (C) − (A)
④ (C) − (A) − (B)　　⑤ (C) − (B) − (A)

✔ Check 01

윗글의 밑줄 친 (a) box와 (b) green bit이 비유하는 대상을 각각 한 단어의 우리말로 쓰시오.

(a) box: ＿＿＿＿＿＿＿＿＿＿　　(b) green bit: ＿＿＿＿＿＿＿＿＿＿

✔ Check 02

윗글의 밑줄 친 (c) Hover ~ green.을 다음과 같이 바꿔 쓸 때 빈칸에 들어갈 알맞은 단어를 쓰시오.

→ ＿＿＿＿＿＿＿ ＿＿＿＿＿＿＿ ＿＿＿＿＿＿＿ above any English town for a few minutes, you will see that the residential areas consist almost entirely of rows and rows of small boxes, each with its tiny patch of green.

Words & Phrases

Englishness 영국다움	**greyish** 회색빛의	**reddish-brown** 적갈색의
affluent 부유한	**patch** (특히 주변과는 다른 조그만) 부분, 작은 땅	**attached to** ~에 붙어 있는
principle 원칙	**private** 개인적인	**obvious** 명백한
spot 발견하다	**set foot in** ~에 발을 딛다	**residential area** 주택가
rows and rows of 줄지어 선	**tiny** 아주 작은	

02

○ 9541-0199

주어진 글 다음에 이어질 글의 순서로 가장 적절한 것은?

> For a conversation to be stimulating and sustained, the participants must be active talkers as well as active listeners.

(A) Keep your comments and questions focused on big ideas rather than extraneous details, and you'll keep to the point. This way you won't confuse or bore your listener.

(B) Be sure to (a)do both in conversation. Make a point of throwing the conversational ball to the other person after you have presented your ideas in an abridged form. Some people feel they have to give long-winded explanations of their views.

(C) (b)This is usually unnecessary, confusing, and even boring to your partner. It's better to paint the big picture first, and if your partner wants to know more, you can always fill in with details.

＊ **extraneous** 관련 없는 ＊＊ **abridged** 요약된

① (A) − (C) − (B)   ② (B) − (A) − (C)   ③ (B) − (C) − (A)
④ (C) − (A) − (B)   ⑤ (C) − (B) − (A)

✔ Check 01

윗글의 밑줄 친 (a) do both가 가리키는 것을 영어로 쓰시오.

(a) do both: _____

✔ Check 02

윗글의 밑줄 친 (b) This가 가리키는 것을 우리말로 쓰시오.

(b) This: _____

Words & Phrases

stimulating 활기를 주는, 고무적인
big idea 목적, 의도
bore 지루하게 하다
long-winded 장황한
paint the big picture 전체적인 상황을 표현하다

sustained 일관된
keep to the point 요점에서 벗어나지 않다
be sure to 반드시 ~하다
boring 지루한

active 적극적인, 능동적인
confuse 혼란시키다
make a point of 반드시 ~하다, 으레 ~하다
fill in 자세히 알리다, ~을 채우다

03

주어진 글 다음에 이어질 글의 순서로 가장 적절한 것은?

Most people don't realize it, but one of the strongest predictors of how much you like something—or someone—is simply familiarity. People just naturally like things that they have seen before.

(A) The students rated her as significantly more likable when she (a) <u>attend</u> their class ten to fifteen times than when she had attended their class only five or fewer times—even though *none* of the students consciously recalled ever having seen her in class.

(B) This kind of process is largely unconscious, so you don't have to be aware of the fact that you've seen something before in order to like it more. ____(b)____ , in one study researchers varied the number of times a particular student attended different lecture courses as a visitor.

(C) At the end of the semester, the students in the different classes were shown a picture of the visitor and were asked how likable the person seemed.

① (A) - (C) - (B) 　　② (B) - (A) - (C) 　　③ (B) - (C) - (A)
④ (C) - (A) - (B) 　　⑤ (C) - (B) - (A)

 Check 01

윗글의 밑줄 친 (a) attend를 어법상 올바른 형태로 고쳐 쓰시오.

attend → _____

✔ **Check 02**

윗글의 빈칸 (b)에 들어갈 말로 가장 적절한 것은?

① Instead　　　② However　　　③ Therefore　　　④ In addition　　　⑤ For instance

Words & Phrases

predictor 예측 변수, 예언자　　　**familiarity** 익숙함, 친숙함　　　**rate** 평가하다
significantly 상당히　　　**likable** 호감이 가는　　　**consciously** 의식적으로
recall 기억해내다　　　**vary** 다양화하다

04

○ 9541-0201

주어진 글 다음에 이어질 글의 순서로 가장 적절한 것은?

> Brands can be associated with positive emotions such as love, joy, pride, and elation as well as with negative emotions such as guilt, hate, fear, anxiety, anger, sadness, shame and greed.

(A) In other words, consumers select an option based on their recall of past experiences and the associated feelings. When consumers choose among brands in memory, they must work harder to process information, so their feelings carry considerable weight.

(B) These emotions can be recalled to play a central role in the decision process, particularly when consumers perceive them as relevant to the offering. This affective processing is frequently experience-based.

(C) In contrast, when they choose among brands based on information in ads or other external stimuli, they can focus more on the offering's attributes and less on their feelings.

* **affective** 정서적인

① (A) − (C) − (B)   ② (B) − (A) − (C)   ③ (B) − (C) − (A)
④ (C) − (A) − (B)   ⑤ (C) − (B) − (A)

✔ Check 01

윗글에서 고객들이 브랜드를 선택하는 근거로 '과거 경험의 회상과 그 관련된 감정'과 대조적으로 제시되고 있는 것을 찾아 우리말로 쓰시오.

_____

✔ Check 02

윗글의 밑줄 친 When ~ considerable weight.을 다음과 같이 바꿔 쓸 때, 빈칸에 들어갈 알맞은 단어를 쓰시오.

→ _____ _____ among brands in memory, consumers must work harder to process information, so their feelings carry considerable weight.

Words & Phrases

be associated with ~와 관련되다	**elation** 의기양양	**guilt** 죄책감
anxiety 불안감	**greed** 탐욕	**recall** 기억, 회상; 상기하다
process 처리하다; 과정	**carry weight** 영향력을 가지다	**considerable** 상당한
central 중심적인	**perceive** 인식하다, 인지하다	**relevant** 관련 있는
offering 팔 물건	**frequently** 빈번하게	**external** 외부의
stimulus 자극 (pl. stimuli)	**attribute** 속성	

PLUS 어법 道 잡기 Grammar

Grammar Review

| 정답과 해설 **54**쪽 |

1. 다음 밑줄 친 부분 중 어법상 틀린 것을 골라 바르게 고치시오.　　　　　　○ 9541-0202

In some parts of the country, the boxes will be a greyish colour; in ①<u>other</u>, a sort of reddish-brown. In more affluent areas, the boxes will be spaced further ②<u>apart</u>, and the patches of green ③<u>attached</u> to them will be larger.

2. 네모 안에서 어법상 알맞은 표현을 고르시오.　　　　　　○ 9541-0203

At the end of the semester, the students in the different classes were (A) showing / shown a picture of the visitor and were asked how (B) likable / likably the person seemed.

3. 괄호 안에 주어진 낱말을 알맞은 형태로 고쳐 쓰시오.　　　　　　○ 9541-0204

These emotions can (A) (recall) to play a central role in the decision process, (B) (particular) when consumers perceive them as relevant to the offering.

4. 괄호 안에 주어진 낱말을 알맞은 순서대로 배열하시오.　　　　　　○ 9541-0205

(your, comments, on, big, ideas, and, questions, keep, focused) rather than extraneous details, and you'll keep to the point.

수능에 잘 나오는 Grammar Point

부정대명사

명확히 정해진 것을 가리키지 않고, 지정되지 않은 사람, 사물 및 수량 등을 막연하게 나타내는 대명사를 부정대명사라고 한다. 부정대명사에는 one(불특정한 하나), another(불특정한 또 다른 하나), the other(둘 중 나머지 하나), others(불특정한 또 다른 몇몇), the others(나머지 전체), something, anything, nothing, some, any, all, both, either, neither, few(수, 복수 취급), little(양, 단수 취급) 등이 있다.

> **Ex** I have two pencils: **one** is blue, and **the other** is black. 〈두 개가 있을 때〉
> (나는 연필이 두 자루 있다. 하나는 파란색이고, 다른 하나는 검은색이다.)

> **Ex** **Some** like soccer, and **others** like basketball. 〈일부와 나머지 중 일부〉
> (몇몇 사람들은 축구를 좋아하고, 다른 사람들은 농구를 좋아한다.)

> **Ex** **Both of the students** live far from their school. 〈둘 다: 복수 취급〉
> (두 학생 모두 학교에서 먼 곳에 산다.)

> **Ex** **Neither of the stories** is true. 〈둘 전체를 부정〉
> (둘 중 어느 이야기도 사실이 아니다.)

EBS 수능 감 잡기 114

Vocabulary Review

| 정답과 해설 **54**쪽 |

1. 다음 우리말에 해당하는 단어를 쓰시오.   ▶ 9541-0206

(1) 원칙: _____   (2) 장황한: _____

(3) 상당히: _____   (4) 인식하다: _____

2. 주어진 뜻풀이에 대한 단어를 찾아 연결하시오.   ▶ 9541-0207

(1) used only by one particular person or group   • recall

(2) uneasiness of mind usually about anticipated danger   • private

(3) to make (someone) unable to understand something   • anxiety

(4) to remember something   • confuse

3. 다음 문장의 빈칸에 들어갈 말을 [보기]에서 찾아 쓰시오.   ▶ 9541-0208

┌─ 보기 ┌─

familiarity   residential   obvious   sustained

(1) When he saw the building, he had a feeling of _____.

(2) His _____ effort has been rewarded with successful outcomes for the project.

(3) The most _____ explanation is not always the right one.

(4) The real estate agent says this is one of the top _____ areas in the city.

Vocabulary in Context

1. 다음 네모 안에서 문맥에 맞는 낱말을 고르시오.   ▶ 9541-0209

(1) Nobody could see the | large / tiny | letters on the screen.

(2) As he | frequently / rarely | comes here, everyone knows him.

2. 괄호 안에 주어진 단어의 반의어로 빈칸을 완성하시오.   ▶ 9541-0210

(1) Emily found the lecture fresh and s_____. (boring)

(2) I think that watching television is a p_____ activity. (active)

15 문단 속에 문장 넣기

READY | 내신 感 잡기

■ 글의 흐름으로 보아, 주어진 문장이 들어가기에 적절한 곳을 찾아봅시다. | 전국연합학력평가 | ▶ 9541-0211

> Granted, **CLUE 1** it's not quite the same thing, and the computer is not going to tell you when something doesn't "sound right."

It can be helpful to read your own essay aloud to hear how it sounds, and it can sometimes be even more beneficial to hear someone else read it. Either reading will help you to hear things that you otherwise might not notice when editing silently. If you feel uncomfortable having someone read to you, however, or if you simply don't have someone you can ask (a) to do it, **CLUE 2** you can have your computer read your essay to you. **CLUE 3** The computer also won't stumble over things that are awkward—(b) it will just plow right on through. But hearing the computer read your writing is a very different experience from reading it yourself. If you have never tried it, you might find that you notice areas for revision, editing, and proofreading that you didn't notice before.

* stumble 말을 더듬다

GUIDE

CLUE 1	주어진 문장의 대명사 it과 the computer가 문장의 위치에 대한 단서가 됨
CLUE 2	your computer가 처음 제시됨
CLUE 3	also가 있어 앞에 컴퓨터가 에세이를 읽어 줄 때의 상황이 이미 제시되었음을 알 수 있음

⬇

주어진 문장의 위치 〉 your computer ~와 The computer also ~ 사이가 적절한 위치임

✔ Check

☐ **1.** 윗글의 밑줄 친 **(a) to do it**이 가리키는 구체적인 내용을 우리말로 쓰시오.

_____

☐ **2.** 윗글의 밑줄 친 **(b) it will just plow right on through**의 의미를 우리말로 해석하시오.

_____

APPROACH

수능에서 문장 삽입 유형은? 글의 전개 과정에서 논리적인 비약이 있는 곳을 찾아 주어진 문장을 넣음으로써 글의 주제나 요지에 맞추어 일관성 있게 글을 구성하는 능력을 평가하는 유형이다. 최근 매년 두 문항씩 출제되는 유형으로 논리적인 글, 시간상의 흐름에 따른 글 등 다양한 글이 제시되고 있으므로 다양한 주제의 글을 읽고 준비하는 것이 필요하다.

■ 글의 흐름으로 보아, 주어진 문장이 들어가기에 가장 적절한 곳은? | 대수능 | 　　　　　　 ▶ 9541-0212

❸The advent of literacy and the creation of handwritten scrolls and, eventually, handwritten books strengthened the ability of large and complex ideas to spread with high fidelity.

❶The printing press boosted the power of ideas to copy themselves. Prior to low-cost printing, ideas could and did spread by word of mouth. While this was tremendously powerful, ❷it limited the complexity of the ideas that could be propagated to those that a single person could remember. (①) It also added a certain amount of guaranteed error. (②) The spread of ideas by word of mouth was equivalent to a game of telephone on a global scale. (③) ❹But the incredible amount of time required to copy a scroll or book by hand limited the speed with which information could spread this way. (④) A well-trained monk could transcribe around four pages of text per day. (⑤) ❺A printing press could copy information thousands of times faster, allowing knowledge to spread far more quickly, with full fidelity, than ever before.

　　　　　　　　　　　　　　　　　　　　　　* **fidelity** 충실　　** **propagate** 전파하다

GUIDE

❶ 도입	인쇄기가 생각이 스스로를 복제하는 능력을 신장시킴
❷ 핵심 내용1	구전에 의한 생각 전파의 한계가 언급됨
❸ 핵심 내용2	읽고 쓸 줄 아는 능력의 출현과 손으로 쓴 두루마리와 책의 탄생이 언급됨
❹ 핵심 내용3	손으로 두루마리나 책을 복사하는 것의 한계가 제시됨
❺ 결론	인쇄기가 정보를 수천 배 더 빠르게 복사할 수 있음

↓

주어진 문장의 위치 　 손으로 쓴 두루마리와 손으로 쓴 책의 탄생과 그것의 한계가 제시된 문장 사이인 ③이 적절한 위치임

Words & Phrases

advent 출현
printing press 인쇄기
word of mouth 구전
guaranteed 확실한
monk 수도승

literacy 글을 읽고 쓸 줄 아는 능력
boost 신장시키다
tremendously 대단히
equivalent 맞먹는
transcribe 필사하다

scroll 두루마리
prior to ~ 이전에
complexity 복잡성
incredible 엄청난

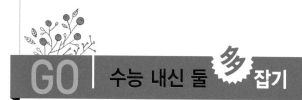

01

◎ 9541-0213

글의 흐름으로 보아, 주어진 문장이 들어가기에 가장 적절한 곳은?

It appears that the opposite is true.

Business journals often say that the higher your job title, the less real work you do; your primary function is to get work done by other people. (①) You might think, then, that the higher the position, the better the people skills. (②) Too many leaders are promoted because of what they know or how long they have worked, rather than for their skill in managing others. (③) _____ they reach the top, they actually spend less time interacting with staff. (④) Yet among executives, those with the highest emotional intelligence scores are the best performers. (⑤) We've found that emotional intelligence skills are more important to job performance than any other leadership skill. The same holds true for every job title: those with the highest emotional intelligence scores within any position outperform their peers.

✔ Check 01

'일단 ~하면'의 뜻이 되도록 윗글의 빈칸에 알맞은 접속사를 쓰시오.

_____

✔ Check 02

윗글의 주제가 되도록 다음 빈칸에 각각 알맞은 단어를 본문에서 찾아 쓰시오.
relationship between _____ intelligence and job _____

02

◐ 9541-0214

글의 흐름으로 보아, 주어진 문장이 들어가기에 가장 적절한 곳은?

> When the chandelier made a big swing, it traveled farther but it also moved faster.

One day, while attending a Mass at the Cathedral of Pisa, Galileo noticed a chandelier swaying overhead, moving to and fro like a pendulum. Air currents kept jostling it, and Galileo observed that it always took the same time to complete its swing _____ it traversed a wide arc or a small one. That surprised him. (①) How could a big swing and a little swing take the same amount of time? (②) But the more he thought about it, the more it made sense. (③) Maybe <u>the two effects</u> balanced out. (④) To test this idea, Galileo timed the swinging chandelier with his pulse. (⑤) Sure enough, every swing lasted the same number of heartbeats.

* **pendulum** (시계의) 추   ** **jostle** 거칠게 밀치다   *** **traverse** 왔다 갔다 하다

✔ Check 01

윗글의 빈칸에 들어갈 말로 가장 적절한 것은?

① when   ② because   ③ while   ④ whether   ⑤ although

✔ Check 02

윗글의 밑줄 친 the two effects가 가리키는 바를 우리말로 쓰시오.

_____

Words & Phrases

chandelier 샹들리에
current 기류, 흐름
balance out 균형이 잡히다

cathedral 대성당
swing (전후좌우로) 흔들림
pulse 맥박

sway (전후좌우로) 흔들리다
arc (원호, 둥근(활) 모양
sure enough 아니나 다를까

03

◐ 9541-0215

글의 흐름으로 보아, 주어진 문장이 들어가기에 가장 적절한 곳은?

> However, in reality, he was simply letting the dust fall to the ground.

Everyone was a critic in Florence in 1504. (①) After young Michelangelo unveiled his latest statue — of Biblical hero David — local artists complained that there were flaws: the right hand was a touch too big, the neck a little long, the left shin oversized, and something about the left buttock was not quite right. (②) Piero Soderini, head of the powerful Florentine Republic, informed Michelangelo that David's nose was too large. (③) The irascible artist nodded and climbed back up his ladder with marble dust (a)hide in his hand. (④) He then appeared to chisel on the offending proboscis. (⑤) Soderini examined the unchanged nose and announced (b)it was much improved and far more life-like.

* **irascible** 성미가 급한　　** **proboscis** (코끼리 같은 동물의 길고 신축성 있는) 코

✔ Check 01

윗글의 밑줄 친 (a) hide를 어법에 맞게 고쳐 쓰시오.

hide → _____

✔ Check 02

윗글의 밑줄 친 (b) it이 가리키는 것을 찾아 영어로 쓰시오.

_____

Words & Phrases

unveil 덮개를 벗기다	**statue** 조각상, 동상	**local** 지역의
complain 불평하다	**flaw** 결함, 결점	**a touch** 약간, 조금
shin 정강이	**buttock** 궁둥이	**ladder** 사다리
marble 대리석	**chisel** (끌로) 깎다, 새기다	**offending** 비위에 거슬리는, 불쾌감을 주는

04

⊙ 9541-0216

글의 흐름으로 보아, 주어진 문장이 들어가기에 가장 적절한 곳은?

> Runners, sometimes as part of relay systems, carried messages quickly between communities.

Health and physical activities were traditionally extremely important in Native American life. Survival itself depended on the ability to be mobile, vigorous, and strong, and running had numerous traditional purposes among the varied tribes of North and South America. (①) Communication was one of the most important. (②) Running was also an important element of war, trade, and hunting. (③) In some places the activity has long been incorporated into ceremonies and cultural events. (④) For example, each year the Jicarilla Apache people of New Mexico reenact a ceremonial race that, according to traditional belief, occurred long ago between the sun and the moon. (⑤) Sun and Moon had raced to establish appropriate seasons for all the different kinds of plant and animal foods.

✅ Check 01

윗글의 밑줄 친 some places의 예로 든 장소를 찾아 우리말로 쓰시오.

_____

✅ Check 02

윗글에서 태양과 달이 경주를 한 이유를 찾아 우리말로 쓰시오.

_____

Words & Phrases

relay 중계, 계주	**extremely** 매우, 극도로	**survival** 생존
vigorous 활기찬, 활발한	**varied** 다양한	**tribe** 부족
element 요소	**incorporate** 포함하다	**ceremony** 의식
reenact 재현하다, 재연하다	**establish** 만들다, 설립하다	**appropriate** 적합한

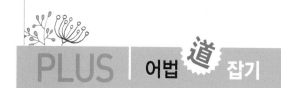

Grammar Review

정답과 해설 58쪽

1. 다음 밑줄 친 부분 중 어법상 틀린 것을 골라 바르게 고치시오.

○ 9541-0217

However, in reality, he was ① simply letting the dust ② to fall to the ground. Soderini examined the unchanged nose and announced ③ it was much improved and ④ far more life-like.

2. 네모 안에서 어법상 알맞은 표현을 고르시오.

○ 9541-0218

Air currents kept (A) jostling / to jostle it, and Galileo observed (B) that / what it always took the same time to complete its swing whether it traversed a wide arc or a small one.

3. 괄호 안에 주어진 낱말을 알맞은 형태로 고쳐 쓰시오.

○ 9541-0219

Business journals often say that the (A) (high) your job title, the less real work you do; your primary function is to get work (B) (do) by other people.

4. 괄호 안에 주어진 낱말을 알맞은 순서대로 배열하시오.

○ 9541-0220

In some places the activity (long, incorporated, been, into, has, ceremonies) and cultural events.

수능에 잘 나오는 Grammar Point

1. to부정사

〈to+동사원형〉의 형식으로 쓰여 문장 속에서 명사, 형용사, 부사적 기능을 한다. 지각 동사(see, feel, hear...)와 사역 동사(make, have, let)의 목적격 보어로는 원형부정사가 사용된다. to가 전치사로 쓰인 경우 뒤에 명사나 동명사가 오기 때문에 to부정사와의 구별이 필요하다. (ex. devote ~ to -ing, contribute to -ing, object to -ing)

Ex They **objected to eating** dinner in that restaurant. (그들은 그 식당에서 저녁 식사 하는 것에 반대했다.)

Ex Because they had no evidence, the police had to **let** the suspect **go**.
　　(증거가 없었기 때문에 경찰은 그 용의자를 풀어 주어야 했다.)

2. 동명사

〈동사원형+-ing〉의 형식으로 쓰여 문장에서 명사의 역할을 하며 '~하는 것'으로 해석된다. delay, postpone, put off, quit, enjoy, mind, finish, avoid 등은 to부정사가 아니라 동명사를 목적어로 취한다.

※ forget / remember / regret +-ing: 한 일을 잊다 / 기억하다 / 후회하다

　　forget / remember / regret + to부정사: 할 일을 잊다 / 기억하다 / 유감스러워하다

Ex She **forgot locking** the door when she left the office. (그녀는 사무실을 떠날 때 문을 잠근 것을 잊었다.)

Ex She **forgot to lock** the door when she left the office. (그녀는 사무실을 떠날 때 문을 잠그는 것을 잊었다.)

Vocabulary Review

| 정답과 해설 58쪽 |

1. 다음 우리말에 해당하는 단어를 쓰시오.　　　　　　　　　　　　　⊙ 9541-0221

(1) 기류: _____　　　　(2) 직원: _____

(3) 맥박: _____　　　　(4) 지역의: _____

2. 주어진 뜻풀이에 대한 단어를 찾아 연결하시오.　　　　　　　　　　⊙ 9541-0222

(1) a person who is one's equal in age, rank, ability, or other quality　　　　• sway

(2) from which others are derived; fundamental; elemental　•　　　• primary

(3) to move or swing gently from side to side　•　　　• incorporate

(4) to include something as part of something larger　•　　　• peer

3. 다음 문장의 빈칸에 들어갈 말을 [보기]에서 찾아 쓰시오.　　　　　　⊙ 9541-0223

> 보기
>
> opposite　　outperform　　function　　complain

(1) She will _____ as both administrator and teacher.

(2) The growth of that company has _____ed all of its competitors'.

(3) The two politicians have _____ points of view about the event.

(4) He is always _____ing about the weather or the government.

Vocabulary in Context

1. 다음 네모 안에서 문맥에 맞는 낱말을 고르시오.　　　　　　　　　⊙ 9541-0224

(1) I decided to ignore his comment because I didn't think it was appropriate / inappropriate .

(2) She noticed a flaw / function in the diamond and decided not to buy it.

2. 괄호 안에 주어진 단어의 반의어로 빈칸을 완성하시오.　　　　　　⊙ 9541-0225

(1) The mayor finally u_____ed a statue of the local hero. (cover)

(2) She made up her mind to do v_____ exercises every morning. (weak)

16 문단 요약

문단 요약문을 어떻게 완성하나요?

❶ **요약문과 선택지를 통해 지문의 내용을 예측하세요!** 지문 밑에 제시되는 요약문의 두 빈칸에 선택지의 어휘를 넣어 읽은 후 지문의 흐름을 예측하면, 지문 읽는 속도가 빨라지고 정답 추론도 빨라집니다.

❷ **지문에서 암시적으로 강조하고 있는 내용을 파악하세요!** 요약문에 필요한 어휘는 일반적으로 지문에 내포되어 있는 중심 내용을 표현할 수 있는 적절한 어휘이어야 합니다. 이러한 어휘의 추론을 위해서는 먼저 중심 내용을 파악해야 합니다.

❸ **선택한 두 개의 어휘를 요약문에 넣어 정답 여부를 판단하세요!** 중심 내용을 파악한 후 그 내용을 집약할 수 있는 어휘를 추론한 후 요약문의 빈칸에 넣고, 요약문을 한 번 더 읽어서 정답 여부를 확인해야 합니다.

READY | 내신 感 잡기

■ 다음 글을 읽고 한 문장으로 요약할 때 빈칸 (A), (B)에 들어갈 적절한 말을 찾아봅시다. | 전국연합학력평가 | ● 9541-0226

INTRO When a child experiences painful, disappointing, or scary moments, it can be overwhelming, with intense emotions and bodily sensations (a)flood the right brain. When this happens, **CLUE 1** we as parents can help bring the left hemisphere into the picture so that the child can begin to understand what's happening. One of the best ways to promote this type of integration is to help retell the story of the frightening or painful experience. **CLUE 2** Bella, for instance, was nine years old when the toilet overflowed when she flushed, and the experience of watching the water rise and pour onto the floor left her unwilling to flush the toilet afterward. When Bella's father, Doug, learned about the (b)"name it to tame it" technique, **CLUE 3** he sat down with his daughter and retold the story of the time the toilet overflowed. He allowed her to tell as much of the story as she could and helped to fill in the details. After retelling the story several times, Bella's fears lessened and eventually went away.

➡ **Conclusion** We may enable a child to ____(A)____ their painful, frightening experience by having them ____(B)____ as much of the painful story as possible.

G U I D E	Introduction	아이가 무서운 순간을 경험할 때 감당하기 힘들게 됨
	CLUE 1	부모는 아이가 무서운 경험을 되풀이하여 말하게 함으로써 이해를 도움
	CLUE 2	Bella가 변기의 물에 대한 두려움을 갖게 된 경험
	CLUE 3	아버지 Doug의 효과적 교육(무서운 경험을 되풀이하여 말하게 함)
	Conclusion	고통스런 이야기를 되풀이하게(repeat) 하여 무서운 경험을 극복하게(overcome) 함

✔ Check

☐ **1.** 윗글의 밑줄 친 (a) **flood**를 어법에 맞는 형태로 쓰시오.

_____

☐ **2.** 윗글의 밑줄 친 (b) **name it to tame it**에서 **it**이 지칭하는 바를 쓰시오.

_____

■ 다음 글의 내용을 한 문장으로 요약하고자 한다. 빈칸 (A), (B)에 들어갈 말로 가장 적절한 것은? | 대수능 | ▶ 9541-0227

Biological organisms, including human societies both with and without market systems, ❶discount distant outputs over those available at the present time based on risks associated with an uncertain future. As the timing of inputs and outputs varies greatly depending on the type of energy, ❷there is a strong case to incorporate time when assessing energy alternatives. For example, ❸the energy output from solar panels or wind power engines, where most investment happens before they begin producing, may need to be assessed differently when compared to most fossil fuel extraction technologies, where a large proportion of the energy output comes much sooner, and a larger (relative) proportion of inputs is applied during the extraction process, and not upfront. ❹Thus fossil fuels, particularly oil and natural gas, in addition to having energy quality advantages (cost, storability, transportability, etc.) over many renewable technologies, also have a "temporal advantage" after accounting for human behavioral preference for current consumption/return.

* upfront 선행 투자의

⬇

Due to the fact that people tend to favor more ___(A)___ outputs, fossil fuels are more ___(B)___ than renewable energy alternatives in regards to the distance between inputs and outputs.

(A)		(B)		(A)		(B)
① immediate	......	competitive		② available	......	expensive
③ delayed	......	competitive		④ convenient	......	expensive
⑤ abundant	......	competitive				

G U I D E

❶ 도입	인간과 생물의 불확실한 미래의 생산물을 평가 절하하는 성향
❷ 본론 제시	대체 에너지 평가에 있어 시간을 반영할 필요
❸ 본론 내용	화석 연료에 비해 선행 투자가 필요한 태양 전지판과 풍력 엔진
❹ 결론	시간적 이점 때문에 인간은 화석 연료를 선호함

⬇

요약문 ▶ 즉각적인 생산물 선호 → 화석 연료가 대체 에너지보다 경쟁력 있음

Words & Phrases

organism 유기체
assess 평가하다
temporal 시간의

incorporate 통합하다
extraction 추출

alternative 대체(의), 대안(의)
proportion 비율, 부분

01

⊙ 9541-0228

다음 글의 내용을 한 문장으로 요약하고자 한다. 빈칸 (A), (B)에 들어갈 말로 가장 적절한 것은?

Men undergoing diagnostic colonoscopy exams were asked to report how they felt when the exams were over. Most people find these exams, in which a tube with a tiny camera on the end is inserted up the rectum and then moved around to allow the inspection of the gastrointestinal system, quite unpleasant—so much so that patients avoid getting regular tests, much to their peril. In the test, one group of patients had a standard colonoscopy. A second group had a standard colonoscopy plus. The "plus" was ___(a)___ after the actual examination was over, the doctor left the instrument in place for a short time. This was still unpleasant, but much less so because the scope wasn't moving. So the second group experienced the same moment-by-moment discomfort as the first group, with the addition of somewhat lesser discomfort for twenty seconds more. And that is ___(b)___ they reported, moment-by-moment, as they were having the procedure.

* **colonoscopy** 결장경 검사 ** **rectum** 직장(直腸) *** **gastrointestinal** 위장의

⬇

In diagnostic colonoscopy exams, people with a(n) ___(A)___ period, during which the scope wasn't moving, felt that they had had less ___(B)___ experience in the exams than people without the period.

	(A)		(B)		(A)		(B)
①	extended	……	unpleasant	②	extended	……	strange
③	expected	……	frightening	④	shortened	……	unpleasant
⑤	shortened	……	frightening				

✔ Check 01

표준 결장경 검사 플러스의 특징을 30자 이상의 우리말로 쓰시오.

_____

✔ Check 02

윗글의 빈칸 (a)와 (b)에 들어갈 알맞은 말을 각각 쓰시오.

(a) _____   (b) _____

Words & Phrases		
undergo 받다, 겪다	**diagnostic** 진단의, 진단상의	**tiny** 아주 작은
insert 삽입하다, 끼워 넣다	**inspection** 검사	**allow** 가능하게 하다, 허락하다
unpleasant 불쾌한	**avoid** 피하다	**to one's peril** 위험을 각오하고
standard 표준의	**in place** 제자리에	**scope** 보는 기기
moment-by-moment 순간순간의	**addition** 추가, 부가	**somewhat** 다소, 약간
discomfort 불편(함)	**procedure** 절차	

02

○ 9541-0229

다음 글의 내용을 한 문장으로 요약하고자 한다. 빈칸 (A), (B)에 들어갈 말로 가장 적절한 것은?

Organizations should behave responsibly, since societies ask them to do so. However, organizational responsibility can go beyond responding to societal pressure and beyond the normative obligation to reduce harm that they are doing to societies. Societies expect organizations also to contribute to the overall well-being of society and provide financial means, for example, by donating to charities. By doing so, organizations can contribute significantly to the quality of life of the respective society. This type of responsibility is often referred to as corporate citizenship. Corporate citizenship is not (a) necessary product-related and does not affect the sheer quality of a product; neither does it impact on the production process. However, it can increase the reliability of the organization's products. This is due to the fact (b) which consumers base their consumption behavior on their moral convictions.

⬇

An _____(A)_____ image of an organization can have a significant effect on the _____(B)_____ of its products.

	(A)		(B)		(A)		(B)
①	ethical	……	design	②	ethical	……	credibility
③	eco-friendly	……	design	④	innovative	……	quality
⑤	innovative	……	credibility				

✔ Check 01

윗글의 밑줄 친 (a) necessary와 (b) which를 어법에 맞게 고쳐 쓰시오.

(a) necessary → _____ (b) which → _____

Words & Phrases

organization (기업) 조직, 회사
obligation 의무
well-being 복지, 행복, 안녕
charity 자선 단체
corporate 기업의, 회사의
reliability 신뢰성, 믿음직함

societal 사회의, 사회적인
contribute 공헌하다, 이바지하다
financial 금전적인, 재정적인
respective 각각의
citizenship 시민정신
moral 도덕적인

normative 규범적인, 기준에 따르는
overall 전반적인
donate 기부하다
refer to ~ as ... ~을 …라고 부르다
sheer 순전한, 순수한
conviction 신념

03

9541-0230

다음 글의 내용을 한 문장으로 요약하고자 한다. 빈칸 (A), (B)에 들어갈 말로 가장 적절한 것은?

After listening to one speech, you decide to vote for a political candidate without learning (a) anything else about her. Or a customer comes into your store, and after taking one look at him, you perceive that he's trouble. It's easy to see how these on-the-spot judgments about people can be misleading and how our perceptions might be more accurate if we had additional information. In many cases, this observation is true: When forming perceptions of others, we should remember that (b) first impressions can be misleading. That candidate might sound good, but you may have a different perception of her when you learn that she has no experience. That customer might look suspicious, but you might think differently when you find out he's a youth minister just home from a long and tiring retreat.

⬇

When we arrive at our perceptions on the basis of _____(A)_____ information, the perceptions can be quite _____(B)_____.

	(A)	(B)		(A)	(B)
①	limited	⋯⋯ inaccurate	②	limited	⋯⋯ interesting
③	private	⋯⋯ disastrous	④	complex	⋯⋯ inaccurate
⑤	complex	⋯⋯ disastrous			

✔ Check 01

윗글의 밑줄 친 (a) anything else about her에 해당하는 구체적인 사례를 본문에서 찾아 우리말로 쓰시오.

_____

✔ Check 02

윗글의 밑줄 친 (b) first impressions를 대신할 수 있는 어구를 본문에서 찾아 영어로 쓰시오.

_____

Words & Phrases

political 정치의
on-the-spot 즉석의, 현장의
perception 인식, 지각
first impression 첫인상
retreat (묵상) 수행, 퇴각

candidate 후보자, 지원자
judgment 판단
accurate 정확한
suspicious 의심스러운, 수상쩍은
on the basis of ~을 기초로 하여

perceive 인식하다, 인지하다
misleading 오해의 소지가 있는
additional 추가의
minister 목사

04

◎ 9541-0231

다음 글의 내용을 한 문장으로 요약하고자 한다. 빈칸 (A), (B)에 들어갈 말로 가장 적절한 것은?

Many animals show audience effects, whereby they change their behavior depending on who is watching them. It's another form of _____, and it's one that fishes are capable of. When a male Atlantic molly is given the choice between a larger and smaller female of his species, he spends more time near the larger female. This is adaptive, for larger mollies tend to produce more eggs, which means more offspring for a male who mates with her. But if another male is introduced into the mix, the first male spends less time near the initially preferred female and more time near the other, smaller female. This change also occurs when a male of a different species of molly is introduced, but it is much weaker. Audience effects have been demonstrated in several other fish species.

⬇

A male of some fish species, when another male comes into the scene,   (A)   the time spent near the female that he initially   (B)   .

	(A)		(B)
①	keeps	·····	chose
③	extends	·····	disliked
⑤	reduces	·····	ignored

	(A)		(B)
②	extends	·····	ignored
④	reduces	·····	chose

✔ **Check 01**

윗글의 빈칸에 들어갈 말로 가장 적절한 것은?

① caring   ② imitation   ③ insurance   ④ awareness   ⑤ productivity

✔ **Check 02**

윗글의 밑줄 친 This가 가리키는 내용을 찾아 우리말로 쓰시오.

This: _____

Words & Phrases

audience effect 관람 효과	**whereby** 그로 인해, 그것에 의하여	**depending on** ~에 따라
adaptive 적응성이 있는, 적응할 수 있는	**offspring** 후손, 자손, 자식	**mate** 짝짓기하다
initially 처음에	**demonstrate** 입증하다, 증명하다	

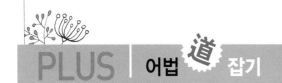
Grammar Review

정답과 해설 62쪽

1. 다음 밑줄 친 부분 중 어법상 틀린 것을 골라 바르게 고치시오.

◐ 9541-0232

Most people find these exams, ①in which a tube with a tiny camera on the end ②is inserted up the rectum and then ③moved around ④to allow the inspection of the gastrointestinal system, quite ⑤unpleasantly.

2. 네모 안에서 어법상 알맞은 표현을 고르시오.

◐ 9541-0233

This change also occurs when a male of a different species of molly is introduced, but it is (A) much / very weaker. Audience effects have been demonstrated in several (B) another / other fish species.

3. 괄호 안에 주어진 낱말을 알맞은 형태로 고쳐 쓰시오.

◐ 9541-0234

That customer might look (A)(suspiciously), but you might think differently when you find out he's a youth minister just home from a long and (B)(tire) retreat.

4. 괄호 안에 주어진 낱말을 알맞은 순서대로 배열하시오.

◐ 9541-0235

Corporate citizenship is not necessarily product-related and does not affect the sheer quality of a product; (does, impact, it, neither, production, on, the) process.

수능에 잘 나오는 Grammar Point

동사와 대동사

1. 동사와 준동사의 구별

하나의 절 안에는 반드시 주어와 동사가 있기 마련인데, 그 동사 뒤에 새로운 동사가 이어질 때는 and, or, but 등의 접속사를 통해 병렬구조를 이루어야 한다. 주어와 동사가 있는 완결된 절 다음에 동사적 의미를 가미할 때에는 준동사(to부정사 / 동명사 / 분사)를 사용해야 한다.

> **Ex** He **sent** me the plan the builder has come up with **to compensate** for it.
> (그는 나에게 건축업자가 그것을 보충하기 위해 생각해낸 계획을 보냈다.)

> **Ex** The box of fruit **containing** pears, apples, and oranges arrived at the door.
> (배, 사과, 그리고 오렌지를 담은 과일 상자가 문가에 도착했다.)

2. 대동사

앞에 나온 동사구를 다시 쓸 경우, 같은 동사구의 반복을 피하고 표현을 간결하게 하기 위해 앞의 동사구를 다 쓰지 않고, do동사, be동사, 또는 조동사만을 쓰는 경우가 있는데 이것을 대동사라 한다.

> **Ex** Does cultural background help predict how conforming people will be? Indeed it **does**.
> (사람들이 어떻게 순응하는지를 예측하도록 문화적 배경이 도움을 주는가? 사실 그것은 그러하다.)

Vocabulary Review

| 정답과 해설 63쪽 |

1. 다음 우리말에 해당하는 단어를 쓰시오.　　　　　　　　　　○ 9541-0236

(1) 진단의, 진단상의: _____　　　(2) 판단: _____

(3) 받다, 겪다: _____　　　(4) 의심하는, 수상쩍은: _____

2. 주어진 뜻풀이에 대한 단어를 찾아 연결하시오.　　　　　　　○ 9541-0237

(1) used or accepted as normal or average　　　　　•　　　• candidate

(2) to prove something by examples or experiments　•　　　• obligation

(3) a person who tries to be elected or applies for a job　•　　• standard

(4) something that you must do because of a law, promise, etc. •　• demonstrate

3. 다음 문장의 빈칸에 들어갈 말을 [보기]에서 찾아 쓰시오.　　　○ 9541-0238

┌─ 보기 ┐
rusty　　overall　　perceive　　contribute

(1) The police officer tried to _____ a change in the suspect's attitude.

(2) Ben is trying to raise money, and he's hoping that everyone will _____.

(3) The _____ impression was favorable, but there were certainly problems.

(4) Cars are old and _____; buildings are peeling and rotting; and the people seem odd.

Vocabulary in Context

1. 다음 네모 안에서 문맥에 맞는 낱말을 고르시오.　　　　　　　○ 9541-0239

(1) If we set off early tomorrow morning, we'll avoid / encounter traffic jams.

(2) His recent behavior has been suspicious / trustful enough to attract police attention.

2. 괄호 안에 주어진 단어의 반의어로 빈칸을 완성하시오.　　　　○ 9541-0240

(1) I_____ the symptoms are mild but gradually get worse over time. (Finally)

(2) It's your o_____ to report all actual violations of the law to your supervisor.

(option)

17 장문 독해 (1)

READY | 내신 感 잡기

■ 다음 글을 읽고, 물음에 답하시오. | 전국연합학력평가 | ◐ 9541-0241

INTRO One cannot take for granted that the findings of any given study will have validity. Consider a situation where an investigator is studying deviant behavior. In particular, she is investigating the extent to which cheating by college students occurs on exams. Reasoning that CLUE 2-1 it is more (a) difficult for people monitoring an exam to keep students under surveillance in large classes than in smaller ones, CLUE 1-1 she hypothesizes that a higher rate of cheating will occur on exams in large classes than in small. CLUE 1-2 To test this hypothesis, she collects data on cheating in both large classes and small ones and then analyzes the data. CLUE 2-2 Her results show that (b) more cheating per student occurs in the larger classes. Thus, CLUE 2-3 the data apparently (c) reject the investigator's research hypothesis. A few days later, _____, a colleague points out that all the large classes in her study used multiple-choice exams, whereas all the small classes used short answer and essay exams. CLUE 1-3 The investigator immediately realizes CLUE 2-4 that an extraneous variable (exam format) is interfering with the independent variable (class size) and may be operating as a (d) cause in her data. The apparent support for her research hypothesis may be nothing more than an artifact. Perhaps the true effect is that CLUE 2-5 more cheating occurs on multiplechoice exams than on essay exams, regardless of class (e) size.

* **validity** 타당도　** **surveillance** 감독　*** **artifact** 가공물

글의 제목 찾기

Introduction	연구 결과의 타당성을 당연시할 수 없음
CLUE 1-1	큰 수업에서 부정행위가 더 빈번하다는 가설을 세움
CLUE 1-2	자료 수집 → 큰 수업에서 더 많은 부정행위가 발생함 → 가설 지지
CLUE 1-3	However – 수업 크기보다 시험 형식(선다형)이 부정행위의 원인으로 작용함

↓

제목	**Research Error from Wrong Experimental Design** (잘못된 실험 설계로부터의 연구 오류)

문맥에 적절하지 않은 어휘 찾기

CLUE 2-1	difficult – 가설: (규모가) 큰 수업에서 감독하는 것이 더 <u>어려움</u>
CLUE 2-2	more – 연구 결과: 큰 수업에서 <u>더 많은</u> 부정행위가 발생함
CLUE 2-3	reject – 연구 결과가 가설을 <u>거부함</u>(?)
CLUE 2-4	cause – 외부 변인(시험 형식)이 독립 변인(수업 크기)을 간섭하고 있으며, 자료에서 <u>원인</u>으로 작용함
CLUE 2-5	size – 수업 <u>크기</u>와 관계없이 선다형 시험에서 부정행위가 더 발생함

↓

적절한 어휘	자료는 큰 수업에서 부정행위가 더 빈번하다는 가설을 지지한다(support).

✔ Check

☐ **1. 윗글의 빈칸에 들어갈 말로 가장 적절한 것은?**

① however ② therefore ③ in addition

④ for instance ⑤ in summary

☐ **2. 다음 영영 풀이에 해당되는 단어를 윗글에서 찾아 쓰시오.**

an idea that is suggested as an explanation for something, but that has not yet been proved to be true

→ _____

APPROACH 수능에서 장문 독해 유형은?

두세 문단 정도 길이의 단일 지문에 두 문항의 질문이 부여되는 유형으로 제목이나 주제와 문맥상 낱말의 쓰임을 묻는 문항이 주로 출제된다. 비교적 긴 지문이 출제되기 때문에 문맥의 흐름을 파악하여 속독 속해 하는 능력이 요구된다.

■ 다음 글을 읽고, 물음에 답하시오. | 대수능 | ○ 9541-0242

❶Industrial capitalism not only created work, it also created 'leisure' in the modern sense of the term. ❷This might seem surprising, for the early cotton masters wanted to keep their machinery running as long as possible and forced their employees to work very long hours. However, by requiring continuous work during work hours and ruling out non-work activity, employers had (a) separated out leisure from work. Some did this quite explicitly by creating distinct holiday periods, when factories were shut down, because it was better to do this than have work (b) promoted by the casual taking of days off. ❸'Leisure' as a distinct non-work time, whether in the form of the holiday, weekend, or evening, was a result of the disciplined and bounded work time created by capitalist production. Workers then wanted more leisure and leisure time was enlarged by union campaigns, which first started in the cotton industry, and eventually new laws were passed that (c) limited the hours of work and gave workers holiday entitlements.

❹Leisure was also the creation of capitalism in another sense, through the commercialization of leisure. This no longer meant participation in traditional sports and pastimes. Workers began to (d) pay for leisure activities organized by capitalist enterprises. Mass travel to spectator sports, especially football and horse-racing, where people could be charged for entry, was now possible. The importance of this can hardly be exaggerated, for whole new industries were emerging to exploit and (e) develop the leisure market, which was to become a huge source of consumer demand, employment, and profit.

＊ discipline 통제하다   ＊＊ enterprise 기업(체)   ＊＊＊ exaggerate 과장하다

01

윗글의 제목으로 가장 적절한 것은?

① What It Takes to Satisfy Workers
② Why Workers Have Struggled for More Leisure
③ The Birth and Evolution of Leisure in Capitalism
④ How to Strike a Balance Between Work and Leisure
⑤ The Light and Dark Sides of the Modern Leisure Industry

02

밑줄 친 (a) ~ (e) 중에서 문맥상 낱말의 쓰임이 적절하지 <u>않은</u> 것은?

① (a)　　　　② (b)　　　　③ (c)　　　　④ (d)　　　　⑤ (e)

GUIDE

1. 글의 제목 찾기

❶ 도입	산업 자본주의가 '여가'를 만들어 냄
❷ 전개1	목화 농장주는 기계를 오래 가동하길 원함 → 여가와 업무를 분리함 → Why? 때마다 휴가로 일이 중단되길 원치 않음
❸ 전개2	자본주의 생산 → 제한된 근로 시간의 결과 → '여가' 만들어짐
❹ 전개3	상업화를 통한 자본주의의 창조 → 여가에 돈을 지불하기 시작함 → 레저 산업의 발전 → 소비자 요구의 원천

⬇

제목　▶ 자본주의에서의 여가의 출현과 발전

2. 문맥에 적절하지 않은 어휘 찾기

(a) separated – 고용주들이 여가와 업무를 분리함

(b) promoted – 때마다의 휴가를 내는 것이 작업을 향상시킴(?)

(c) limited – 노동 시간을 제한하는 법이 통과됨

(d) pay – 레저 활동에 돈을 지불함

(e) develop – 새로운 산업이 레저 시장을 발전시킴

⬇

적절한 어휘　▶ 노동자들이 그때그때 휴가를 내면 작업이 중단되게 된다(disrupted).

Words & Phrases

capitalism 자본주의	**term** 말, 용어	**cotton master** 목화 농장주
machinery 기계(류)	**rule out** ~을 배제하다	**explicitly** 명시적으로
distinct 별개의, 다른	**casual** 그때그때의, 일시적인	**bounded** 제한된
enlarge 확대하다	**entitlement** 권리, 자격	**commercialization** 상업화
emerge 출현하다	**exploit** 개발하다	**huge** 거대한

[01~02] 다음 글을 읽고, 물음에 답하시오.

Patients aren't randomly assigned to doctors. Two doctors will have two sets of clients who may differ on many dimensions. The better doctor's patients may even have a higher death rate. Why? Perhaps the sicker patients seek out the best doctor, so even if he does a good job, his patients are more likely to die than the other doctor's. It can therefore be (a) misleading to measure doctor skill solely by looking at patient outcomes. That is generally what doctor "(A) report cards" do and, though the idea has obvious appeal, it can produce some (b) desirable consequences. A doctor who knows he is being graded on patient outcomes may turn down the high-risk patients who most need treatment so as not to (c) damage his score. Indeed, studies have shown that hospital report cards have actually hurt patients precisely because of this kind of inappropriate physician incentive.

Measuring doctor skill is also (d) tricky because the impact of a doctor's decisions may not be detectable until long after the patient is treated. When a doctor reads an X ray of the breast, for instance, she can't be sure (B)(or not / breast cancer / if / there is). She may find out weeks later, if a biopsy is ordered—or, if she missed a tumor that later kills the patient, she may never find out. Even when a doctor gets a diagnosis just right and prevents a potentially serious problem, it's hard to make sure the patient (e) follows directions. Did he take the prescribed medication? Did he change his diet and exercise program as directed?

* **biopsy** 생검법(생체 조직의 현미경 검사)　　** **tumor** 종양

01

○ 9541-0243

윗글의 제목으로 가장 적절한 것은?

① Why Should We Respect Doctors?
② Healing Is Actually Up to the Patient
③ Can We Really Gauge a Doctor's Skill?
④ A Doctor's Job: Vulnerable to Temptation
⑤ The Possibility of Making the Wrong Diagnosis

02

○ 9541-0244

밑줄 친 (a) ~ (e) 중에서 문맥상 낱말의 쓰임이 적절하지 않은 것은?

① (a)　　　② (b)　　　③ (c)　　　④ (d)　　　⑤ (e)

✔Check 01

윗글의 밑줄 친 (A) report cards에 대한 필자의 어조를 우리말로 쓰시오.

_____

✔Check 02

윗글의 문맥에 맞도록 (B)의 괄호 안에 주어진 낱말을 알맞은 순서대로 배열하시오.

(or not / breast cancer / if / there is)

→ _____

[03~04] 다음 글을 읽고, 물음에 답하시오.

Raised in fear, we see only fear in the future. Our culture (a)sells fear. Watch the little commercials that tell you what will be on the local evening news: "Why the food you're eating may be dangerous!" "Why the clothes your child is wearing may not be safe." "Why your vacation this year could kill you—a special report at six."

But (A)(what, much, how, we, of, fear) is going to happen? The truth is, there really isn't a big correlation between what we fear and what happens to us. The reality is that the food we eat is (b)safe, our children's clothes will not suddenly catch fire, and our vacations will be fun.

Still, our lives are often governed by fear. Insurance companies bet us that most of what we worry about will never happen. And (B)they (c)lose, approximately billions of dollars each year. The point is not that we shouldn't have insurance. The point is this: Odds are, we will have great fun participating in challenging sports. The chances are (d)good we will survive and possibly even thrive in the business world, despite taking a few risks and occasionally stumbling. And we'll have fun and meet lots of nice people at social gatherings. Yet most of us live our lives as if the odds are stacked (e)against us. One of our biggest challenges here is to try to overcome these fears. We are presented with so many opportunities and we need to learn to make the most of (C)them.

03

○ 9541-0245

윗글의 제목으로 가장 적절한 것은?

① What Lies Behind Our Fear
② How Fear Affects Our Social Lives
③ Do Not Fear, Maximize Your Chances in Life
④ Fear: An Accident Prevention System Within Us
⑤ Insurance Companies Breed an Atmosphere of Fear

04

○ 9541-0246

밑줄 친 (a) ~ (e) 중에서 문맥상 낱말의 쓰임이 적절하지 않은 것은?

① (a)　　　　　② (b)　　　　　③ (c)　　　　　④ (d)　　　　　⑤ (e)

✔ Check 01

윗글의 문맥에 맞도록 (A)의 괄호 안에 주어진 낱말을 알맞은 순서대로 배열하시오.

_____

✔ Check 02

윗글의 밑줄 친 (B) they와 (C) them이 가리키는 것을 각각 본문에서 찾아 쓰시오.

(B) they: _____   (C) them: _____

Words & Phrases

commercial 광고 방송
govern 지배하다
odds are ~할 가능성이 있다
take a risk 위험을 감수하다, 모험을 하다
odds are stacked against ~할 가능성이 별로 없다
make the most of ~을 최대한 활용하다

correlation 상관관계
bet 장담하다
possibly 아마
stumble 비틀거리다

catch fire 불붙다
approximately 대략
thrive 번창하다
gathering 모임
overcome 극복하다

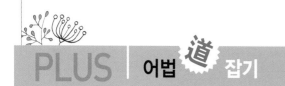

Grammar Review

| 정답과 해설 **66**쪽 |

1. 다음 밑줄 친 부분 중 어법상 틀린 것을 골라 바르게 고치시오.　　　　　○ 9541-0247

Perhaps the sicker patients seek out the best doctor, so ①<u>even if</u> he does a good job, his patients are more likely ②<u>to die</u> than the other doctor's. ③<u>That</u> can therefore be misleading to measure doctor skill solely by ④<u>looking</u> at patient outcomes.

2. 네모 안에서 어법상 알맞은 표현을 고르시오.　　　　　○ 9541-0248

(A) Measure / Measuring doctor skill is also tricky because the impact of a doctor's decisions may not be detectable until long after the patient is (B) treating / treated.

3. 괄호 안에 주어진 낱말을 알맞은 형태로 고쳐 쓰시오.　　　　　○ 9541-0249

Even when a doctor gets a diagnosis just right and (A)(prevent) a potentially serious problem, it's hard (B)(make) sure the patient follows directions.

4. 괄호 안에 주어진 낱말을 알맞은 순서대로 배열하시오.　　　　　○ 9541-0250

The truth is, there really isn't a big correlation (we, what, between, what, fear, us, happens, and, to).

수능에 잘 나오는 Grammar Point

현재완료 시제

현재완료 시제는 과거의 어느 시점부터 현재까지 이루어진 행동이나 상황을 나타내는 시제로 〈have/has+과거분사〉의 형태를 갖는다. 완료, 경험, 계속, 결과의 네 가지 의미가 있으므로 문맥에 맞게 적절히 해석하는 능력을 길러야 한다.

Ex Jane **has** just **finished** writing a letter. 〈완료〉 (Jane은 방금 편지 쓰기를 끝냈다.)

Ex I **have met** the famous singer before. 〈경험〉 (나는 그 유명한 가수를 전에 만나 본 적이 있다.)

Ex We **have known** each other for six years. 〈계속〉 (우리는 6년 동안 서로를 알고 지내 왔다.)

Ex He **has lost** his cat. 〈결과〉 (그는 고양이를 잃어버렸다.)

cf 현재완료 시제는 명백한 과거를 나타내는 말이나 의문사 when과 함께 쓰이지 않는다.

　　I **have met** him **two days ago**. (X) → I **met** him **two days ago**. (O)

　　When have you **seen** the movie? (X) → **When did** you **see** the movie? (O)

Vocabulary Review

| 정답과 해설 66쪽 |

1. 다음 우리말에 해당하는 단어를 쓰시오.   ▶ 9541-0251

(1) 무작위로: _____   (2) 호소, 매력 _____

(3) 비틀거리다: _____   (4) 상관관계: _____

2. 주어진 뜻풀이에 대한 단어를 찾아 연결하시오.   ▶ 9541-0252

(1) to control or strongly influence people   •   • commercial

(2) likely to make someone believe something that is not true   •   • misleading

(3) an advertisement on radio or television   •   • diagnosis

(4) the process of discovering what is wrong with someone by examining them closely   •   • govern

3. 다음 문장의 빈칸에 들어갈 말을 [보기]에서 찾아 쓰시오.   ▶ 9541-0253

┌─ 보기 ┐
tricky   overcome   bet   vulnerable

(1) We need some measures because this area is _____ to floods.

(2) They had to _____ the environmental problem first.

(3) Some _____ questions on your exams can actually help you increase your imagination.

(4) I _____ that they will bring good news.

Vocabulary in Context

1. 다음 네모 안에서 문맥에 맞는 낱말을 고르시오.   ▶ 9541-0254

(1) Their suggestion is so appealing that she has no reason to | accept / turn down | the offer.

(2) The earth is known to be | approximately / exactly | four billion years old.

2. 괄호 안에 주어진 단어의 반의어로 빈칸을 완성하시오.   ▶ 9541-0255

(1) Dr. Brown expects laptops to t_____ in popularity. (decline)

(2) It seemed o_____ that Gloria was lying. (unclear)

18 장문 독해 (2)

APPROACH 장문 독해는 어떻게 푸나요?

❶ **글의 적절한 흐름을 염두에 두면서 글을 읽으세요!** 주어진 문단 다음에 올 문단들의 올바른 순서를 고르기 위해서는 글의 순서를 파악하는 데 도움이 되는 표현들인 부사구, 대명사, 지시어구, 연결사 등에 주목해야 합니다.

❷ **밑줄 친 부분들이 가리키는 바를 파악해가면서 글을 읽으세요.** 흐름상 적절한 순서를 파악하여 글을 읽으면서 밑줄 친 부분이 가리키는 대상을 직접 메모해 보세요.

❸ **글의 세부 내용을 파악하면서 내용이 일치하지 않는 것을 찾으세요.** 선택지에 해당하는 지문 내용에 밑줄을 그어 일치 여부를 확인해 봅니다.

READY | 내신 感 잡기

■ 다음 글을 읽고, 물음에 답하시오. | 전국연합학력평가 | ○ 9541-0256

(A)

Once upon a time there was a king of Armenia, who, being of a curious turn of mind and in need of some change, sent (a) **CLUE 2-1** his men throughout the land to make the following proclamation: "Hear this! Whatever man among you can **CLUE 3-1** prove himself the most outrageous liar in Armenia shall receive an apple made of pure gold from the hands of His Majesty the King!"

(B)

CLUE 1-5 "You are a perfect liar, sir!" exclaimed the king. "I owe you no money!" "A perfect liar am I?" said the poor man. "Then give me the golden apple!" The king, realizing that the man was trying to trick him, said, "No, no! You are not a liar!" "Then give me the pot of gold you owe me, sire," said the man. The king saw the dilemma. (b) **CLUE 2-2** He **CLUE 3-2** handed over the golden apple.

(C)

CLUE 1-3 The king was beginning to grow tired of (c) **CLUE 2-3** his **new sport** and **CLUE 3-3** was thinking of calling the whole contest off without declaring a winner. Then **CLUE 3-4** there appeared before him a poor, ragged man, carrying a large sack over (d) **CLUE 2-4** his shoulder. "What can I do for you?" asked His Majesty. "Sire!" said the poor man, slightly bewildered. "Surely you remember? **CLUE 1-4** You owe me a pot of gold, and I have come to collect it."

(D)

CLUE 1-1 People began to swarm to the palace from every town and village in the country, CLUE 3-5 people of all ranks and conditions, princes, merchants, farmers, priests, rich and poor, tall and short, fat and thin. There was no lack of liars in the land, and each one told his tale to the king. CLUE 1-2 None of those lies, however, convinced the king that (e) CLUE 2-5 he had listened to the best one.

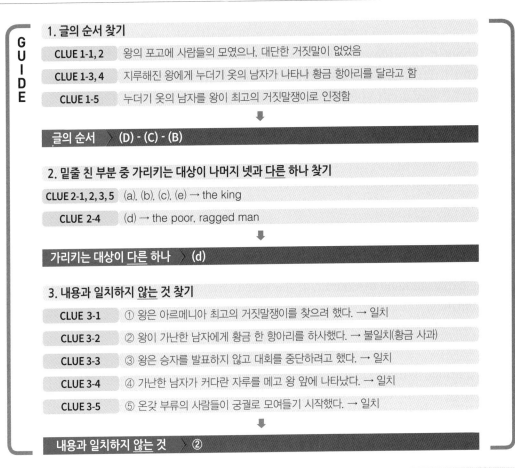

G U I D E

1. 글의 순서 찾기

CLUE 1-1, 2	왕의 포고에 사람들이 모였으나, 대단한 거짓말이 없었음
CLUE 1-3, 4	지루해진 왕에게 누더기 옷의 남자가 나타나 황금 항아리를 달라고 함
CLUE 1-5	누더기 옷의 남자를 왕이 최고의 거짓말쟁이로 인정함

글의 순서 〉 (D) - (C) - (B)

2. 밑줄 친 부분 중 가리키는 대상이 나머지 넷과 다른 하나 찾기

| CLUE 2-1, 2, 3, 5 | (a), (b), (c), (e) → the king |
| CLUE 2-4 | (d) → the poor, ragged man |

가리키는 대상이 다른 하나 〉 (d)

3. 내용과 일치하지 않는 것 찾기

CLUE 3-1	① 왕은 아르메니아 최고의 거짓말쟁이를 찾으려 했다. → 일치
CLUE 3-2	② 왕이 가난한 남자에게 황금 한 항아리를 하사했다. → 불일치(황금 사과)
CLUE 3-3	③ 왕은 승자를 발표하지 않고 대회를 중단하려고 했다. → 일치
CLUE 3-4	④ 가난한 남자가 커다란 자루를 메고 왕 앞에 나타났다. → 일치
CLUE 3-5	⑤ 온갖 부류의 사람들이 궁궐로 모여들기 시작했다. → 일치

내용과 일치하지 않는 것 〉 ②

✓ Check

☐ **1.** 다음 영영사전 풀이에 해당하는 단어를 (**B**)에서 찾아 쓰시오.

> a situation in which it is very difficult to decide what to do

→ _____

☐ **2.** (**C**)의 첫 문장의 밑줄 친 **new sport**의 구체적인 내용을 우리말로 쓰시오.

_____

■ 다음 글을 읽고, 물음에 답하시오. | 대수능 | ○ 9541-0257

(A)

Olivia and her sister Ellie were standing with Grandma in the middle of the cabbages. Suddenly, Grandma asked, "Do you know what a Cabbage White is?" "Yes, [2-❶](a) I learned about it in biology class. It's a beautiful white butterfly," Olivia answered. "Right! But it lays its eggs on cabbages, and then the caterpillars eat the cabbage leaves! So, [3-❶]why don't you help me to pick the caterpillars up?" Grandma suggested. The two sisters gladly agreed and went back to the house to get ready.   * caterpillar 애벌레

(B)

[3-❷]The caterpillars wriggled as they were picked up while Cabbage Whites filled the air around them. It was as if the butterflies were making fun of Olivia; they seemed to be laughing at [2-❷](b) her, suggesting that they would lay millions more eggs. [3-❸]The cabbage patch looked like a battlefield. Olivia felt like she was losing the battle, but she fought on. [2-❸](c) She kept filling her bucket with the caterpillars until the bottom disappeared. [1-❸]Feeling exhausted and discouraged, she asked Grandma, "Why don't we just get rid of all the butterflies, so that there will be no more eggs or caterpillars?"   * wriggle 꿈틀거리다

(C)

[1-❶]Soon, armed with a small bucket each, Olivia and Ellie went back to Grandma. [3-❹]When they saw the cabbage patch, they suddenly remembered how vast it was. There seemed to be a million cabbages. Olivia stood open-mouthed at the sight of the endless cabbage field. She thought they could not possibly pick all of the caterpillars off. Olivia sighed in despair. [1-❷]Grandma smiled at her and said, "Don't worry. We are only working on this first row here today." Relieved, [2-❹](d) she and Ellie started on the first cabbage.

(D)

Grandma smiled gently and said, [1-❹]"Why wrestle with Mother Nature? The butterflies help us grow some other plants because they carry pollen from flower to flower." Olivia realized [2-❺](e) she was right. Grandma added that although she knew caterpillars did harm to cabbages, [3-❺]she didn't wish to disturb the natural balance of the environment. Olivia now saw the butterflies' true beauty. Olivia and Ellie looked at their full buckets and smiled.   * pollen 꽃가루

01

주어진 글 (A)에 이어질 내용을 순서에 맞게 배열한 것으로 가장 적절한 것은?

① (B)-(D)-(C)   ② (C)-(B)-(D)   ③ (C)-(D)-(B)   ④ (D)-(B)-(C)   ⑤ (D)-(C)-(B)

02

밑줄 친 (a) ~ (e) 중에서 가리키는 대상이 나머지 넷과 다른 것은?

① (a)   ② (b)   ③ (c)   ④ (d)   ⑤ (e)

03

윗글에 관한 내용으로 적절하지 않은 것은?

① 할머니는 Olivia와 Ellie에게 도움을 요청했다.
② Olivia와 Ellie는 양배추밭에 있는 애벌레를 잡지 않았다.
③ Olivia에게 양배추밭은 마치 전쟁터 같았다.
④ Olivia와 Ellie는 양배추밭이 얼마나 드넓은지 새삼 깨달았다.
⑤ 할머니는 Olivia에게 자연의 섭리를 일깨워주었다.

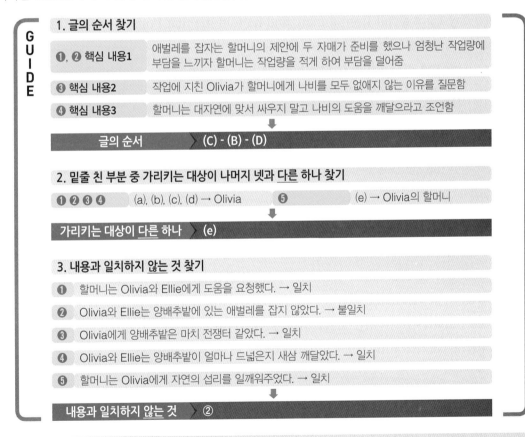

GUIDE

1. 글의 순서 찾기

①, ② 핵심 내용1	애벌레를 잡자는 할머니의 제안에 두 자매가 준비를 했으나 엄청난 작업량에 부담을 느끼자 할머니는 작업량을 적게 하여 부담을 덜어줌
③ 핵심 내용2	작업에 지친 Olivia가 할머니에게 나비를 모두 없애지 않는 이유를 질문함
④ 핵심 내용3	할머니는 대자연에 맞서 싸우지 말고 나비의 도움을 깨달으라고 조언함

글의 순서 ▸ (C) - (B) - (D)

2. 밑줄 친 부분 중 가리키는 대상이 나머지 넷과 다른 하나 찾기

①②③④	(a), (b), (c), (d) → Olivia	⑤	(e) → Olivia의 할머니

가리키는 대상이 다른 하나 ▸ (e)

3. 내용과 일치하지 않는 것 찾기

① 할머니는 Olivia와 Ellie에게 도움을 요청했다. → 일치

② Olivia와 Ellie는 양배추밭에 있는 애벌레를 잡지 않았다. → 불일치

③ Olivia에게 양배추밭은 마치 전쟁터 같았다. → 일치

④ Olivia와 Ellie는 양배추밭이 얼마나 드넓은지 새삼 깨달았다. → 일치

⑤ 할머니는 Olivia에게 자연의 섭리를 일깨워주었다. → 일치

내용과 일치하지 않는 것 ▸ ②

Words & Phrases

lay (알을) 낳다
discouraged 낙담한
cabbage patch 양배추밭
sigh 한숨 쉬다
disturb 방해하다

make fun of ~을 놀리다
get rid of ~을 없애다
vast 드넓은, 광대한
in despair 절망하여

exhausted 지친
arm ~을 갖추다
at the sight of ~을 보고
wrestle with ~와 싸우다

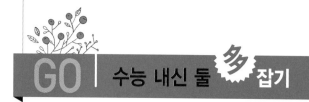

[01~03] 다음 글을 읽고, 물음에 답하시오.

(A)

My twenty-one-year-old daughter and her dog, Popeye, a four-year-old male pug, had been living with us for four months, and I was Popeye's caretaker during that time. When my daughter moved out, she took my beloved Popeye with her, and we didn't hear from her for about two months. When I asked about Popeye, she told me that he escape from the yard at the house where she was staying and she could not find (a) him.

* pug 퍼그(불독을 닮은 작은 발바리)

(B)

Then one day I got a call from a man, and he told me that Popeye was in Texas with his niece. He said that she had been visiting at the time Popeye went missing and had found him near the playground. She had walked around the neighborhood asking if anyone knew (b) him but found no one. So when it came time for her to go home, she took him with her. Her uncle had been traveling for several months, so when he came home and saw my flyers around town, he called his niece and told her that Popeye's family was hunting for (c) him.

(C)

He gave me her number, and I called and asked if the dog she had did Popeye's trick, and sure enough, he did. Now, you may be wondering how I would get Popeye back when he was in Texas and I was in Mississippi. Well, the rest of the story is that she lived fifteen minutes from my father, who picked up Popeye and brought him home to me when (d) he came for my son's graduation!

(D)

I made up a flyer, took it to the copy shop, and had a hundred copies made. I put up posters all around the area where Popeye went missing. I received several phone calls about a pug in the area, and I always ran to wherever the caller said they had seen (e) him. As time went by, I put up more and more flyers but got fewer and fewer phone calls.

01

▶ 9541-0258

주어진 글 (A)에 이어질 내용을 순서에 맞게 배열한 것으로 가장 적절한 것은?

① (B)−(D)−(C)   ② (C)−(B)−(D)   ③ (C)−(D)−(B)

④ (D)−(B)−(C)   ⑤ (D)−(C)−(B)

02

▶ 9541-0259

밑줄 친 (a) ~ (e) 중에서 가리키는 대상이 나머지 넷과 다른 것은?

① (a)   ② (b)   ③ (c)   ④ (d)   ⑤ (e)

03

▶ 9541-0260

윗글에 관한 내용으로 적절하지 <u>않은</u> 것은?

① 필자는 딸과 함께 살던 동안 Popeye를 보살폈다.
② Popeye는 제보한 남자의 조카딸과 함께 Texas에 있었다.
③ Popeye는 실종되었을 때 놀이터 근처에 있었다.
④ 필자는 자신이 직접 Texas로 가서 Popeye를 데려왔다.
⑤ 필자는 Popeye를 찾기 위해 전단지와 포스터를 만들었다.

✔ Check 01

윗글 (A)의 밑줄 친 escape를 시제에 맞게 쓰시오.

_____

✔ Check 02

아래의 영영 풀이에 해당하는 단어를 윗글에서 찾아 쓰시오.

> a small sheet of paper that advertises something and is given to a large number of people

→ _____

Words & Phrases

caretaker 돌보는 사람, 관리자   **go missing** 실종되다, 행방불명이 되다   **flyer** 전단지
niece 조카딸   **trick** 재롱, 재주   **graduation** 졸업, 졸업식

[04~06] 다음 글을 읽고, 물음에 답하시오.

(A)

At 2 a.m. Peter felt hunger and walked slowly into the kitchen. When he turned on the light, it took him a moment <u>realize</u> the fact that a strange man stood in his kitchen. But in that split second, he knew he had to take action. He yelled and saw (a)<u>the stranger</u> flee into the night. With shaking fingers, Peter dialled the police station. "I just chased an intruder out of my house!"

(B)

Suddenly, his tail went up. He leaped up the steps to the back door and began barking. Dave knew their search was over; through the glass in the patio door he could see the suspect. Before Dave had to do anything, the would-be thief stepped out with his hands up, palms open. Nero's bark had been enough. (b)<u>The terrified man</u> was taking no chances. He flattened himself on the floor and held out his wrists.

* **patio door** 파티오 문(정원으로 통하는 큰 유리문)

(C)

Constable Dave Guest and police service dog Nero arrived on the scene within minutes. Dave listened to (c)<u>the frightened man</u>'s story. Because the resident hadn't heard the sound of a vehicle, the suspect was probably on foot. Dave thought it likely that the intruder was still hiding near them. "Search!" he instructed Nero. Immediately the dog went to work. <u>Keep</u> a tight hold on the leash, Dave followed just behind Nero's waving tail.

* **constable** 경관, 순경

(D)

The dog was completely focused, sniffing from side to side. Back and forth he tested the wind, nostrils flaring delicately. Then his sensitive nose caught the scent molecules of (d)<u>his prey</u>, and he leaped back into the chase. The dog dove into a patch of rough bush and went into the backyard of the next house. Dave followed, shielding his face from whipping branches that scratched his skin. Clearly, the dog knew (e)<u>the suspect</u> was only steps ahead.

04

○ 9541-0261

주어진 글 (A)에 이어질 내용을 순서에 맞게 배열한 것으로 가장 적절한 것은?

① (B)-(D)-(C)
② (C)-(B)-(D)
③ (C)-(D)-(B)
④ (D)-(B)-(C)
⑤ (D)-(C)-(B)

05

○ 9541-0262

밑줄 친 (a) ~ (e) 중에서 가리키는 대상이 나머지 넷과 다른 것은?

① (a)
② (b)
③ (c)
④ (d)
⑤ (e)

06

○ 9541-0263

윗글에 관한 내용으로 적절하지 않은 것은?

① Peter는 한밤중에 배가 고파서 주방으로 들어갔다.
② Nero가 짖어대자 범인은 저항하지도 못하고 굴복했다.
③ Peter는 범인이 몰고 온 것으로 추정되는 차를 발견했다.
④ Dave는 범인이 근처에 숨어있을 가능성이 있다고 생각했다.
⑤ Nero는 거친 덤불 속으로 뛰어든 후 옆집 뒷마당으로 들어갔다.

✔ Check 01

윗글에 나타난 Nero의 특징을 묘사한 말로 가장 적절한 것은?

① slow and lazy
② funny and playful
③ wild and uncontrollable
④ courageous and faithful

✔ Check 02

윗글 (A)의 밑줄 친 realize와 (C)의 밑줄 친 Keep을 어법에 맞는 형태로 쓰시오.

realize → _____   Keep → _____

Words & Phrases

split second 눈 깜짝할 순간, 순식간	**take action** 조치를 취하다	**flee** 달아나다
chase 쫓아내다, 추적하다	**intruder** 침입자	**leap** 껑충 뛰다
bark 짖다	**be over** 끝나다	**suspect** 용의자
would-be ~가 되려고 하는	**step out** 나가다	**terrified** 겁에 질린
take chances 모험을 감행하다	**flatten** 납작하게 하다	**hold out** ~을 내밀다
scene 현장, 무대	**frightened** 겁에 질린	**resident** 거주자, 주민
vehicle 차량	**instruct** 지시하다, 가르치다	**leash** (개 따위를 매는) 가죽 끈, 목줄
sniff 킁킁거리다, 냄새를 맡다	**nostril** 콧구멍	**flare** 벌름거리다; 확 타오르다
delicately 민감하게, 정교하게	**molecule** 분자	**patch** 구역, 작은 땅
shield 가리다, 막다	**whip** 후려치다, 세차게 때리다	**scratch** 할퀴다, 긁다

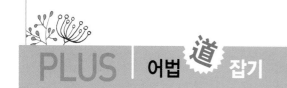

Grammar Review

| 정답과 해설 70쪽 |

1. 다음 밑줄 친 부분 중 어법상 **틀린** 것을 골라 바르게 고치시오.
○ 9541-0264

①Whatever man among you can ②prove himself the ③most outrageous liar in Armenia shall receive an apple ④making of pure gold from the hands of His Majesty the King!

2. 네모 안에서 어법상 알맞은 표현을 고르시오.
○ 9541-0265

Her uncle had been (A) traveling / traveled for several months, so when he came home and saw my flyers around town, he called his niece and told her (B) that / what Popeye's family was hunting for him.

3. 괄호 안에 주어진 낱말을 알맞은 형태로 고쳐 쓰시오.
○ 9541-0266

It was as if the butterflies were making fun of Olivia; they seemed (A)(be) laughing at her, (B)(suggest) that they would lay millions more eggs.

4. 괄호 안에 주어진 낱말을 알맞은 순서대로 배열하시오.
○ 9541-0267

Dave followed, shielding his face (branches, from, his skin, scratched, that, whipping).

수능에 잘 나오는 Grammar Point

지각동사+목적어+목적격 보어

지각동사(see, watch, hear, listen to, feel 등) 뒤에 목적어와 목적격 보어가 올 때, 목적어와 목적격 보어의 의미 관계에 따라 목적격 보어의 형태가 달라질 수 있음에 유의한다.

1. **목적격 보어가 동사원형인 경우**
   - **Ex** I **saw** him **drop** his wallet. (나는 그가 자신의 지갑을 떨어뜨리는 것을 보았다.)
   - **Ex** He **heard** someone **scream** for help. (그는 누군가가 도와달라고 소리 지르는 것을 들었다.)
2. **목적격 보어가 현재분사인 경우 (진행의 의미 강조)**
   - **Ex** I **watched** him **cleaning** the floor. (나는 그가 마룻바닥을 청소하는 것을 주시했다.)
   - **Ex** She **felt** her heart **pounding** with new hope. (그녀는 새로운 희망으로 심장이 두근거리는 것을 느꼈다.)
3. **목적격 보어가 과거분사인 경우 (목적어와 수동 관계)**
   - **Ex** I **heard** my name **called** in the crowd. (나는 군중 속에서 내 이름이 불리는 것을 들었다.)

어휘 道 잡기 　　　　　　　　　　　　　　　　Vocabulary

Vocabulary Review

| 정답과 해설 **70쪽** |

1. 다음 우리말에 해당하는 단어를 쓰시오.　　　　　　　　　　　　　○ 9541-0268

(1) 누더기를 걸친: _____　　　(2) 한숨 쉬다: _____

(3) 용의자: _____　　　(4) 콧구멍: _____

2. 주어진 뜻풀이에 대한 단어를 찾아 연결하시오.　　　　　　　　　　○ 9541-0269

(1) a person who enters a place illegally　　　　　　　　　•　　•　flyer

(2) a line or rope used to walk or control a dog or other animals　•　　•　intruder

(3) a small area of something that is different from the area around it　•　　•　leash

(4) a small sheet of paper advertising something　　　　　　•　　•　patch

3. 다음 문장의 빈칸에 들어갈 말을 [보기]에서 찾아 쓰시오.　　　　　○ 9541-0270

> | 보기 |
>
> outrageous　　bewildered　　exhausted　　vast

(1) To the north lay a _____ area of wilderness.

(2) He has a bad habit of telling _____ lies.

(3) After the climb, all of us were physically _____.

(4) She was _____ to find several police officers at the front door.

Vocabulary in Context

1. 다음 네모 안에서 문맥에 맞는 낱말을 고르시오.　　　　　　　　　○ 9541-0271

(1) This bowl is so fragile that it must be handled delicately / carelessly .

(2) She felt terrific / terrified at the thought of being stranded in the woods.

2. 괄호 안에 주어진 단어의 반의어로 빈칸을 완성하시오.　　　　　　○ 9541-0272

(1) The policeman began to c_____ the thief. (flee)

(2) She i_____ us on how to interpret the text. (learned)

memo

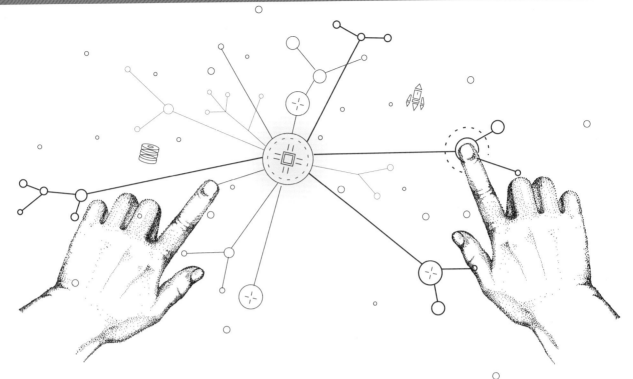

EBS

수능 감感 잡기

영어영역
영어

내신에서 수능으로 연결되는 포인트를 잡는 학습 전략

내신형 문항
내신 유형의 문항으로
익히는 개념과 해결법

**동일한
소재·유형**

수능형 문항
수능 유형의 문항을
통해 익숙해지는 수능

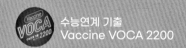 수능연계 기출
Vaccine VOCA 2200

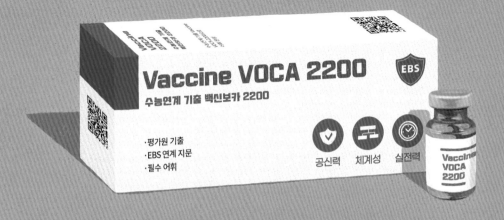

Vaccine VOCA 2200
수능연계 기출 백신보카 2200

·평가원 기출
·EBS 연계 지문
·필수 어휘

공신력　체계성　실전력

○ 수능 영단어장의 끝판왕!
10개년 수능 빈출 어휘 + 7개년 연계교재 핵심 어휘

○ 수능 적중 어휘 자동암기 3종 세트 제공
휴대용 포켓 단어장 / 표제어 & 예문 MP3 파일 / 수능형 어휘 문항 실전 테스트

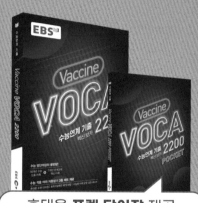

휴대용 **포켓 단어장** 제공

EBS 수능 감 잡기 영어

정답과 해설

01 글의 목적 파악

본문 4쪽

소재 | 아파트 페인트칠하기

해석 | Spencer 씨께

저는 오는 4월이면 이 아파트에 10년 동안 살게 됩니다. 저는 이곳에서 즐겁게 살아 왔으며 계속해서 그러기를 희망합니다. 제가 처음 Greenfield 아파트에 이사를 왔을 때, 최근에 아파트 도색 작업을 했다고 들었습니다. 그때 이후로 저는 단 한 번도 벽이나 천장에 손을 댄 적이 없습니다. 지난 한 달 동안 둘러보면서 저는 페인트가 얼마나 오래되고 흐려졌는지를 깨닫게 되었습니다. 저는 새 페인트칠로 아파트를 새롭게 하고 싶습니다. 저는 이 작업이 자비 부담이라는 것과 임대차 계약에 따라 허락을 받아야만 한다는 것을 알고 있습니다. 형편이 되는 대로 빨리 알려 주시기 바랍니다.

Howard James 드림

해설 | 페인트가 아주 오래되고 흐려졌다는 것을 깨닫고 아파트를 새롭게 페인트칠하고 싶어 임대차 계약에 따라 허락을 구하고 있다. 따라서 글의 목적은 '아파트 도색 작업에 대한 허락을 받으려고'이다.

✅ Check

정답 | 1. will have lived
2. 아파트를 새로 페인트칠하는 것

해설 |
1. 오는 4월이면 10년 동안 이 아파트에 살게 된다고 했으므로 미래의 특정 시점까지 계속되는 동작을 나타내는 미래완료 시제가 쓰여야 한다.
2. do so는 앞에 나온 내용인 아파트를 새로 페인트칠하는 것을 의미한다.

구문 |

[Looking around over the past month] **has** made me realize [how old and dull the paint has become].

➡ 첫 번째 [ ]는 동명사구로 문장의 주어이고, 두 번째 [ ]는 realize의 목적어이다. 동명사구가 문장의 주어인 경우 동사는 단수형이 쓰이므로 has가 쓰였다.

I understand [that this would be at my own expense], and [that I must get permission to do so as per the lease agreement].

➡ 두 개의 [ ]가 and로 연결되어 understand의 목적어 역할을 하고 있다.

어휘 |
• as of ~일자로
• recently 최근에
• ceiling 천장
• update 새롭게 하다
• at one's own expense 자비로
• permission 허락, 허가
• agreement 계약
• at one's convenience 형편이 되는 대로
• dull 흐릿한
• coat 칠
• lease 임대차

본문 5쪽

정답 | ③

소재 | 요리법 변경 가능 여부 문의

해석 | Reese 씨께,

며칠 전에 저는 제2회 연례 DC Metro 요리 대회를 위해 지원서와 요리법을 제출했습니다. 하지만, 가능하다면 저의 요리법을 바꾸고 싶습니다. 제가 웹사이트를 다시 확인해 보았지만, 대회 날짜와 시간, 그리고 상에 관한 정보만 발견할 수 있었습니다. 요리법을 바꾸는 것에 대해서는 어떤 정보도 볼 수 없었습니다. 저는 이제 막 훌륭한 새로운 요리법을 만들었는데, 사람들이 제가 이미 제출한 것보다 이것을 더 좋아할 것이라고 믿고 있습니다. 제가 제출한 요리법을 바꿀 수 있는지 저에게 알려 주십시오. 귀하의 응답을 고대하고 있겠습니다.

Sophia Walker 드림

해설 | 필자는 요리 대회에 이미 제출한 요리법을 새로 만든 요리법으로 바꿀 수 있는지 문의하고 있다. 따라서 글의 목적으로 가장 적절한 것은 ③이다.

구문 |

I have just created a great new recipe, and I believe [people will love this more than the one {I have already submitted}].

➡ [ ]는 believe의 목적어이고 { }는 the one을 수식하는 관계절이다.

Please **let** me **know** [if I can change my submitted recipe].

➡ [ ]는 know의 목적어로 쓰인 명사절이다. 사역동사 let이 쓰여 목적격 보어로 동사원형인 know가 쓰였다.

본문 6~9쪽

01	③	02	⑤	03	③	04	④

01

정답 | ③

소재 | 제설 작업의 문제점

해석 | 여러분께,

이번 겨울이 저희에게는 Fairview에서의 첫 번째 겨울입니다. 지금까지 번화가와 고속도로의 눈을 치우는 귀 부서의 작업은 매우 효율적이었습

니다. 하지만, 이유가 뭐건 간에 제설차 운전자들이 근처 도로에서 나오는 많은 눈을 저희 집 진입로로 이어지는 작은 구역에 쌓아놓기로 결정을 내린 것 같습니다. 두 번씩이나 저희들은 제설차에 의해 남겨진 눈으로 된 벽을 파내야 했습니다. 오늘 아침 저는 아이들을 학교에 데려다 줄 시간에 맞추어 진입로를 빠져 나올 수 없어서, 한 이웃 사람에게 도움을 요청해야 했습니다. 저는 이 상황에 대해 논의하고 이 지역의 제설 작업에 대한 보다 나은 해결책을 찾고자 귀 부서의 관리자와 만날 약속을 잡고 싶습니다. 이 편지에 기재된 번호로 저에게 전화주시기 바랍니다.

Karen Diamond 드림

해설 | 도로의 눈을 치우는 작업을 하는 과정에서 제설차 운전자들이 치운 눈을 필자의 집 진입로 입구에 쌓아놓아서 필자의 차가 빠져나갈 수 없다는 점을 지적한 글이다. 따라서 글의 목적으로 가장 적절한 것은 ③이다.

✔ **Check**

정답 | 1. supervisor
2. The writer asked a neighbor for help.

해설 |

1. '어떤 활동, 장소, 또는 노동자나 학생과 같은 사람들 집단을 책임지고 있는 사람'이라는 의미의 supervisor를 묻고 있다.

2. 필자는 진입로를 빠져 나오기 위해 이웃 사람에게 도움을 요청했다.

구문 |

So far [your department's **work** in removing the snow from the main streets and highways] **has been** very efficient.

➡ So far는 '지금까지'라는 의미이므로 '계속'의 의미(~해왔다)를 지닌 현재완료 시제와 함께 사용되는 것이 일반적이다. [ ]는 문장의 주어를 형성하고 있고 주어의 핵은 work이며 동사는 has been이다.

But for **whatever** reason, the snowplow drivers seem **to have decided** to deposit much of the snow from up the street in the small cutout [that leads to our driveway].

➡ whatever는 reason을 수식하는 형용사로 사용되었고, any로 바꾸어 쓸 수 있다. seem to have decided에 사용된 to have decided는 완료형 to부정사로 decide가 seem보다 먼저 일어난 것임을 알려주고 있다. [ ]는 관계절로 선행사 the small cutout을 수식하고 있다.

02

소재 | 너무 밝은 가로등

해석 | 의장님께,

오늘밤 저는 집 앞에 있는 귀하의 LED 가로등 중 하나를 향해 집으로 왔습니다. 이 대낮 같은 불빛은 대단히 밝아서 밤에 저희 집을 불필요한 빛으로 가득 채웁니다. 그것은 또한 밤하늘에 광공해를 일으켜서 제가 도시에서 이곳으로 이사 온 이유 중 하나인 별을 볼 기회를 없애버립니다. 저는 시의회가 일반 대중과의 어떠한 협의도 없이 엄청난 비용을 들여 이 가로등을 설치한 것에 몹시 실망하고 있습니다. 어느 누구도 저에게 집 앞에 경기장급 조명을 원하는지를 묻지 않았습니다. 이는 시 정치가들이 납세자들에게 엄청난 비용을 들게 하여 존재하지도 않는 문제를 해결하는 것의 또 하나의 사례입니다. 이러한 새로운 인공 태양 덕분에 저희 집은 밝은 빛으로 가득 차서 잠을 잘 수 없게 된 저는 귀하에게 이메일을 쓰고 있으며, 이러한 관통하는 빛이 제 얼굴에 닿지 않도록 하기 위해 커튼을 새로 구입할 것을 고려하고 있습니다.

해설 | 자신의 의견도 묻지 않고 시 당국이 자신의 집 앞에 설치한 LED 가로등 때문에 불편이 많다는 내용을 담은 글이다. 따라서 글의 목적으로 가장 적절한 것은 ⑤이다.

✔ **Check**

정답 | 1. ② **2.** Do you want stadium grade lighting in front of your house?

해설 |

1. any chance of seeing stars—one of the reasons I moved here from the city를 통해 필자는 현재 사는 곳으로 이사 와서 밤하늘의 별을 보기를 원했음을 알 수 있다. 따라서 필자에 대해 알 수 있는 것은 ②이다.

2. 의문사 사용 여부, 시제, 대명사 등을 고려하여 화법을 바꾸도록 한다. if(~인지 아닌지)는 직접화법 문장에서 의문사가 없는 의문문임을 알려준다. 시제는 과거 당시에 말하는 상황이므로 현재 시제로 바꿔야 한다. I와 my는 필자를 지칭하므로 각각 you와 your로 바꿔 써야 한다.

구문 |

I am incredibly **disappointed that** the town council installed these at great cost **without any** public consultation.

➡ 감정을 나타내는 형용사 disappointed 뒤의 that 이하가 감정의 원인을 나타내는 구조이다. 부정의 의미를 내포한 전치사 without과 any가 함께 사용되어 전체 부정을 나타내고 있다.

Thanks to this new artificial sun, my house is filled with bright light and I'm [**emailing** you, {unable to sleep}], and [**contemplating** new curtains to keep this piercing light out of my face].

➡ 두 개의 [ ]에서 emailing과 contemplating은 I'm 다음에 병렬 관계로 연결되어 있는 진행형을 이루는 현재분사이다. [ ]는 주어인 I의 상태를 부연 설명한다.

03
정답 | ③

소재 | 연말연시 여행 계획

해석 | Cindy에게,

늘 그렇듯이 다가오는 해에 너희들 모두에게 행운을 빌기 위해 글을 쓴다. 그런데 이번에는 변화가 있어서 우리 집에서 신년 파티를 주최하지 못하게 되었어. 너희 모두 알고 있을 거라 확신하는데, George가 지난 몇 달 동안 화학 요법을 받아왔고 이제 막 기운을 회복하기 시작했어. 다행히도 그는 회복 단계에 있는 것 같아. 여러 달 전에 우리는 그가 활동할 수 있게 되면 곧바로 따뜻하고 이색적인 어딘가로 떠나자는 결정을 내렸어. 그래서 12월 중순에 떠나서 1월 1일 이후에 돌아오게 될 2주간의 남아메리카 유람선 여행을 예약했어. 약속하건대 너희 모두에게 축배를 건네고 너희들과 너희 가족들에게 새해에 많은 행복과 행운이 있기를 빌어.

애정을 듬뿍 담아

Jenny가

해설 | 올해 투병 후 회복하고 있는 George와 함께 유람선 여행을 가기로 해서 신년 파티를 주최하지 못하게 되었음을 알리고 있다. 그러므로 글의 목적으로 가장 적절한 것은 ③이다. 글 초반의 we will not be hosting a New Year's party at our home을 통해 쉽게 단서를 찾을 수 있다.

✓ Check

정답 | 1. appears to be on the road to recovery
2. She plans to take a two-week cruise to South America.

해설 |

1. ⟨it appears that+주어+동사 ~⟩는 '~인 것 같다, ~처럼 보이다'의 의미이며, that절의 주어를 문장의 주어 위치로 옮긴 뒤 that절의 동사를 to부정사구로 바꿔 쓸 수 있다.

2. 12월 중순부터 1월 1일 이후까지 George와 남아메리카로 2주간의 유람선 여행을 떠날 계획을 하고 있다고 했다.

구문 |

As I'm sure you all know, George **has been undergoing** chemotherapy for the past few months and is just now beginning to regain his strength.

➡ ⟨have been -ing⟩는 현재완료 진행형으로 과거부터 현재까지 계속 진행되고 있는 일을 나타낸다.

And so we have booked a **two-week** cruise to South America [that will leave in mid-December and return after January 1].

➡ two-week은 두 단어가 결합된 형용사로 이러한 경우 복수 개념이 있더라도 week을 단수로 써야 함에 유의한다. [ ]는 관계절로 선행사는 a two-week cruise to South America이다.

04
정답 | ④

소재 | 물 절약

해석 | Belleville 마을 상수도는 지난 몇 주 동안 과도한 소비를 경험했습니다. 지속되는 극심한 더위와 비의 부족이 거기에 더해져서 수영장 물 채우기와 잔디, 마당 및 정원 관리와 같은 야외 활동을 위한 물 소비를 증가시켰습니다. 우리 급수지의 수위가 꾸준히 감소하고 있어서 이런 통보를 하게 되었습니다. 이에 따라 소비자들은 물을 아껴 써 주기를 요청합니다. 절약하는 방법에는 세탁과 불필요한 물 사용을 제한하는 것뿐만 아니라 세차, 수영장에 물 채우기, 잔디밭에 물 뿌리기를 자제하는 것이 있습니다. 더 많은 정보를 얻으려면, Belleville 마을의 Thomas Compo 씨나 Rich Ross 씨에게 연락하시기 바랍니다.

해설 | 지속되는 극심한 더위와 비의 부족으로 물이 부족하므로 물을 아껴 써 주기를 요청하는 내용의 글이다. 따라서 글의 목적으로 가장 적절한 것은 ④이다.

✓ Check

정답 | 1. reservoir **2.** 세탁과 불필요한 물 사용 제한 및 세차, 수영장에 물 채우기, 잔디밭에 물 뿌리기를 자제하기

해설 |

1. '집이나 사업장에서 사용하기 위해 다량의 물을 저장하는 데 사용되는 대개 인공적인 저수지'를 의미하는 단어는 reservoir이다.

2. 물 절약 방법으로는 세탁과 불필요한 물 사용 제한 및 세차, 수영장에 물 채우기, 잔디밭에 물 뿌리기를 자제하기가 언급되어 있다.

구문 |

That, coupled with the ongoing extreme heat and lack of rain, has caused an increase in water consumption for outdoor activities including pool filling and lawn, yard and garden care.

➡ 문장의 주어는 That이고 동사는 has caused이다. coupled with ~ rain은 주어 That을 부연 설명하는 분사구이다.

Conservation methods include [refraining from car washing, swimming pool filling, lawn watering **as well as** limiting laundry washing and any unnecessary water use].

➡ [ ]는 include의 목적어이다. '~ as well as ...'는 '…뿐만 아니라 ~도'의 의미이다.

PLUS | 어법 잡기

Grammar Review

정답 | **1.** ③ to contemplate → contemplating
2. (A) that (B) return **3.** (A) coupled (B) including
4. if I can change my submitted recipe

해설 |

1. ③은 내용상 앞의 emailing과 병렬구조를 이루어야 하므로 현재분사 contemplating으로 고쳐 써야 한다.

2. (A) 선행사 a two-week cruise to South America가 관계절에서 주어 역할을 하고 있으므로 관계대명사 that이 적절하다.
(B) 내용상 will 다음에 leave와 병렬구조를 이루는 동사원형이 필요하므로 return이 적절하다.

3. (A) 문장의 주어는 That이고 동사는 has caused이므로 couple은 That을 부연 설명하는 분사구로 '결합된'이라는 수동의 의미가 되어야 하므로, 과거분사인 coupled로 고쳐야 한다.
(B) '~을 포함하여'라는 의미가 되어야 하므로 including으로 고쳐야 한다.

4. know의 목적어 역할을 하는 간접의문문 형태의 명사절이 되어야 하므로, 〈if+주어+동사〉의 형식이 쓰인다. submitted는 단독으로 쓰인 분사로 recipe를 앞에서 수식한다.

PLUS | 어휘 잡기

Vocabulary Review

정답 | **1.** (1) excessive (2) taxpayer (3) piercing
(4) dull
2. (1) recipe (2) undergo (3) deposit (4) efficient
3. (1) department (2) consultation (3) cruise
(4) update

해석 및 해설 |

2. (1) 특정한 유형의 음식을 요리하기 위한 일련의 설명: 요리법
(2) 무언가를 경험하거나 참아내다: 겪다
(3) 모래, 눈, 또는 진흙 같은 것의 일정량을 어떤 표면이나 장소에 남겨두다: 쌓아놓다
(4) 빠르게 그리고 효과적으로 작동하는: 효율적인

3. (1) 우리 부서는 주로 수출과 수입을 다룬다.
(2) 마을은 주민과의 어떠한 상의도 없이 그 공원을 폐쇄하기로 결정했다.
(3) 우리는 양쯔강을 따라 1주일간의 유람선 여행을 갔다.
(4) 간호진들은 기술을 최신의 것으로 만들기 위해 매년 훈련 과정에 보내진다.

Vocabulary in Context

정답 | **1.** (1) unnecessary (2) application
2. (1) (a)rtificial (2) (c)onsumption

해석 및 해설 |

1. (1) 훌륭한 대중교통 시스템이 있는 이 도시에서 차를 소유하는 것은 불필요하다.
necessary: 필요한   unnecessary: 불필요한
(2) 당신은 이번 달 말 전에 지원서를 제출할 필요가 있습니다.
application: 지원서   applicant: 지원자

2. (1) 그 주방장은 항상 인공 바닐라 향료 대신 바닐라 열매로 만들어진 진짜 바닐라를 사용했다. (천연의)
(2) 우리는 대기 오염을 막기 위해 연료 소비를 줄일 필요가 있다. (보존)

02 주제 추론

READY | 내신 잡기

소재 | 성장을 자극하는 아기 마사지

해석 | 신생아의 건강을 측정할 때, 의사들이 찾는 첫 번째 징후 중 하나는 체중 증가이다. 만약 여러분의 아기가 얼마나 빨리 체중을 늘릴 수 있는지로 의사에게 감명을 주고 싶으면, 5분에서 15분간의 마사지를 여러분의 일과에 포함하라. 마사지는 아기를 편하게 하고 소화를 도와서, 음식이 더 잘 흡수된다. 흡수가 더 잘되면 아기가 체중이 증가할 가능성은 평균 이상이 된다. 게다가, 마사지는 성장 강화 호르몬을 자극한다. 왜 동물들이 태어난 직후 새끼를 핥는지를 궁금하게 여긴 적이 있는가? 접촉하는 것은 성장을 자극하는 자연의 방식이다. 여러분의 개가 여러분을 핥기 시작하여 멈추지 않으려 할 때마다 다음을 기억하라. 여러분의 애완견은 직관에 반응하고 있을 뿐이다. 아마도 그 애완견은 여러분이 몇 파운드 체중을 늘릴 수 있을 것 같다고 생각할지 모른다!

해설 | 마사지는 아기를 편하게 하고 소화를 돕고, 이것이 아기의 체중을 늘리며, 성장 강화 호르몬을 자극한다는 내용의 글이므로, 글의 주제는 '마사지가 아기의 체중과 성장에 미치는 영향'이다.

정답 | **1.** food, is, absorbed, have[get]
2. (t)ouch, (s)timulating, (g)rowth

1. Better absorption gives your baby a better than average chance of gaining weight.은 '음식 흡수가 더 잘되면 아기는 체중을 늘리는 평균 이상의 가능성을 갖게 된다.'의 의미로 볼 수 있다.

2. Touch is nature's way of stimulating growth.와 Your pet is just responding to his intuition.으로 보아 개가 여러분을 핥는 것(여러분과 접촉하는 것)은 성장을 자극하는 자연의 방식을 적용하는 것으로 이해할 수 있다.

구문 |

Massage **relaxes** your baby and **aids** in digestion, so food **is** better **absorbed**.

➡ relaxes ~와 aids ~가 병렬로 연결되어 있으며, food가 동사 absorb의 대상이므로 수동태로 표현했다.

Maybe he thinks [you could **stand to gain** a few pounds]!

➡ [ ]는 동사 thinks의 목적어 역할을 하는 명사절이고, 〈stand+to부정사〉는 '~할 것 같다'의 의미이다.

어휘 |

• gauge 측정하다, 재다
• incorporate 포함하다, 통합하다
• relax 편하게 하다, 긴장을 풀다
• absorb 흡수하다
• stimulate 자극하다, 활발하게 하다
• growth-enhancing 성장을 강화하는
• lick 핥다
• impress 감명을 주다, 인상지우다
• daily routine 일과
• digestion 소화
• absorption 흡수
• intuition 직관, 직감

GET SET | 수능 感 잡기   본문 13쪽

정답 | ⑤

소재 | 자신을 보여주는 방법 개발

해석 | 이 세상에서 똑똑하거나 능력이 있는 것만으로는 충분하지 않다. 사람들은 때때로 재능을 보고도, 그것을 알아차리지 못한다. 그들의 시야(그들이 보는 것)는 우리가 주는 첫인상에 의해 가려지고 그리고 그것은 우리가 원하는 일 또는 우리가 원하는 관계를 잃게 할 수 있다. 우리가 우리 스스로를 보여주는 방식은, 만약 우리가 그러한 보여주기를 적극적으로 개발한다면, 우리가 기여할 기술들에 대해 더 설득력 있게 말해줄 수 있다. 어느 누구도 다른 사람들에게 자신이 누구인지를 보여줄 기회를 제공받기 전에 목록에서 지워지는 것을 좋아하지 않는다. 여러분이 다른 사람을 만나는 그 순간부터 여러분의 이야기를 말할 수 있는 것은 여러분이 고려되어야 할 중요한 사람이고 그 자리에 적합한 사람이라는 메시지를

전달하기 위해서 적극적으로 개발되어야만 하는 기술이다. 그러한 이유로, 우리 모두는 올바른 방식으로 적절한 것들을 말하는 방법과 다른 사람에게 매력적인 방식으로 우리 자신을 보여주는 방법, 즉 훌륭한 첫인상을 만드는 방법을 배우는 것이 중요하다.

해설 | 똑똑하거나 능력이 있는 것만으로 충분하지 않기에, 우리는 우리 스스로를 보여주는 방식을 적극적으로 개발할 필요성이 있다는 내용의 글이므로, 글의 주제로 가장 적절한 것은 ⑤ '스스로를 보여주는 방식을 개발할 필요성'이다.

① 대중 앞에 모습을 나타내는 것의 어려움
② 첫인상에 근거하여 다른 사람들을 평가하는 것의 위험성
③ 좋은 인상을 주지 못하게 하는 요인들
④ 발표 능력을 향상시키는 데 도움이 되는 전략들

구문 |

[Being able to tell your story from the moment {you meet other people}] is a skill [that must be actively cultivated, in order to send the message {that you're someone to be considered and the right person for the position}].

➡ 첫 번째 [ ]는 문장의 주어를 나타내는 동명사구이고, 그 안의 { }는 the moment를 수식하는 관계절이다. 두 번째 [ ]는 a skill을 수식하는 관계절이고, 그 안의 { }는 the message와 동격을 이루는 명사절이다.

For that reason, **it**'s important [that we all learn {how **to say** the appropriate things in the right way and **to present** ourselves in a way **that appeals to other people**—tailoring a great first impression}].

➡ it은 형식상의 주어이고 [ ]가 내용상의 주어이다. { }는 〈의문사+to부정사구〉의 구문으로 learn의 목적어 역할을 한다. to say ~와 to present는 how에 병렬로 연결되어 있고, that ~ people과 tailoring ~ impression은 앞의 a way를 수식한다.

GO | 수능 내신 둘 多 잡기   본문 14~17쪽

| 01 | ⑤ | 02 | ① | 03 | ① | 04 | ③ |

01

정답 | ⑤

소재 | 법의 확장

해석 | 낯선 사람들 사이의 접촉이 흔할 때, 개인으로서의 그들의 독특한 관계가 아니라, '모든 것은 법아래 평등하다.'라는 일반적인 원칙에 근거하여 어떤 종류의 통치가 필요하다. 명시적인 규약 형태의 법은 문명화되기 이전의 부족들에서는 절대 발견되지 않으며, 필요하지도 않다. 현대 사회가 점점 더 익명화되고, 우리가 낯선 사람들에게 점점 더 많은 생활 직무를 수행하도록 돈을 지불함에 따라, 법이 미치는 범위가 삶의 모든

구석으로 점점 더 확장되는 것은 우연이 아니다. 한 세대 전에 비공식적으로 해결된 분쟁은 오늘날 서면 규칙에 따라 일상적으로 관리되고 있다. 사실, 어떤 종류의 공식적인 기준이 없다면 우리는 불안하게 느낄 것인데, 왜냐하면 우리는 낯선 사람에 완전히 휘둘릴 것이기 때문이다. 이러한 경향은 농업과 함께 시작된 소외와 비인격화의 필연적인 결과이다.

해설 | 문명화되기 이전의 부족에서는 명시적인 법이 존재하지 않았지만, 사회가 더 익명화됨에 따라서 분쟁은 서면 규칙에 따라 관리되고 낯선 사람에 완전히 휘둘리지 않도록 법의 적용이 확장된다는 내용의 글이므로, 글의 주제로 가장 적절한 것은 ⑤ '확장된 법 적용의 배경'이다.
① 법 집행의 독립성
② 법의 본질에 관한 일반적인 질문
③ 특정한 사실에 법을 적용하는 것
④ 법의 형성과 법 제정의 과정

◉ Check

정답 | **1.** and, pre-civilized, peoples, either **2.** 어떤 종류의 공식적인 기준이 없다면 우리는 불안하게 느낄 것인데, 왜냐하면 우리는 낯선 사람에 완전히 휘둘릴 것이기 때문이다.

해설 |

1. 〈nor+be동사+주어〉 구문은 〈and+주어+be동사+not ~, either〉로 바꿀 수 있다. they는 주절의 laws in the form of explicit codes를 가리키고 necessary 다음에 생략된 것은 for pre-civilized peoples로 볼 수 있다.

2. This trend는 앞 문장을 가리키므로, 이 문장을 해석하면 된다.

구문 |

It is no accident [that {as modern society grows increasingly anonymous}, and {as we pay strangers to perform more and more life functions}, the reach of the law extends further and further into every corner of life].
➡ It은 형식상의 주어이고, [ ]가 내용상의 주어이다. 내용상의 주어 안에 두 개의 { }는 부사절이다.

Indeed, [without some kind of formal standard we would feel insecure, {for we would literally be at the mercy of strangers}].
➡ [ ]는 〈without ~, 주어+would+동사원형〉의 가정법 구문으로, without은 '~이 없다면'으로 해석한다. { }는 이유나 근거의 의미를 나타내는 접속사 for가 이끄는 절이다.

02
정답 | ①

소재 | 용서의 특징

해석 | 어린아이들은 자기중심적이고, 비현실적이며, 감정에 지배를 받는 논리를 사용하기 때문에 꽤 용서를 잘 안 할 수 있다. 똑같은 것이 청소년에게 적용될 수 있다. 처음으로 그들은 성인의 세계가 복잡하고, 불완전하며, 때때로 불공정하지만, 그래도 자기들이 살아야 할 세계라는 것을 알기 시작한다. 이것이 대체로 이런 어린 시절의 높아진 수위의 분노를 설명한다(어린 시절에 잘 분노하는 이유가 이 때문이다). 여러분이 나이가 들어감에 따라서, 용서는 선택에 가깝다. 아이의 논리는 더는 효과를 발하지 못한다. 여러분은 자신과 동료 인간에 대한 더 균형 잡힌, 현실적인 견해를 가진다. 여러분은 우리가 모두 허약한 동물이라는 사실을 더욱 더 인정하고 받아들이게 된다. 우리가 인생을 살아갈 때 의도적이든 아니든 서로에게 마음의 상처를 준다. 아마도 용서하는 능력은 나이가 준 진정한 선물일 것이다.

해설 | 어렸을 때는 자기중심적이고, 비현실적이며, 감정의 지배를 받는 논리를 사용하기 때문에 용서하는 경우가 드물지만, 나이가 들어감에 따라서 균형 잡힌, 현실적인 견해를 갖게 되어 용서하게 된다는 내용의 글이다. 따라서 글의 주제로 가장 적절한 것은 ① '성숙과 함께 오는 용서'이다.
② 용서를 구하고 용서하는 방법
③ 분노에서 용서로 이동하는 방법
④ 분노를 건설적으로 표현하는 단계
⑤ 용서가 정신 건강에 미치는 영향

◉ Check

정답 | **1.** 청소년들도 자기중심적이고, 비현실적이며, 감정에 지배를 받는 논리를 사용하기 때문에 꽤 용서를 잘 안 할 수 있다.
2. whether, intentionally

해설 |

1. 앞 문장(Young children can be quite unforgiving because they deal in logic that is self-centered, unrealistic, and dominated by emotion.)의 내용이 청소년의 경우에도 적용될 수 있다는 내용이다.

2. intentionally or not은 '의도적이든 아니든'의 의미이므로 whether we do it intentionally or not과 같은 표현이다.

구문 |

Young children can be quite unforgiving [because they deal in logic {that is self-centered, unrealistic, and dominated by emotion}].
➡ [ ]는 이유의 부사절이고, { }는 앞의 logic을 수식하는 관계절이다.

For the first time they begin to see [that the adult

world is complex, imperfect, and at times unfair —
but still a world {in which they have to live}].

➡ For the first time은 '처음으로'라는 의미의 부사구이고,
[ ]는 see의 목적어 역할을 하는 명사절이고, a world in
which they have to live는 the adult world is에 이어지
는 내용이다. { }는 앞의 a world를 수식하는 관계절이다.

03   정답 | ①

소재 | 층계의 불편함

해석 | 만약 전화가 인접한 방에서 울리면, 우리는 바로 일어나서 받는다.
하지만 전화가 다른 층에서 울리면, 다른 누군가가 전화를 받을 것인지를
묻기 위해 소리친다. 층계를 오르내리는 것은 새로운 움직임, 더 많은 근
력을 필요로 하고, 걷는 리듬이 오르는 리듬으로 바뀌어야 한다. 이런 요
소들 때문에 (층계로) 오르내리는 것이 같은 평면에서 이동하거나 그 대
신에 기계로 위아래로 운송되는 것보다 더 어렵게 된다. 지하철역에서,
공항과 백화점에서, 사람들은 에스컬레이터를 타기 위해서 줄을 서는 반
면에, 그것들 옆에 있는 계단은 거의 비어 있다. 몇 개의 층으로 지어진
쇼핑몰과 백화점은 사람들을 층마다 이동시키는 것을 에스컬레이터와 승
강기에 의존한다. 만약 그 운송 수단이 고장 나면, 사람들은 집으로 가버
린다!

해설 | 층계를 오르내리는 것은 더 많은 근력을 필요로 하고 평
면에서 이동하는 것보다 더 어려우므로 에스컬레이터와 승강
기를 이용하는 사람들은 그 운송 수단이 고장 나면 집으로 간
다는 내용의 글이다. 따라서 글의 주제로 가장 적절한 것은 ①
'층계를 피하는 이유'이다.
② 건물에서 층계의 필요성
③ 계단의 장단점
④ 걷기를 위한 새로운 층계에 대한 수요
⑤ 현대 사회에서 계단의 특징

✔ Check

정답 | 1. 층계를 오르내리는 것은 새로운 움직임, 더 많은 근력을
필요로 하고, 걷는 리듬이 오르는 리듬으로 바뀌는 것 **2.** ③

해설 |

1. These factors는 앞 문장 Going up and down stairs
   and steps ~ changed to climbing rhythm.을 가리킨
   다.
2. (A) 주어가 동명사구 Going up and down stairs and
   steps이므로 단수 동사 requires가 적절하다.
   (B) to go up and down이 내용상의 목적어이므로 형식
   상의 목적어가 필요하다.
   (C) 주어가 built in several stories의 수식을 받는
   Shopping malls and department stores이므로 복수
   동사인 rely가 적절하다.

구문 |

However, [if the telephone rings on another floor],
we shout **to ask** [if someone else will answer it].

➡ 첫 번째 [ ]는 조건을 나타내는 부사절이고, 두 번째 [ ]
는 ask의 목적어 역할을 하는 명사절이다. to ask ~는 부사
적 용법 중 목적의 의미를 나타내는 to부정사구이다.

At metro stations, in airports and department stores,
people stand in line **to take the escalator**, **while**
staircases next to them are almost empty.

➡ to take the escalator는 부사적 용법 중 목적의 의미를
나타내는 to부정사구이다. while은 '반면에'라는 의미의 접속
사이다.

04   정답 | ③

소재 | 여가시간을 희생하는 여성

해석 | 가족의 책무에 바쳐지는 시간은 여성의 여가 기회에 영향을 미친
다. 아이들과 나이든 친족들을 보살피는 것은 주로 여성에 의해 수행되는
가족 책무이다. 예를 들어, 여성의 첫 자녀 출생은 여성의 여가에 극적인
영향을 미친다. 흔히 여성은 가족의 일과 임무를 중심으로 자기들의 여가
를 계획하는 반면에 남성은 가족이 자기들의 여가를 방해하는 것을 훨씬
덜 허용하는 경향이 있다. 결과적으로 여성 자신의 여가 경험은 제약을
받을 수 있다. 연구조사들은 여성은 자기들 자신의 여가 열망과 흥미를
희생하여 가족의 여가 활동이 가족에게 긍정적인 경험이 되는 것을 보장
하도록 많은 시간과 노력을 투입한다는 것을 실증해왔다. 그리하여 이런
가족의 여가 활동은 여가처럼 보일 수는 있지만, 여성은 이를 무보수 업
무로 느낄 수도 있다.

해설 | 가족의 일과 임무를 수행해야 하는 여성은 자신의 여가
활동을 제한하고, 가족의 여가 활동이 긍정적인 경험이 되도
록 많은 시간과 노력을 투자한다는 내용의 글이다. 따라서 글
의 주제로 가장 적절한 것은 ③ '가족의 일과 임무에 의해 제
한되는 여성의 여가'이다.
① 여가에 대한 여성의 커져가는 열망
② 여성의 여가 활동의 경제적 분석
④ 기혼 여성을 위한 여가 활동의 특징
⑤ 여성을 위한 더 많은 여가 기회를 위한 새로운 프로그램

✔ Check

정답 | 1. that **2.** ③

해설 |

1. 첫 번째 빈칸과 두 번째 빈칸 둘 다 뒤에 완전한 절이 이어
   지고 있으므로, 각각 동사 have documented와 동명사
   guaranteeing의 목적어 역할을 하는 명사절을 이끄는
   that이 필요하다.

2. (A) 여성이 가족의 일과 임무로 여가를 방해받고 있다는 앞의 내용으로 보아, interfere가 적절하다. interact는 '상호 작용하다'의 의미이다.

(B) 여성이 가족의 일과 임무를 해야 하는 것이 여성의 여가 활동을 제한할 수 있으므로, constrained가 적절하다. extend는 '연장하다, 늘리다'의 의미이다.

(C) 여성이 가족의 여가 활동을 위해 많은 시간과 노력을 투입하는 것은 보수를 받지 않는 일이므로, unpaid가 적절하다. paid는 '유급의'의 의미이다.

구문 |

Often women will organize their leisure **around** their family tasks and duties, while men **are much less likely to allow** family **to interfere** with their leisure.

➡ around는 '~을 중심으로'의 의미이며, 〈be likely to부정사구〉는 '~하는 경향이 있다, ~할 가능성이 있다'의 의미이다. much는 비교급을 강조하는 부사이며, allow는 목적격 보어로 to부정사구를 취한다.

Therefore these family leisure activities may **appear to be** leisure but may be experienced as unpaid work by women.

➡ 〈appear to be ~〉는 '~인 것처럼 보이다, ~인 것 같다'의 의미이며, 때때로 to be가 생략되는 경우도 있다.

PLUS 어법 잡기
본문 18쪽

Grammar Review

정답 | **1.** ④ which → that **2.** (A) to move (B) be transported
3. devoted **4.** how fast your little one can gain weight

해설 |

1. 뒤에 이어지는 절이 완전하므로 관계대명사 which를 앞의 the fact를 부연 설명하며 동격의 명사절을 이끄는 접속사 that으로 고쳐 써야 한다.

2. (A) 비교 대상을 연결하는 than을 사이에 두고 앞의 to go ~ down과 병렬을 이루고 있으므로 to move가 알맞다.

(B) 명시되지 않은 to부정사(to transport) 의미상의 주어인 일반인(we/you)이 transport의 동작을 행하는 것이 아니라 그 동작을 당하는 대상이므로 be transported가 알맞다.

3. 문장의 동사가 influences이므로 앞의 Time을 수식하는 형용사구가 필요하다. 따라서 devote를 devoted로 고쳐 써야 한다.

---

4. 전치사 with의 목적어 역할을 하는 명사절이 되어야 하므로, 간접의문문의 어순(의문사+주어+동사)을 따라야 한다. 그러므로 먼저 how fast, 그 다음에 주어(your little one), 동사(can gain), 그리고 목적어(weight)의 순으로 배열해야 한다.

PLUS 어휘 잡기
본문 19쪽

Vocabulary Review

정답 | **1.** (1) digestion (2) frail (3) interfere (4) guarantee
2. (1) neighboring (2) adolescent (3) administer
(4) cultivate
3. (1) intuition (2) task (3) gauge (4) devoted

해석 및 해설 |

2. (1) 서로에게 가깝거나 이웃한: 인접한
(2) 성인으로 변화 중인 젊은이: 청소년
(3) 회사, 단체, 혹은 기관을 관리하는 책임이 있다: 관리하다
(4) 태도, 능력, 또는 기술 같은 어떤 것을 개발하다: 개발[계발]하다

3. (1) Cathy는 Daniel이 자기에게 진실을 말하고 있었다는 것을 직관으로 알았다.
(2) 그런 역할들을 맡아 할 자격 있는 사람들을 찾는 것은 진짜 일이었다.
(3) 바람의 강도를 측정할 수 있다는 것은 안전에 중요하다.
(4) 평생이 창작 과정에 바쳐졌기 때문에 나는 Picasso를 존경한다.

Vocabulary in Context

정답 | **1.** (1) dominate (2) devoted
2. (1) (f)rail (2) (a)cknowledged, (a)ccepted, 또는 (a)dmitted

해석 및 해설 |

1. (1) 그 사람은 더 많이 말하고 그 대화를 지배하기 시작했다.
avoid: 피하다   dominate: 지배하다
(2) 그녀는 환자들을 돌보는 데 헌신적이어서 그들은 그녀를 매우 좋아했다.
devoted: 헌신적인, 바치는   indifferent: 무관심한

2. (1) 암 치료를 받은 아이들은 매우 허약해 보였다. (튼튼한)
(2) 관리자들은 그 프로젝트에 문제가 있다는 것을 인정했다. (부인했다)

03 요지 추론

소재 | 다양한 종류의 음식과 과식

해석 | 파티나, 아마도 여러분이 방문해 보았던 호텔의 뷔페 테이블을 생각해 보라. 여러분은 다양한 음식이 담긴 여러 접시들을 본다. 여러분은 이러한 음식 중 많은 것을 집에서는 먹지 않기에 그것들을 모두 먹어 보기를 원한다. 그러나 그것들을 모두 먹어 보는 것은 여러분의 평상시 식사량보다 더 많이 먹는 것을 의미할 수 있다. 다양한 종류의 음식을 맛볼 수 있다는 것은 체중이 느는 한 가지 요인이다. 과학자들은 쥐를 통한 연구에서 이러한 행동을 봐 왔는데, 보통 한 종류의 음식을 먹을 때 한결같은 체중을 유지하는 쥐들이 초콜릿 바, 크래커, 감자 칩과 같은 다양한 열량이 높은 음식이 주어졌을 때 대단히 많은 양을 먹고 뚱뚱해진다. 인간도 마찬가지이다. 우리는 단지 한두 가지 음식을 먹을 수 있을 때보다 다양한 맛있는 음식을 먹을 수 있을 때 훨씬 더 많이 먹는다.

해설 | 파티나 호텔 뷔페의 테이블에는 보통 집에서는 먹을 수 없는 다양한 종류의 음식이 있어서 그것들을 모두 먹어 보는데, 이것이 과식을 야기하게 된다는 내용의 글이므로, 글의 요지는 '먹을 수 있는 음식의 종류가 많을 때 과식을 하게 된다.'이다.

구문 |

Rats [that normally maintain a steady body weight **when eating** one type of food] **eat** huge amounts and **become** obese [when they are presented with a variety of high-calorie foods, such as chocolate bars, crackers, and potato chips].

➡ 첫 번째 [ ]는 Rats를 수식하는 관계절이고, when eating은 when they eat로 바꿔 쓸 수 있다. eat ~와 become ~이 and에 의해 병렬로 연결되어 있으며, 두 번째 [ ]는 시간의 부사절이다.

✓Check

정답 | 1. variety, overeating **2.** availability

해설 |

1. 한두 가지 음식이 있을 때보다 다양한 음식이 있을 때 훨씬 더 많이 먹게 된다는 내용의 글이므로, 글의 주제는 '과식을 야기하는 음식 다양성'이다.
2. 파티나 호텔의 뷔페 테이블에는 다양한 음식이 있어서 이것을 이용할[먹을] 수 있으므로, 빈칸에는 본문에 제시된 available의 명사형 'availability(이용 가능성)'를 써야 한다.

어휘 |

• platter 큰 접시　　　　　• usual 평상시의, 보통의

• meal 식사, 끼니　　　　　• factor 요인
• gain weight 체중이 늘다　• normally 보통, 평소에
• maintain 유지하다　　　　• steady 한결같은, 꾸준한
• huge 아주 많은, 막대한　　• obese 뚱뚱한, 살찐
• a variety of 다양한　　　　• high-calorie 열량이 많은
• be true of ~도 마찬가지이다

정답 | ①

소재 | 성공을 보장하는 소셜 미디어에서의 인기

해석 | 만약 여러분이 전문가라면, 여러분의 소셜 미디어 계정 상에 많은 팔로워 수를 갖는 것은 여러분이 실생활에서 하고 있는 모든 일을 향상시킨다. 한 가지 좋은 예는 코미디언이다. 그녀는 매일 여러 시간을 그녀의 기술을 연마하는 데 보내지만, 그녀의 Instagram 팔로잉에 대해 계속해서 질문을 받는다. 이는 기업들이 항상 그들의 상품을 홍보할 더 쉽고 더 값싼 방법들을 찾고 있기 때문이다. 10만 명의 팔로워를 가진 코미디언은 그녀의 다가오는 쇼를 홍보할 수 있고, 사람들이 그녀를 보러 오기 위해 티켓을 구매할 가능성을 높일 수 있다. 이것은 코미디 클럽이 쇼를 홍보하는 데 써야 하는 비용을 줄여주고 기획자가 다른 코미디언보다 그녀를 선택할 가능성을 더 높여준다. 많은 사람들이 팔로워 수가 능력보다 더 중요한 것처럼 보이는 것에 언짢아하지만, 그것은 정말로 전력을 다하고 있는가에 관한 것이다. 오늘날의 쇼 비즈니스에서 비즈니스 부분은 온라인상에서 일어난다. 여러분은 적응할 필요가 있는데, 왜냐하면 적응하지 못하는 사람들은 크게 성공하지 못할 것이기 때문이다.

해설 | 소셜 미디어 계정상의 많은 팔로워 수가 쇼를 홍보하고 티켓을 판매할 가능성을 높여주므로, 이런 비즈니스 부분에 적응을 해야 성공할 수 있다는 내용의 글이므로, 글의 요지로 가장 적절한 것은 ①이다.

구문 |

A comedian with 100,000 followers can [promote her upcoming show] and [increase the chances {that people will buy tickets to come see her}].

➡ 두 개의 [ ]는 조동사 can에 병렬로 연결되어 있고, { }는 the chances와 동격을 이룬다.

This [reduces the amount of money {the comedy club has to spend on promoting the show}] and [makes the management more likely to choose her over another comedian].

➡ 첫 번째 [ ]와 두 번째 [ ]는 주어인 This에 공통으로 이어진다. { }는 money를 수식하는 관계절로서 the comedy club 앞에 목적격 관계대명사 that이나 which가 생략되어 있다. 두 번째 [ ]에는 〈make+목적어+목적격 보어〉의 구문이 쓰였는데, 목적어는 the management이고, 목적격 보어는 more likely ~ comedian이다.

01
정답 | ②

소재 | 휴식시간의 필요성

해석 | 공부하는 방법이 책상에 앉아서 가능한 한 오래 책과 노트에 전력을 기울이는 것이라고 많은 학생들은 생각한다. 틀렸다. 여러분의 뇌는 그것을 좋아하지 않는다. 여러분의 뇌가 끝이 없이 일하도록 압박하는 것은 처음 한 시간 뒤에는 스트레스를 쌓이게 한다. 그것의 효율성은 떨어지게 될 것이며, 여러분은 피로해지기 시작할 것이다. 효과적인 인지 작용에 대한 연구는 이십 분에서 사십 분의 최적의 집중적 공부 시간이 정보를 이해하고 기억해 두기 위한 이상적인 시간 분량임을 보여준다. 그러므로 휴식을 취하는 것은 실제로 여러분의 수행에 도움이 된다. 여러분이 계획된 때때로의 휴식을 취하지 않는다면, 여러분의 교감신경계는 여러분을 극도의 피로 상태로 밀어 넣게 된다. 쉬지 않고 두세 시간을 공부하는 것은 역효과를 내며 그것은 그 사람이 이용 가능한 에너지의 만성적 고갈로 바뀔 수 있다.

해설 | 휴식시간 없이 계속 공부하는 것은 효율적이지 않으며 중간에 규칙적인 휴식시간이 필요하다는 내용이므로, 글의 요지로 가장 적절한 것은 ②이다.

✔**Check**

정답 | **1.** sit in a chair and bear down on   **2.** (b) your brain (c) studying for two to three hours nonstop

해설 |

1. as long as they can 다음에 앞에 나온 표현인 sit in a chair and bear down on their books and notes가 생략되어 있는 것으로 볼 수 있다.

2. 문맥상 (b)의 Its는 앞에 나온 your brain's를 가리키며, (c)의 it은 studying for two to three hours nonstop을 가리킨다.

구문 |

The research on effective cognitive functioning shows [that {optimal study **spurts** of twenty to forty minutes} **are** the ideal amount of time for understanding and retaining information].

➡ [ ]는 명사절로 동사 shows의 목적어 역할을 하고 있으며, that절 내에서 { }가 주어이고 are가 동사이다. 주어의 핵이 복수인 spurts이므로 복수 동사(are)가 사용되었다.

02
정답 | ④

소재 | 아이들끼리의 갈등 해소

해석 | 때때로, 한 유아가 다른 유아의 영역을 침범하여, 짧지만 심한 의지의 충돌을 일으키곤 한다. 이러한 종류의 다툼은 기질의 유사성에 따라 둘씩 묶어 줌으로써 좀 더 용이하게 처리될 수 있다. 예를 들어 비교적 수동적이고 느긋한 둘은 갈등 없이 오랜 시간 동안 서로의 곁에서 놀 수 있다. 반면에 능동적이고 자기주장이 강한 둘의 집단은 특히 처음에는 충돌하지만, 거의 그들 스스로 상황을 해결하도록 놔두면 금방 긴장 완화 상태에 이르게 된다. 이 경우에, 감독하는 어른의 역할은 신체적 해를 막는 것이지 '서열'을 결정하는 것이 아니다. 하지만 수동적인 유아가 능동적이고 공격적인 유아와 섞이게 될 때는 진짜 어려움을 겪게 될 것이다. 자기주장이 더 강한 유아가 이점을 인식하고는 그 이점을 차지해 버릴 것이다.

해설 | 유아들끼리의 갈등을 피하기 위해서는 기질이 비슷한 유아들끼리 묶어서 어울리도록 하는 것이 좋다는 내용의 글이므로, 필자의 주장으로 가장 적절한 것은 ④이다.

✔**Check**

정답 | **1.** 한 유아가 다른 유아의 영역을 침범하여, 짧지만 심한 의지의 충돌을 일으키는 것   **2.** ②

해설 |

1. Battles of this sort는 문맥상 바로 앞 문장의 내용을 가리킨다.

2. 앞의 내용과는 달리 능동적이고 자기주장이 강한 아이들의 경우를 설명하고 있으므로, 빈칸에 들어갈 말로 가장 적절한 것은 ② 'On the other hand(반면에)'이다.

구문 |

Occasionally, one toddler will raid another's territory, [provoking a brief, but intense, clash of wills].

➡ [ ]는 one toddler의 부수적인 동작을 나타내는 분사구이다.

03
정답 | ⑤

소재 | 스트레스와 유혹에 빠질 가능성

해석 | 아이들을 대상으로 한 마시멜로 연구에 관한 많은 변형(연구)이 수년 동안 행해졌다. 단언코 가장 흥미로운 연구 결과는 개인이 받고 있는 스트레스를 증가시킴으로써 개인의 수행을 조작할 수 있다는 것이다. 온갖 종류의 스트레스 요인이 연구되었다. 예를 들어, 실험 대상자들은 괴로움을 주는 것을 생각하거나 응시하도록 요청받을 수도 있었다. 과제를 행하는 동안 그들은 시끄러운 소음이나 강한 냄새를 접할 수도 있었다. 실험실이 일부러 너무 뜨겁거나, 춥거나, 혼잡하게 설정될 수도 있었다. 연구는 감정적인, 신체적인, 심리적인 스트레스가 더 많을수록, 우리가 만족감을 미루기가 더 어렵다는 것을 보여준다. 그것은 충동을 억제하는 아이의 능력은 무엇보다 먼저 너무 많은 스트레스의 결과와 그것이 에너지 비축량에 미치는 영향과 같은 각성의 문제라는 것을 우리에게 말해준다. 여러분이 스트레스를 받거나 몹시 지쳐있을 때 명확하게 생각하는 것이 얼마나 어려울까? 여러분이 차분하게 느끼고 있을 때 유혹에 저항하는 것이 얼마나 더 쉬운지 주목해보라.

해설 | 아이들이 스트레스가 많을수록 마시멜로를 먹는 유혹을

정답과 해설

이겨내기 어렵다는 내용이므로, 글의 요지로 가장 적절한 것은 ⑤이다.

✔Check

정답 | 1. (a) individuals (b) subjects 2. temptation

해설 |

1. 밑줄 친 (a)와 (b)는 각각 앞에 나온 명사인 individuals(개인)와 subjects(실험 대상자)를 가리킨다.

2. '그렇게 해서는 안 된다는 것을 알고 있지만 무엇인가를 갖고 싶거나 하고 싶은 강한 욕구'에 해당되는 어휘는 temptation(유혹)이다.

구문 |

By far the most interesting finding is [that individuals' performance can be manipulated {by increasing the stress they're under}].

➡ [ ]는 명사절로 보어 역할을 하며, { }는 〈전치사(by) + 동명사(increasing)〉가 이끄는 부사구이다.

Studies show [that **the greater** the emotional, physical, or psychological stress is, **the harder** it is for us to delay gratification].

➡ [ ]는 show의 목적어 역할을 하는 명사절이며, 그 안에 '~하면 할수록 더 …하다'의 의미를 나타내는 〈the + 비교급, the + 비교급〉 구문이 쓰였다.

04
정답 | ④

소재 | 스스로에 대한 칭찬

해석 | 거의 모든 사람이 다른 사람에게 격려받기를 매우 좋아한다. 그것은 기분이 좋다. 하지만 그러한 일이 일어나지 않는다고 해서, 그로 인해 낙심하거나 여러분의 태도에 악영향을 끼치게 하지 마라. 다른 사람의 칭찬은 결코 확실히 보장된 것이 아니며, 그것을 여러분의 행복의 조건으로 삼는 것은 정말 좋지 못한 생각이다. 여러분이 할 수 있는 것은 자신을 칭찬하며 격려하는 것이다. 스스로의 칭찬에 대해 거짓이 없고 솔직하라. 만약 여러분이 잘 하고 있다면, 그렇게 말하라. 여러분이 오랜 시간 일하고 있다면, 스스로에게 치하를 보내라. 여러분이 심지어 단 한 사람을 위해서라도 더 나은 삶을 만들고 있거나 사회에 어떠한 종류의 기여를 하고 있다면, 세상은 여러분으로 인해 더 나은 곳인 것이다. 여러분은 인정받을 자격이 있다. 여러분이 실제로 그렇게 하기 위한 시간을 내려 한다면, 여러분은 이 연습이 노력할 가치가 충분히 있다는 것을 알게 되리라 생각한다.

해설 | 다른 사람의 칭찬은 확실한 것이 아니므로 그것을 기대하지 말고 스스로에 대해 있는 그대로 칭찬하고 격려하라는 내용이므로, 필자의 주장으로 가장 적절한 것은 ④이다.

✔Check

정답 | 1. Praise from others 2. (c)ontribution

해설 |

1. 대명사 it은 앞에 나온 어구 Praise from others(다른 사람의 칭찬)를 가리킨다.

2. '무엇인가가 성공하도록 돕기 위해 여러분이 주거나 행하는 것'에 해당하는 어휘는 contribution(공헌, 기여)이다.

구문 |

Praise from others is never a certainty, and [making it a condition of your happiness] is a really bad idea.

➡ [ ]는 동명사구로 and에 이어지는 절의 주어이다.

PLUS 어법 道 잡기
본문 26쪽

Grammar Review

정답 | 1. ③ is → are 2. (A) will arrive (B) allowed 3. (A) interesting (B) increasing 4. Almost everyone loves to be patted

해설 |

1. that절의 주어의 핵이 복수 명사인 spurts이므로 ③의 is를 are로 고쳐 써야 한다.

2. (A) will clash와 병렬구조를 이루는 will arrive가 와야 한다.
   (B) if 다음에 they are가 생략된 형태이므로 allowed가 적절하다.

3. (A)에는 명사 finding을 수식하는 현재분사가 필요하므로 interesting이 와야 하며, (B)에는 전치사 by의 목적어 역할을 하는 동명사구를 이끄는 increasing이 와야 적절하다.

4. 문맥상 수동의 의미가 되어야 하므로 Almost everyone loves to be patted의 순서가 적절하다.

PLUS 어휘 道 잡기
본문 27쪽

Vocabulary Review

정답 | 1. (1) tire (2) easygoing (3) countless (4) certainty 2. (1) optimal (2) compliment (3) territory (4) chronic 3. (1) efficiency (2) burnout (3) exhausted (4) recognition

해석 및 해설 |

2. (1) 가장 바람직하거나 만족스러운: 최적의
(2) 누군가를 칭찬하기 위해 말하는 기분 좋은 것: 칭찬
(3) 특정한 나라, 지도자 또는 군대에 의해 통제되는 땅의 영역: 영토
(4) 오랫동안 지속되는 또는 계속 발생되는: 만성적인

3. (1) 우리는 피로가 효율성을 낮춘다는 것을 알게 될 것이다.
(2) 극도의 피로를 피하도록 가끔씩 쉬어 주어야 합니다.
(3) Richard는 지난밤에 너무나 지쳐서 자신의 책상에서 잠들어 버렸다.
(4) 그녀는 기자로서 인정을 받기 시작했다.

Vocabulary in Context

정답 | **1.** (1) retain (2) provoke
2. (1) (e)xpose (2) (s)imilarity

해석 및 해설 |

1. (1) 그 팀은 리그에서 자기네 최고 위치를 유지하려고 애쓰고 있다.
abandon: 버리다　retain: 유지하다
(2) 난 그것에 대해 감사함을 느끼고 그녀를 화나게 할 의도는 없다.
praise: 칭찬하다　provoke: 화나게 하다

2. (1) 손상을 피하기 위해서는 이 기기를 직사광선에 노출시키지 마라. (숨기다)
(2) 두 개의 보고서 사이의 유사성은 한 사람이 둘 다 썼음을 보여준다. (차이)

04 제목 추론

READY | 내신 感 잡기　　　본문 28쪽

소재 | Freud의 애완견

해석 | 1930년대에 '정신분석학의 창시자'인 Sigmund Freud의 연구가 널리 알려지고 인정받기 시작했다. Freud가 자신의 애완견 Jofi가 그의 환자들에게 얼마나 도움이 되었는지를 거의 우연히 알게 되었다는 사실은 당시에 덜 잘 알려졌다. 그는 자신의 딸 Anna가 그에게 Jofi를 주었던 말년이 되어서야 개를 사랑하는 사람이 되었을 뿐이었다. 그 개는 그 의사(Freud)의 치료 시간에 있었는데, Freud는 자신의 환자들이 그

개가 거기에 있으면 환자 자신들의 문제에 대해 말하는 데 더 편안하게 느낀다는 것을 발견했다. 환자들 중 몇몇은 심지어 그 의사(Freud)보다 Jofi에게 말하는 것을 더 좋아했다! Freud는 그 개가 환자 근처에 앉아 있을 때에는 환자가 더 쉽게 편안해 하였으나, Jofi가 진료실의 다른 쪽에 앉아 있을 때에는 환자가 더 긴장하고 괴로워하는 것 같아 보인다는 것을 알아차렸다. 그는 Jofi도 이것을 감지하는 것 같아 보인다는 것을 깨닫고 놀랐다. 그 개의 존재는 어린이 환자와 십 대 환자를 특히 안정시키는 효과가 있었다.

해설 | Freud가 환자를 치료할 때 자신의 애완견 Jofi가 환자들에게 매우 도움이 되었다는 것을 거의 우연하게 발견했다는 사실이 당시에 덜 잘 알려졌다는 내용에 이어서, 구체적으로 Jofi가 Freud의 치료 시간에 Freud의 환자들 근처에 앉아 있으면 그들이 자신의 문제를 말하는 데 더 편안하게 느낀다는 것, 환자 중 몇몇은 의사보다 개에게 말하는 것을 더 좋아했다는 것, 그리고 Jofi가 진료실의 다른 곳에 앉아 있으면 환자가 더 긴장하고 괴로워하는 것 같아 보인다는 것을 Freud가 알아차렸다는 것이 제시되고 있다. 따라서 글의 제목은 '정신 치료를 위한 조력자로서의 동물'이다.

✔ Check

정답 | **1.** given　**2.** his patients

해설 |

1. 해당 문장의 뒤에 by his daughter Anna가 있고, 글의 흐름상 애완견 Jofi가 딸인 Anna에 의해서 그(Freud)에게 주어진다는 내용이 되어야 하므로, 수동태를 이루는 과거분사 given이 적절하다.

2. (b) them은 Freud를 찾아온 환자들을 가리키므로, his patients가 적절하다.

구문 |

Freud noted [that if the dog sat near the patient, the patient found it easier {to relax}, but if Jofi sat on the other side of the room, the patient seemed more tense and distressed].

➡ [　]는 noted의 목적어인 절이다. it은 found의 형식상의 목적어이고, {　}가 내용상의 목적어이며, easier는 목적격 보어이다.

어휘 |

- psychoanalysis 정신분석학
- appreciate 인정하다
- by accident 우연히
- therapy 치료, 요법
- session (특정한 활동을 위한) 시간[기간]
- note 알아차리다, 주목하다
- tense 긴장한
- distressed 괴로워하는
- calm 진정시키다

GET SET | 수능 感 잡기

정답 | ①

소재 | 큰 수에 대한 무감각

해석 | 큰 재해의 결정적인 요소 하나는 그것의 해로운 결과의 규모이다. 사회가 큰 재해로부터 오는 손실을 방지하거나 줄이는 데 도움을 주기 위해서, 잠재적 혹은 실제적 손실의 규모와 범위를 산정하고 전달하기 위해 엄청나게 많은 노력과 기술적인 정교한 지식이 자주 사용된다. 이 노력은 사람들이 그 결과로 생기는 수를 이해할 수 있고 그에 의거하여 적절하게 행동할 수 있다는 것을 가정한다. 그러나 최근의 행동 연구는 이러한 근본적인 가정에 의문을 제기한다. 큰 수를 이해하지 못하는 사람들이 많다. 사실상 큰 수는 정서(감정)를 전달하지 않는다면 의미가 없으며 결정을 할 때 과소평가된다는 것이 밝혀졌다. 이것은 의사 결정의 이성적인 모델이 표현하지 못하는 역설을 만들어 낸다. 한편으로 우리는 곤궁한 상태에 빠진 한 사람을 돕기 위하여 강렬하게 반응한다. 다른 한편으로 우리는 대량의 비극을 방지하거나 자연재해로부터 잠재적인 손실을 줄이기 위한 적절한 조치를 하지 못할 때가 흔히 있다.

해설 | 사회가 큰 재해로 인한 잠재적이거나 실제적 손실의 규모와 범위를 산정하기 위해 많은 노력과 정교한 지식이 사용되지만, 사람들이 큰 수를 이해하지 못하기 때문에 의사 결정의 이성적인 모델이 표현하지 못하는 역설을 만들게 되어, 곤궁에 빠진 한 사람을 돕기 위해서는 강렬하게 반응하지만, 대량의 비극을 방지하거나 자연재해로부터 잠재적인 손실을 줄이기 위한 적절한 조치를 하지 못하는 경우는 흔하다는 내용의 글이다. 따라서 글의 제목으로 가장 적절한 것은 ① '대규모 비극에 대한 무감각: 우리는 큰 수는 뭐가 뭔지 알 수 없다'이다.

② 수의 힘: 자연재해를 분류하는 방법
③ 극심한 어려움에 처한 사람들에게 손을 내미는 방법
④ 기술을 통해 잠재적 손실을 방지하기
⑤ 주의하라, 수는 감정을 확대한다!

구문 |

This effort assumes [that people can {understand the resulting numbers} and {act on them appropriately}].

➡ [ ]는 assumes의 목적어로 쓰인 명사절이고, 첫 번째 { }와 두 번째 { }는 and로 연결되어 조동사 can에 이어진다.

GO | 수능 내신 둘 多 잡기

| 01 | ② | 02 | ⑤ | 03 | ② | 04 | ② |

01

정답 | ②

소재 | 우리의 건강을 해치는 요인

해석 | 오늘날 사업을 하는 것과 오늘날 노동 인구에 속해 있다는 것이 전보다 더 스트레스가 많다는 것은 우연이 아니다. 정신과 의사인 Peter Whybrow는 오늘날 우리가 겪는 질병 중 많은 것들이 우리가 먹고 있는 나쁜 음식이나 우리의 음식에 있는 부분적인 경화유와 거의 관계가 없다고 주장한다. 오히려 우리가 스트레스로 인해 문자 그대로 자신을 병들게 할 정도까지 우리의 스트레스를 증가시키게 된 것은 바로 미국의 대기업들이 발전해온 방식 때문이라고 Whybrow는 말한다. 미국인들은 기록적인 수준으로 궤양, 우울증, 고혈압, 불안감, 그리고 암 때문에 고통을 받고 있다. Whybrow에 따르면, 더 많이, 더 많이, 더 많이를 약속하는 그 모든 것들이 실제로 우리 뇌의 보상 회로에 과부하를 주고 있다. 오늘날 미국에서 사업에 동력을 제공하는 단기적인 이익이 사실 우리의 건강을 파괴하고 있다.

해설 | 이 글은 오늘날 미국인들이 겪는 질병 중 많은 것들이 나쁜 음식보다도 미국의 대기업들이 발전한 방식 때문이라고 말하고 있고, 더 많이 주겠다는 거듭된 약속으로 인해 우리 뇌의 보상 회로가 과부하를 받으며, 미국에서 사업에 동력을 제공하는 단기적인 이익이 우리의 건강을 파괴하고 있음을 보여주고 있다. 따라서 글의 제목으로 가장 적절한 것은 ② '무엇이 우리의 손상된 건강에 대한 책임이 있는가?'이다.

① 스트레스가 없으면 향상되려는 노력도 없다
③ 기업 운영: 스트레스가 많지만 보람이 있다
④ 건강을 유지하고 싶다면 건강에 나쁜 음식을 멀리 하라
⑤ 우리는 어떻게 스트레스 없이 단기 이익을 늘릴 수 있는가?

✔Check

정답 | 1. (a) doing business, and being in the workforce (b) (our) stress **2.** Americans, levels

해설 |

1. (a) 사업을 하는 것과 노동 인구에 속해 있다는 것에 대해 오늘날과 과거의 모습을 비교하고 있으므로, it이 가리키는 것은 doing business, and being in the workforce 이다.

(b) 스트레스를 증가시켜서 그것으로 인해 병이 날 정도까지 이른다는 의미이므로, it이 가리키는 것은 (our) stress 이다.

2. 미국인들이 겪는 건강상의 문제를 구체적으로 보여주는 문장은 Americans are suffering ulcers, depression, high blood pressure, anxiety, and cancer at record levels.이다.

구문 |

Rather, Whybrow says, **it's** the way [that corporate America has developed] **that** has increased our stress to levels [**so** high we're literally making ourselves sick because of it].

➡ 〈it is ~ that ...〉은 '...한 것은 바로 ~이다'라는 뜻으로,

첫 번째 [ ]는 이 문장에서 강조되고 있는 the way를 수식하는 관계절이다. 두 번째 [ ]에는 '~할 정도로 …한'이라는 의미를 나타내는 〈so ~ that …〉의 표현이 사용되었는데, 여기서는 that이 생략되었다.

02

소재 | 하이브리드 자동차나 전기 자동차의 위험성

해석 | 전기 자동차는 극도로 조용하고, 자동차 애호가들은 그 조용함을 정말 좋아한다. 보행자들은 좋은 감정과 나쁜 감정을 가지지만, 시각 장애인들은 크게 걱정한다. 어쨌든, 시각 장애인들은 차에서 나오는 소리에 의존하여 차가 있는 길을 건넌다. 그런 방법으로 그들은 언제 길을 건너는 것이 안전한지를 안다. 그리고 시각 장애인에게 해당되는 것은 또한 주의가 산만한 채 도로로 걸음을 옮기는 어떤 사람에게든지 해당될 수 있다. 만약 차량들이 어떤 소리도 내지 않는다면, 그것들은 사람을 죽일 수 있다. 미국 도로교통 안전국은 보행자들이 내연기관을 가진 차량보다 하이브리드 또는 전기 차량에 부딪힐 가능성이 상당히 더 많다는 것을 알아냈다. 가장 큰 위험은 하이브리드 또는 전기 차량이 천천히 움직이고 있을 때, 즉 그것들이 거의 완전히 소리가 나지 않을 때이다. 자동차의 소리는 자신의 존재를 나타내는 중요한 신호이다.

해설 | 하이브리드 혹은 전기 자동차가 조용하기 때문에 시각 장애인이나 주의가 산만한 채로 도로로 걸음을 옮기는 사람들에게 위험하다는 내용의 글이다. 따라서 글의 제목으로 가장 적절한 것은 ⑤ '하이브리드 혹은 전기 자동차: 보행자에게 위험하다'이다.
① 무엇이 하이브리드 혹은 전기 자동차를 특별하게 하는가?
② 길을 건너는 동안 차를 조심하세요
③ 보행자를 보호하기 위한 자동차 제조사들의 노력
④ 하이브리드 혹은 전기 자동차는 환경친화적인가?

✅ **Check**

정답 | **1.** 시각 장애인에게 해당되는 것은 또한 주의가 산만한 채 거리로 걸음을 옮기는 어떤 사람에게든지 해당될 수 있다.
2. that, pedestrians, are

해설 |
1. 이 문장의 주어는 what ~ blind이고, 동사는 might be이다. 또한 stepping ~ distracted는 anyone을 수식한다.
2. 〈주어+be likely+to부정사〉는 형식상의 주어 it을 사용하여 〈it is likely that+주어+동사〉의 형태로 바꿔 쓸 수 있다.

구문 |
The United States National Highway Traffic Safety Administration determined [that pedestrians are considerably more likely to be hit by hybrid or electric vehicles than by those {that have an internal combustion engine}].
➡ [ ]는 determined의 목적어인 절이고, { }는 those를 수식하는 관계절이다.

03
정답 | ②

소재 | 항생제 남용

해석 | 나는 특히 비좁고 스트레스가 많은 생활 환경에서 특정 질병의 확산을 막기 위해 농업에 항생제가 사용된다는 것을 오래 전부터 알고 있었다. 하지만 항생제는 동물을 병들게 하는 세균만 죽이지 않는다. 그것은 또한 다수의 유익한 장 내 세균도 죽인다. 그리고 이 약은 심지어 감염이 우려되지 않을 때에도 일상적으로 제공된다. 그 이유는 여러분을 놀라게 할 수도 있다. 단순히 항생제를 줌으로써, 농부들은 '더 적은 사료를 사용하여' 자신들의 동물들을 살찌울 수 있다. 정확히 왜 이러한 항생제가 살찌는 것을 촉진하는지에 대해 아직 과학적인 결론이 나오지 않고 있지만, 그럴듯한 가설은 동물들의 장 내 미생물을 변화시킴으로써 항생제가 칼로리 추출 전문가인 미생물 군집이 지배하는 장을 만든다는 것이다. 이것이 항생제가 작용하여 위가 여러 개인 소화기 계통을 가진 소뿐만 아니라 위장기관이 우리와 더 유사한 돼지와 닭도 살찌우는 이유일 것이다.

해설 | 농사에서 특정 질병의 확산을 막기 위해 항생제가 사용되지만, 감염 우려가 없을 때도 농부들이 항생제를 동물들에게 투여함으로써 더 적은 사료를 사용하고도 동물들을 살찌게 한다는 내용의 글이다. 따라서 글의 제목으로 가장 적절한 것은 ② '동물을 살찌게 하기 위한 항생제의 남용'이다.
① 항생제 사용 중단: 동물들을 가만히 놓아두라
③ 항생제 부작용을 줄이는 방법
④ 항생제가 해로운 미생물과 싸우기 위해 작용하는 방식
⑤ 드러난 진실: 항생제의 알려지지 않은 긍정적 효과

✅ **Check**

정답 | **1.** by changing, calorie-extraction experts
2. whose

해설 |
1. 가설의 내용은 본문의 'by changing the animals' gut microflora, antibiotics create an intestine dominated by colonies of microbes that are calorie-extraction experts.'에 언급되어 있다. 따라서 첫 두 단어는 by changing이고, 끝 두 단어는 calorie-extraction experts이다.
2. pigs and chickens와 GI tracts는 소유격의 관계로 이어져야 하므로 whose가 사용되어야 한다.

구문 |
The scientific jury is still out on [exactly why these

antibiotics promote fattening], but a plausible hypothesis is [that by changing the animals' gut microflora, antibiotics create an intestine {dominated by colonies of microbes that are calorie-extraction experts}].

➡ 첫 번째 [ ]는 전치사 on의 목적어로 쓰인 명사절이다. 두 번째 [ ]는 주격 보어로 쓰인 명사절이고, { }는 an intestine을 수식하는 분사구이다.

04 정답 | ②

소재 | 제2차 세계대전 중 미국인들의 노력

해석 | 오늘날의 충돌과 달리 제2차 세계대전은 멀리 떨어진 곳에서 일어났던 전쟁이 아니었다. 그것은 텔레비전에 나오지 않았다. 그것은 미국의 대부분의 삶에 영향을 미친 전쟁이었다. 온 나라가 전쟁에 총력을 기울이는 데 참여했다. 한 다큐멘터리에 의하면, 2,400만 명이 국방 관련 직업을 맡기 위해 이동했다. 그리고 수백만 명의 여성, 아프리카계 미국인, 미국에 사는 라틴 아메리카인이 노동력에서 전례 없는 기회를 찾았다. 많은 다른 사람들은 전쟁 자금을 대는 것을 돕기 위해 전쟁 채권을 구입했다. 전쟁 채권을 구입하는 것은 물리적인 지원을 제공할 수 없었던 사람들에게 그들도 (전쟁에 기울이는) 총력의 일부라는 느낌을 주었다. 그리고 전쟁 채권을 구입할 여유가 되지 않는 사람들에 대해 말하자면, 그들은 배급 제도의 부담을 줄이는 것을 돕기 위해 과일과 채소를 재배하며 가정 채소밭을 가꿈으로써 기여했다. 이것이 우리가 이 세대를 가장 위대한 세대라고 부르는 이유 중 하나이다.

해설 | 제2차 세계대전은 미국인의 삶에 큰 영향을 미친 전쟁으로, 온 나라가 전쟁에 총력을 기울이는 데 참여했는데, 구체적으로 2,400만 명이 국방 관련 직업을 맡기 위해 이동했고 전쟁 채권을 구입했으며 배급 제도의 부담을 줄이기 위해 가정 채소밭을 가꾸었다는 사실이 제시되어 있다. 따라서 글의 제목으로 가장 적절한 것은 ② '제2차 세계대전 중 미국인들의 헌신적인 노력'이다.

① 제2차 세계대전은 무엇 때문에 발발했는가?
③ 제2차 세계대전: 피할 수도 있었던 전쟁
④ 제2차 세계대전과 오늘날의 충돌의 차이점
⑤ 제2차 세계대전이 미국의 경제 호황에 미친 영향

✅ Check

정답 | **1.** (전쟁에) 물리적인 지원을 제공할 수 없었던 사람들
2. planting, rationing

해설 |

1. they는 those who couldn't offer physical support 를 가리킨다.

2. 전쟁 채권을 구입할 수 없었던 사람들이 한 행동은 본문의 'planting victory gardens, growing fruit and

vegetables to help reduce the burden of rationing'에 언급되어 있다.

구문 |

[Buying a war bond] gave those [who couldn't offer physical support] the feeling [that they too were a part of the effort].

➡ 첫 번째 [ ]는 이 문장의 주어인 동명사구이다. 두 번째 [ ]는 gave의 간접목적어인 those를 수식하는 관계절이고, 세 번째 [ ]는 gave의 직접목적어인 the feeling과 동격 관계인 명사절이다.

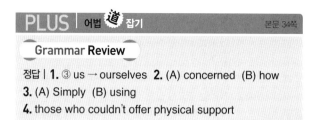

Grammar Review

정답 | **1.** ③ us → ourselves **2.** (A) concerned (B) how
3. (A) Simply (B) using
4. those who couldn't offer physical support

해설 |

1. ③ 주어인 we와 목적어인 us가 같은 대상을 가리키므로, 목적어인 us는 ourselves로 바뀌어야 한다.

2. (A) the blind는 concern이 나타내는 의미의 대상이 되므로 과거분사인 concerned가 적절하다.
(B) 뒤에 문장의 필수 요소가 갖춰진 완전한 형태의 절이 이어지므로 how가 적절하다.

3. (A) 부사구인 by giving antibiotics를 수식하는 형태가 되어야 하므로 부사인 Simply로 바뀌어야 한다.
(B) 앞에 동사 fatten이 있으므로, use 이하를 분사구로 바꿔야 한다.

4. 괄호 안에 주어진 낱말은 gave의 간접목적어로 '물리적인 지원을 제공할 수 없었던 사람들'이라는 의미가 되어야 한다. 따라서 정답은 those who couldn't offer physical support이다.

Vocabulary Review

정답 | **1.** (1) psychiatrist (2) contribute (3) conflict
(4) distracted **2.** (1) opportunity (2) suffer (3) plausible
(4) antibiotic **3.** (1) concerned (2) promote
(3) routinely (4) reward

해석 및 해설 |

2. (1) 어떤 것을 할 수 있는 기회: 기회

(2) 겪거나 견디다: 경험하다, 고통을 받다

(3) 사실이거나 타당할 가능성이 있는: 그럴듯한

(4) 박테리아를 죽이고 전염병을 치료하기 위해 사용되는 의약: 항생제

3. (1) 그는 이 경기를 크게 <u>걱정한다</u>.

(2) 그 자유무역협정은 지역의 평화를 <u>촉진시킬</u> 것이다.

(3) Einstein은 <u>일상적으로</u> 장소와 이름을 잊어버렸다.

(4) <u>보상</u>이 항상 재정적인 것은 아니고, 인생에는 돈보다 훨씬 더 많은 것이 있다.

Vocabulary in Context

정답 | **1.** (1) destroy (2) support
2. (1) (c)ompletely (2) (h)armful

해석 및 해설 |

1. (1) 그러한 행동은 도움이 되지 않고, 단체 정신을 <u>파괴할</u> 것이다.
increase: 증가시키다　destroy: 파괴하다

(2) 그들의 재정 <u>지원</u> 덕분에 우리는 훈련을 계속할 수 있었다.
support: 지원　danger: 위험

2. (1) 도로는 거대한 바위 때문에 <u>완전히</u> 막혔다. (부분적으로)

(2) 사람들은 아침식사를 거르는 것이 여러모로 <u>해롭다</u>고 말한다. (이로운)

---

05 심경 · 분위기

READY 내신 感 잡기　　　　본문 36쪽

소재 | 탈출 성공 후의 기대와 열망

해석 | 지금쯤 누군가가 나의 탈출을 발견했을 거라는 생각이 내 마음속에 떠올랐다. 그들이 나를 붙잡아서 다시 그 끔찍한 장소에 데려갈 것이라는 생각이 나를 매우 오싹하게 만들었다. 그래서 나는 마을에서 멀리 떨어질 때까지 오로지 밤에만 걷기로 했다. 사흘 밤을 걸은 후에, 나는 그들이 나를 추적하는 것을 중단했다는 확신이 들었다. 나는 사람이 살지 않는 오두막을 발견했고 그 안으로 걸어 들어갔다. 지쳐서 나는 바닥에 누워 잠이 들었다. 나는 멀리 떨어진 교회에서 부드럽게 일곱 번 울려 퍼지는 시계 소리에 잠이 깼고 해가 서서히 떠오르고 있는 것을 알아차렸

다. 내가 밖으로 나왔을 때, 나의 심장이 기대와 열망으로 두근거리기 시작했다. Evelyn을 곧 만날 수 있다는 생각이 나의 발걸음을 가볍게 해 주었다.

해설 | 누군가가 자신의 탈출을 발견했을 거라는 생각에 오싹했던 필자는 사흘 밤을 걸은 후에 자신이 더 이상 추적당하지 않는다는 것을 확신했으며, 오두막에서 일어난 아침에 자신의 심장이 기대와 열망으로 두근거리기 시작했다고 했다. 따라서 필자 'I'의 심경 변화는 '두려워하는 → 희망찬'이다.

✅ Check

정답 | **1.** 그들이 나를 붙잡아서 다시 그 끔찍한 장소에 데려갈 것이라 생각하는 것　**2.** I was tired

해설 |

1. It은 형식상의 주어이고 to think ~ place가 내용상의 주어이므로, It은 to think ~ place의 내용을 받는다.

2. 분사구는 〈접속사+주어+동사〉에서 접속사를 생략하고, 주절의 주어와 같을 경우 주어를 생략하고 동사를 분사로 만든 구로, Tired 앞에는 Being이 생략되어 있다. 따라서 빈칸에는 I was tired가 적절하다.

구문 |

It chilled me greatly [to think {that they would **capture** me and **take** me back to that awful place}].

➡ It은 형식상의 주어이고 [ ]가 내용상의 주어이다. { }는 think의 목적어이고, capture와 take는 would에 연결된다.

The thought [that I could meet Evelyn soon] **lightened** my walk.

➡ [ ]는 The thought와 동격절이고, 문장의 동사는 lightened이다.

어휘 |

- escape 탈출
- capture 붙잡다
- chase 추적하다
- deserted 사람이 살지 않는, 인적이 끊긴
- cottage 오두막
- step 발을 내딛다
- anticipation 기대
- lighten 가볍게 하다
- chill 오싹하게 하다
- awful 끔찍한
- ring 울리다
- pound 두근거리다
- longing 열망

GET SET 수능 感 잡기　　　　본문 37쪽

정답 | ①

소재 | 처음으로 서핑에 성공한 Dave

해석 | 파도는 서핑하기에 완벽했다. 하지만 Dave는 보드 위에 도저히

서 있을 수 없었다. 그는 일어서려고 열 번 넘게 시도해 보았지만, 결코 해낼 수 없었다. 그는 자신이 결코 성공할 수 없을 것이라고 느꼈다. 막 포기하려고 했을 때 그는 바다를 마지막으로 한 번 쳐다보았다. 넘실거리는 파도가 "이리 와, Dave. 한 번 더 시도해 봐"라고 말하는 것 같았다. 심호흡을 하면서 그는 보드를 집어 들고 물속으로 달려 들어갔다. 그는 적당한 파도를 기다렸다. 마침내 그것이 왔다. 그는 자신이 연습했던 그대로 보드 위로 점프해 올랐다. 그리고 이번에는 똑바로 서서 그는 해안으로 되돌아오는 내내 파도와 싸웠다. 기쁨에 차서 물 밖으로 걸어 나오며 그는 "와, 내가 해냈어!"라고 환호성을 질렀다.

해설 | 서프보드를 타려고 열 번 넘게 시도 했지만 실패해 좌절한 심경이었지만, 마지막이라는 생각으로 한 번 더 시도해 성공한 후에 기쁨의 환호성을 질렀다는 내용이므로, Dave의 심경 변화로 가장 적절한 것은 ① '좌절한 → 기뻐하는'이다.

② 따분한 → 편안한   ③ 침착한 → 짜증 난

④ 안심한 → 두려운   ⑤ 즐거운 → 화난

구문 |

[Taking a deep breath], he picked up his board and ran into the water.

➡ [ ]는 주어를 부연 설명하는 분사구로 As he took a deep breath로 바꿔 쓸 수 있다.

He jumped up onto the board **just like** he **had practiced**.

➡ just like는 '꼭 ~처럼'의 의미이며, 그 전에 연습한 것이 동사 jumped보다 먼저 있었던 일이므로 had practiced가 쓰였다.

GO | 수능 내신 둘 多 잡기   본문 38~41쪽

| 01 | ⑤ | 02 | ③ | 03 | ⑤ | 04 | ④ |

01   정답 | ⑤

소재 | 모험을 하지 못하는 것에 대한 아쉬움

해석 | Maia가 스키에 대해 행복하게 재잘거리는 동안 내 생각은 남편과의 지난 스키 여행으로 흘러갔다. 나는 우리가 피할 곳을 바라보면서 악천후를 통과해 갈 때 피곤한 다리와 눈 때문에 차가워진 손의 통증을 떠올렸고, 그런 다음 우리가 자다 깨다 하는 밤을 보낸 후 반쯤 얼고 배고픈 채로 텐트에서 기어 나와 내가 내 인생에서 보았던 것 중 가장 경탄할 만한 풍경 중 하나를 맞이하게 되었던 것을 아쉬운 듯이 떠올렸다. 그 모험은 고통을 겪을 만한 가치가 있었고, 어쩌면 그것 때문에 훨씬 더 달콤했을지도 모른다. Maia가 우리 삶에 들어왔기 때문에, 나는 하이킹, 카약타기, 다이빙, 그리고 스키 여행을 하지 못했다. 우리는 Maia와 완화된 배낭여행을 몇 번 하고 차량 캠핑도 했지만, 한가한 일요일 브런치와 와인을 잔뜩 마시고서 친구와 벌이는 밤늦은 토론처럼 고도의 모험은 과거의 즐거움인 것 같았다.

해설 | Maia가 글쓴이의 삶에 들어와서 하이킹, 카약 타기, 다이빙 같은 모험을 하지 못하게 된 것에 낙심하고 있으므로, 'I'의 심경으로 가장 적절한 것은 ⑤ '낙담한'이다.

① 희망에 찬   ② 만족스러운   ③ 안도하는   ④ 겁에 질린

✔ Check

정답 | **1.** the pain   **2.** Since(Because, As)

해설 |

1. it은 앞에 나온 the pain을 대신하는 대명사이다.

2. Now that은 '~이기 때문에'라는 뜻의 접속사로 쓰였으므로 Since(Because, As)로 바꿔 쓸 수 있다.

구문 |

I wistfully recalled [the pain in my tired legs and my snow-chilled hands the time {we pushed on through bad weather in hope of shelter}], and then [how we crawled, half-frozen and hungry, from our tent after a fitful night to be welcomed by one of the most awesome vistas {I'd seen in my life}].

➡ 두 개의 [ ]는 동사 recalled의 목적어 역할을 한다. 첫 번째 [ ]에서 { }는 the time을 수식하는 관계절이다. 두 번째 [ ]에서 { }는 the most awesome vistas를 수식하는 관계절이다.

[We have **gone** on a few modified backpacking trips and **done** some car camping with Maia], but [{like leisurely Sunday brunches and wine-soaked late night debates with friends}, high adventure seemed a pleasure of the past].

➡ 두 개의 [ ]가 but에 의해 연결되어 있으며 첫 번째 [ ]에서 gone과 done은 have에 연결되어 있다. { }는 전치사구로 뒤에 이어지는 절의 주어(high adventure)를 설명한다.

02   정답 | ③

소재 | 야구 경기

해석 | Stevie는 3루에 있는 주자를 무시하고 본루 중간 바로 아래로 스트라이크가 될 속구를 던졌다. 공이 포수의 글러브에 닿았을 때 Keith는 Rocco가 2루로 급하게 서둘러 가는 것을 봤다. 그는 즉각 배운 대로 공을 낮게 던졌다. Tiger 팀의 감독은 경쟁적 도루에 완전히 놀라 3루에 있는 선수에게 홈으로 달리라고 소리쳤다. 그의 말이 채 끝나기도 전에 Eddie는 질주해서 투구를 잡아채서는 그것을 홈으로 쏜살같이 다시 던졌다. Keith는 Eddie가 던진 공을 받아 충분한 여유 시간을 두고 선행 주자를 태그아웃시켰다. 관람석의 군중은 대개 운이 나빴던 Astros가 그 경기의 진행을 잘해냈기 때문에 폭발적으로 박수갈채를 보냈다.

해설 | 야구 경기가 벌어지고 있는 상황으로 한 선수가 도루를

하고 반면 선행 주자는 태그아웃되었으며 관중들은 박수갈채를 보내는 상황이므로 이 글의 분위기로 가장 적절한 것은 ③ '흥미진진한'이다.

① 엄숙한 ② 평화로운 ④ 무서운 ⑤ 슬픈

✅ Check

정답 | **1.** 홈으로 달리라는 말 **2.** 대개 운이 나빴던 Astros가 경기 진행을 잘해냈기 때문에

해설 |

1. 밑줄 친 the words는 바로 앞 문장에서 언급된 Tiger 팀의 감독이 3루에 있는 선수에게 홈으로 달리라고 소리친 내용을 가리킨다.

2. 관중들이 박수갈채를 보낸 이유는 as the normally hapless Astros had pulled off the play of the game에 나와 있다.

구문 |

As the ball hit the catcher's mitt, Keith **saw** Rocco **hightailing** it towards second base.

➡ As는 '~할 때'의 의미로 쓰였으며 동사 saw의 목적격 보어로 hightailing이 쓰였다.

The Tiger manager, [completely surprised by the contested steal], yelled at his boy on third base to run home.

➡ [ ]는 분사구로 주어인 The Tiger manager의 상태를 설명해준다.

03
정답 | ⑤

소재 | 파도에 휩쓸린 손자

해석 | "조심해, 얘야!" 할머니가 소리쳤다. "물에 너무 가까이 가지 마." Yosef는 몸을 돌려 그녀를 향해 미소를 지었다. 바로 그 순간, 갑자기 거대한 파도가 해변에서 요란한 소리를 내며 부서졌고 그를 바다로 휩쓸어 가버렸다. 할머니는 비명을 지르며 물가로 달려갔다. "오, 신이시여! 무슨 일이 일어난 것인가요? 안됩니다. 제발 어린 Yosef를 돌려주세요!" 몇 년 만에 처음으로, 할머니는 기도했다. 그녀는 자신이 생각해 낼 수 있는 모든 신에게 기도했다. 그녀는 평생 그렇게 낙담한 적이 없었다. 바로 그 순간, 첫 번째 파도보다 훨씬 더 큰, 또 하나의 높은 파도가 해변에서 요란한 소리를 내며 부서졌다. 그녀는 내려다보았다. 어린 Yosef가 창백하고 젖은 채 모래 위에 앉아 있었지만, 그 외에는 괜찮았다. 그는 할머니를 올려다보며 미소를 지었다. 그녀는 안도의 한숨을 내쉬고, 그를 들어올려, 여기저기 마구 뽀뽀를 해 주었다.

해설 | 해변으로 돌진해온 거대한 파도에 손자 Yosef가 휩쓸리자 할머니는 비명을 지르며 물가로 달려가고 손자를 돌려달라고 신들에게 기도했다. 그러던 중 더 높은 파도가 밀려오고 손자 Yosef가 무사히 돌아온 것을 본 할머니는 안도의 한숨

을 내쉬고 있으므로, 할머니의 심경 변화로 가장 적절한 것은 ⑤ '필사적인 → 안도하는'이다.

① 만족한 → 화난   ② 지루한 → 신난
③ 기분 좋은 → 무서워하는   ④ 기대하는 → 실망한

✅ Check

정답 | **1.** screaming **2.** (1) F (2) F

해설 |

1. Grandma의 부수적 동작을 나타내야 하므로 현재분사 screaming이 되어야 한다.

2. (1) 할머니는 매일 신에게 꼭 기도했다. → 할머니는 몇 년 만에 처음으로 기도한다고 했으므로 글의 내용과 일치하지 않는다.
   (2) Yosef는 거친 파도에 심하게 다쳤다. → Yosef는 창백했고 젖어 있었지만 그 외에는 괜찮다고 했으므로, 글의 내용과 일치하지 않는다.

구문 |

She prayed to all the gods [she could think of].

➡ [ ]는 all the gods를 수식하는 관계절로 [ ] 앞에 목적격 관계대명사 that이 생략되어 있다.

She **gave** a sigh of relief, **picked** him **up**, and **covered** him with kisses.

➡ 세 개의 동사 gave, picked up, covered가 병렬로 주어인 She에 연결되어 있다.

04
정답 | ④

소재 | 사고 후 자유를 느끼는 소년

해석 | 내가 깨어났을 때 엄마는 아직도 무릎을 꿇고서 나의 흉체에 천을 감고 있었다. 그녀는 자신이 무엇을 하고 있는지를 정확하게 알고 있었다. 우리가 더 어렸을 때 여러 번 엄마는 Ron, Stan 그리고 내게 아버지를 만나기 전까지 그녀가 간호사가 되고자 했다는 것을 말해주었다. 집 주변에서 일어나는 사고에 직면했을 때마다 그녀는 완벽하게 장악했다. 나는 그녀의 간호 능력을 한순간도 절대 의심하지 않았다. 나는 그저 그녀가 나를 차에 태워서 병원에 데려가기만 기다렸다. 그녀가 그럴 거라고 나는 확신했다. 그것은 단지 시간문제였다. 나는 이상하게도 편안함을 느꼈다. 그것이 끝났다는 것을 나는 마음속으로 알았다. 노예처럼 사는 이 완전한 가식은 끝나버렸다. 나는 그 사고가 나를 자유롭게 했다는 느낌이 들었다.

해설 | 글에서 'I'는 사고를 당한 후 깨어나 엄마의 간호를 받고 안도감을 느끼고 있으며 노예처럼 사는 삶이 끝났으며 사고가 자신을 자유롭게 했다고 느끼고 있으므로 'I'의 심경으로 가장 적절한 것은 ④ '안도하는'이다.

① 고마워하는 ② 짜증난 ③ 지루한 ⑤ 무관심한

✔Check

정답 | **1.** load **2.** 엄마가 필자를 차에 태워 병원에 데려가는 것

해설 |

1. 주어진 영영 풀이는 '사람 혹은 사물을 차량에 태우거나 컨테이너에 싣다'이므로 이에 해당하는 어휘는 load이다.

2. 밑줄 친 It은 앞에 나온 for her to load ~ hospital을 가리킨다.

구문 |

Many times when we were younger, Mother told Ron, Stan and me [how she had intended to become a nurse, until she met Father].

➡ [ ]는 동사 told의 직접목적어이다. 이 문장에서 how는 접속사로서 that 대신에 쓰였다.

I simply waited **for her to load** me in the car and **take** me to the hospital.

➡ for her는 to부정사의 의미상의 주어를 나타내고 load와 take는 to에 병렬로 이어진다.

Grammar Review

정답 | **1.** ② had noticed → noticed **2.** (A) take (B) that
3. (A) instructed (B) completely
4. one of the most awesome vistas

해설 |

1. 앞에 있는 동사 awoke 다음에 순차적으로 일어난 일이므로 같은 과거 시제인 noticed가 되어야 한다.

2. (A) 의미상 load와 병렬로 to에 이어지는 것이므로 take가 적절하다.

(B) would load me in the car and take me to the hospital의 완전한 절의 의미를 대신하여 쓰인 조동사 would이므로 관계사가 아닌 목적절을 이끄는 접속사 that이 적절하다.

3. (A) '배운 방식으로'라는 의미로 manner가 instruct의 대상이므로 과거분사 instructed가 적절하다.

(B) 형용사인 surprised를 수식하므로 부사인 completely의 형태가 적절하다.

4. '가장 ~한 것 중의 하나'는 〈one of the+최상급 형용사+복수명사〉로 쓴다.

Vocabulary Review

정답 | **1.** (1) intend (2) wrap (3) relief
(4) ignore **2.** (1) crash (2) chase (3) shelter
(4) crawl **3.** (1) modify (2) load (3) deserted
(4) applause

해석 및 해설 |

2. (1) 거칠고 시끄럽게 부서지다: 요란한 소리를 내며 부서지다

(2) 잡기 위해서 누군가를 빨리 따라가다: 추적하다

(3) 물리적인 보호를 제공해주는 건물이나 덮개: 대피소

(4) 네 발로 기어서 앞으로 움직이다: 기어가다

3. (1) 당신의 의견은 내년의 과정을 수정하는 데 유용할 것입니다.

(2) 일꾼들이 트럭에 모래를 싣기 위해 기다리고 있다.

(3) 그 옛 광산은 이제 완전히 황폐한 채로 남아있다.

(4) Claudia는 자신의 발표를 마쳤을 때 한차례의 박수갈채를 받았다.

Vocabulary in Context

정답 | **1.** (1) awful (2) shelter
2. (1) (e)dge (2) (s)lave

해석 및 해설 |

1. (1) 그 도시에서의 마지막 6개월은 그녀에게 끔찍했고, 그래서 그녀는 그곳을 떠나기로 결심했다.
awful: 끔찍한   awesome: 경탄할 만한

(2) 그 여자는 집에 큰 화재가 난 후 대피소로 옮겨갔다.
vista: 전망, 경치   shelter: 대피소

2. (1) 절벽 가장자리에서 떨어져. 추락할지도 몰라. (중앙)

(2) 그녀는 부유한 농부가 소유한 노예였다. (주인)

06 문맥 속 어휘 추론

READY | 내신 感 잡기

본문 44쪽

소재 | 화가들의 제한된 색깔 사용

해석 | 이론상으로 화가들은 무한한 범위의 색을 마음대로 사용할 수 있는데, 합성 화학을 통한 유채색의 폭발적 증가를 이룬 현대에 특히 그렇다. 그러나 화가들이 모든 색을 동시에 사용하는 것은 아니어서, 사실 많은 화가들은 눈에 띄게 제한적으로 색을 선택하여 사용해 왔다. Mondrian은 자신의 검은색 선이 그려진 격자무늬를 채우기 위해 대개 빨강, 노랑, 그리고 파랑의 3원색으로 스스로를 제한했고, Kasimir Malevich는 비슷하게 스스로 부과한 제한에 따라 작업했다. Yves Klein에게는 한 가지 색이면 충분했고, Franz Kline의 예술(작품)은 보통 흰색 바탕 위에 검은색이었다. 이것에는 새로울 것이 없었는데, 그리스와 로마 사람들은 단지 빨간색, 노란색, 검은색 그리고 흰색만을 사용하는 경향이 있었다. 왜 그랬을까? 일반화할 수는 없지만, 고대와 현대에 모두 (범위가) 확대된(→ 제한된) 색깔이 명확성과 이해 가능성에 도움을 주고 중요한 구성요소인 모양과 형태에 주의를 집중할 수 있도록 도움을 주었을 것 같다.

해설 | 고대 미술이나 현대 미술에서 색깔을 제한적으로 사용했기 때문에 ⑤의 expanded를 limited와 같은 단어로 고쳐야 한다.

✔ Check

정답 | 1. And yet painters don't use all the colours at once, and indeed many have used a remarkably restrictive selection.
2. They limited themselves to red, yellow, black and white.

해설 |
1. this는 화가들의 제한된 색깔 사용이라는 글의 중심 내용을 지칭하며, 이 내용은 And yet painters don't use ~ 에 담겨 있다.
2. the Greeks and Romans tended to use just red, yellow, black and white를 통해 고대 그리스와 로마의 사람들은 사용하는 색깔을 빨간색, 노란색, 검은색, 흰색으로 제한했음을 알 수 있다.

구문 |

It's impossible to generalize, but both in antiquity and modernity it seems likely that the limited palette [aided clarity and comprehensibility], and [helped to focus attention on {the components that mattered: shape and form}].

➡ it seems likely that 다음에 나오는 절에서 두 개의 [ ]가 the limited palette에 이어지는 술어부를 형성하고 있는 구조이다. { }는 전치사 on의 목적어이며, the components that mattered와 shape and form은 내용상 동격 관계이다.

어휘 |
- in principle 이론상으로
- infinite 무한한
- at one's disposal ~의 마음대로 사용할 수 있는
- synthetic 합성의
- chemistry 화학
- at once 동시에
- primary 원색
- self-imposed 스스로 부과한
- antiquity 고대
- modernity 현대(성)
- palette 색깔
- component 구성요소

GET SET | 수능 感 잡기

본문 45쪽

정답 | ⑤

소재 | 배를 이용한 순록 사냥

해석 | 유럽 최초의 '호모 사피엔스'는 주로 큰 사냥감, 특히 순록을 먹고 살았다. 심지어 이상적인 상황에서도, 이런 빠른 동물을 창이나 활과 화살로 사냥하는 것은 불확실한 일이다. 그러나 순록에게는 인류가 인정사정없이 이용할 약점이 있었는데, 그것은 순록이 수영을 잘 못한다는 것이었다. 순록은 물에 떠 있는 동안, 코를 물 위로 내놓으려고 애쓰면서 가지진 뿔을 높이 쳐들고 천천히 움직이기 때문에, 유례없이 공격받기 쉬운 상태가 된다. 어느 시점에선가, 석기 시대의 한 천재가 수면 위를 미끄러지듯이 움직일 수 있음으로써 자신이 얻을 엄청난 사냥의 이점을 깨닫고 최초의 배를 만들었다. 힘들게(→ 쉽게) 따라잡아서 도살한 먹잇감을 일단 배 위로 끌어 올리면, 사체를 부족이 머무는 곳으로 가지고 가는 것은 육지에서보다는 배로 훨씬 더 쉬웠을 것이다. 인류가 이런 장점을 다른 물품에 적용하는 데는 긴 시간이 걸리지 않았을 것이다.

해설 | 순록이 물에 떠 있는 동안에는 천천히 움직이기 때문에 공격받기 쉬운 상태가 되고 쉽게 따라잡힌다는 맥락이므로, ⑤의 laboriously를 easily와 같은 낱말로 고쳐야 한다.

구문 |

[While afloat], it is uniquely vulnerable, moving slowly [with its antlers held high] as it struggles to keep its nose above water.

➡ 첫 번째 [ ]는 부사절로 While it is afloat에서 it is를 생략한 형태이다. 두 번째 [ ]에는 특정 명사의 상태나 동작을 나타낼 때 쓰이는 〈with+명사+분사(구)〉의 표현이 사용되었다. its antlers가 hold의 동작을 당하는 대상이므로 과거분사 held가 쓰였다.

At some point, a Stone Age genius [realized the enormous hunting advantage {he would gain by being able to glide over the water's surface}], and [built the first boat].

➡ a Stone Age genius가 문장의 주어이고 두 개의 [ ]가 술어부를 형성하는 구조이다. { }는 목적격 관계대명사 (which 또는 that)가 앞에 생략된 관계절로 선행사 the enormous hunting advantage를 수식한다.

〈spend+목적어(time / effort)+-ing〉의 구조에 맞추어 gathering으로 써야 한다.

2. 문장 구조로 본다면 they가 지칭하는 것은 differences 일 것 같지만, 정보를 수집하는 데 더 많은 시간과 노력을 들이는 주체는 decision makers이다.

구문 |

They will seek to acquire some information, but at some point, they will decide [the expected benefit {derived from gathering still more information} is simply not worth the cost].

➡ [ ]는 동사 decide의 목적절로 앞에 접속사 that이 생략된 구조이다. { }는 과거분사로 시작되는 형용사구로 앞의 the expected benefit을 수식한다.

People are **much more likely** to read a consumer ratings magazine [before purchasing a new automobile] **than** they are [before purchasing a new can opener].

➡ much는 비교급 의미를 강조하는 '훨씬'이라는 의미의 부사이다. 〈비교급 ~ than ...〉이 사용된 비교 구문으로 두 개의 [ ]가 비교되고 있다.

GO | 수능 내신 둘 多 잡기　본문 46~49쪽

| 01 | ① | 02 | ④ | 03 | ④ | 04 | ⑤ |

01　정답 | ①

소재 | 구매에 필요한 정보 수집

해석 | 청바지 한 벌을 구입할 때 여러분은 여러 다양한 상점에서 청바지의 품질과 가격을 평가할 것이다. 하지만 어느 시점에서 추가적인 비교가 결코 수고할 가치가 없다고 결정할 것이다. 여러분은 이미 가진 제한된 정보에 근거하여 선택을 내릴 것이다. 그 과정은 개개의 사람들이 식당, 새 자동차, 또는 룸메이트를 찾는 경우에도 마찬가지이다. 그들은 어느 정도의 정보를 얻으려고 시도하겠지만, 어느 시점에서는 훨씬 더 많은 정보를 수집하는 것에서 얻는 예상 이득이 결코 그런 노력의 가치가 없다고 결정할 것이다. 여러 대안들 간의 차이점이 결정을 내리는 사람들에게 중요할 때 그들은 정보를 수집하는 데 더 많은 시간과 노력을 들일 것이다. 사람들은 새 깡통따개를 구입하기 전보다 새 자동차를 구입하기 전에 소비자 평가 잡지를 읽을 가능성이 훨씬 높다.

해설 | (A) 여러 상점을 돌아다니며 품질과 가격을 평가하는 행위와 관련된 단어가 필요하므로 '비교'의 의미를 지닌 comparison이 적절하다. maintenance는 '유지, 정비'라는 의미이다.

(B) 무엇인가를 선택할 때 사람들은 정보를 수집한다는 문맥이므로 '얻다, 획득하다'의 의미를 지닌 acquire가 적절하다. distribute는 '분배하다'라는 의미이다.

(C) 뒤에 오는 내용을 통해 대안들 간의 차이가 중요할 경우 정보 수집에 공을 들인다는 흐름이 되어야 하므로 important가 적절하다. meaningless는 '무의미한'이라는 의미이다.

✔ **Check**

정답 | 1. (a) based　(c) gathering　**2.** decision makers

해설 |

1. (a) '~에 근거를 두다'라는 의미의 〈be based on〉에서 나온 표현인 based on은 '~에 근거하여'라는 의미를 나타낸다.

　(b) gather는 '~하는 데 시간 / 노력을 들이다'라는 의미의

02　정답 | ④

소재 | 검은색 유니폼이 주는 느낌

해석 | 아주 다양한 문화권에서 실시된 조사가 밝히는 바에 따르면 검은색은 세계의 거의 모든 곳에서 사악과 죽음의 색으로 여겨진다. 이러한 부정적인 연상은 프로 스포츠 영역에서 몇 가지 흥미로운 결과를 가져온다. 프로 미식축구 유니폼의 외관을 평가해 달라고 응답자 그룹에 요청했을 때, 그들은 적어도 절반이 검은색 유니폼을 대단히 '나쁘고,' '비열하고,' '공격적으로' 보이는 것으로 판단했다. 이러한 인식은 결국 검은색 유니폼을 입은 팀에 의해 수행되는 구체적인 행동들이 어떻게 여겨지는지에 영향을 미친다. 우리는 훈련된 심판 그룹들에게 미식축구 경기에서 똑같은 공격적 플레이를 보여주는 두 개의 비디오테이프 중 하나를 보여주었는데, 하나는 흰색 옷을 입은 팀, 다른 하나는 검은색 옷을 입은 팀의 것이었다. 검은색 유니폼을 입은 팀이 나오는 비디오테이프를 본 심판들은 흰색 유니폼을 입은 팀이 나오는 비디오테이프를 본 심판들보다 그 플레이를 훨씬 더 호의적인(→ 공격적인) 것으로 평가했다. 이런 편견의 결과로 검은색 유니폼을 입은 팀들이 평균보다 상당히 더 많은 벌칙을 받아 왔다는 사실을 알게 되는 것은 놀랍지 않다.

해설 | 검은색이 가져오는 부정적인 연상 때문에 검은색 유니폼을 입은 팀에 대한 평가도 부정적이라는 내용의 글이다. 따라서 '호의적인'이라는 긍정적 의미를 갖는 ④의 favorable을 aggressive(공격적인)와 같은 부정적 의미의 어휘로 고쳐야 한다.

정답 | **1.** the team **2.** bias

해설 |

1. it은 문장 구조상 바로 앞에 있는 one with the team wearing white의 the team을 가리킨다.

2. '흔히 공정한 판단에 근거하지 않은, 한 집단의 사람들 또는 한 쪽에 찬성하거나 반대하는 강한 감정'의 의미를 갖는 bias에 대한 풀이이다.

구문 |

These perceptions influence, in turn, [how specific actions {performed by black-uniformed teams} are viewed].

➡ [ ]는 동사(influence)의 목적어로 사용된 명사절로 〈의문사+주어+동사〉의 어순으로 배열되어 있다. { }는 분사구로 specific actions를 수식한다.

As a result of this bias, **it** is not surprising [to learn that teams {that wear black uniforms} have been penalized significantly more than average].

➡ it은 형식상의 주어이고, 내용상의 주어는 [ ]이다. { }는 앞의 teams를 수식하는 관계절이다.

03
정답 | ④

소재 | 지구 환경 보호의 필요성

해석 | 지치고 상처받은 우리 세계는, 우리에게 편리할 때가 아니라 지금 당장, 동정어린 치료가 많이 필요하다는 데 우리 모두 동의한다. 강력한 절박감이 존재한다. 우리는 지저분하고, 복잡하고, 좌절감을 주고, 부담이 큰 세상에 살고 있고, 우리가 올바른 일을 어떻게 정의하든, 항상 그 올바른 일을 하는 것은 불가능하다. 동정심은 생태계, 즉 자연의 연결망을 결합시키는 접착제이다. 아름답고, 경외심을 불러일으키며, 광범위한 영향을 미치는 많은 자연의 연결망에서, 우리는 없어서는 안 될 부분이므로, 이러한 복잡한 연관성이 손상될 때 우리 모두는 고통받는다. 우리가 마치 자연의 이방인으로 자연과 동떨어져 그 위에 서 있는 것처럼 상상하고 행동할지라도 우리는 지구에 속하여 있기 때문에 지구를 위해 일해야 한다. 우리의 종, 인간은 동물로 가득한 세상에서 태어났으므로 생물 다양성이 위협받는 세상에서는 잘 지낼 수 없다.

해설 | (A) 앞 문장의 right now, not when it's convenient가 매우 급박한 느낌을 주므로 urgency(절박감, 긴박감)가 적절하다. confidence는 '자신, 확신'이라는 의미이다.

(B) 바로 앞의 many beautiful, awe-inspiring, and far-reaching webs of nature가 복잡한 연관성을 설명하고 있으므로 complex(복잡한)가 적절하다. simple은 그 반의어로 '단순한'이라는 의미이다.

(C) 다양한 동물이 존재하는 세상에서 생물 다양성이 위협받으면 인간은 잘 지낼 수 없다는 흐름이 되어야 하므로 threaten

(위협하다)의 과거분사 threatened가 적절하다. protect는 그 반의어로 '보호하다'라는 의미이다.

정답 | **1.** ⑤ **2.** no, matter

해설 |

1. 인간이 지구의 자연을 보호해야 할 필요성을 설득력 있게 적은 글이므로, 글의 어조로는 persuasive(설득적인, 설득력 있는)가 적절하다.
① 익살스러운 ② 사과하는 ③ 냉소적인 ④ 비관적인

2. 양보의 부사절을 이끄는 복합관계부사로 however가 사용되고 있으므로 no matter how로 바꿔 쓸 수 있다.

구문 |

We all agree [our troubled and wounded world needs a lot of compassionate healing, {right now, not when it's convenient}].

➡ [ ]는 agree의 목적어가 되는 명사절로 앞에 접속사 that이 생략된 구조이다. { }는 not when it's convenient, but right now로 바꿔 쓸 수 있다.

We should work for the planet [because we belong to it {**despite our imagining** and **acting as if** we stand apart and above nature as natural aliens}].

➡ [ ]는 이유를 나타내는 부사절이다. { }는 전치사 despite가 이끄는 부사구이며, despite의 목적어는 동명사 imagining과 acting ~이고 그 앞의 our는 동명사의 의미상의 주어이다. as if는 '마치 ~처럼'이라는 의미로 접속사 역할을 한다.

04
정답 | ⑤

소재 | 과학기술의 발달이 가져온 문화적 변화

해석 | 굳이 문화의 변화를 연구하는 학자가 아니더라도, 10년씩 지나갈 때마다 문화가 더 빨리 변화해 왔음을 보게 된다. 오늘날 문화의 변화는 참으로 가속화된 속도로 일어나므로, 가장 최근에 일어난 발전들과 보조를 맞추기가 어렵다. 최근 수송과 전자통신의 획기적 변화는 세계를 더 작아 보이게 해 왔다. 우리 증조부모가 마차를 타고 50마일 이동하는 데 걸렸던 시간과 같은 시간 동안에 오늘날에는 상업 여객기를 타고 지구의 반대편으로 이동하는 것이 가능하다. 인공위성을 통해 우리는 즉각 전송되는 세계 모든 곳의 실시간 뉴스방송을 시청할 수 있다. 사실 상품과 정보의 국제적 거래는 세계 모든 사람을 지구촌에 살고 있다는 생각에 더 가까이 다가가게 해주고 있다. 세계의 다른 지역에 사는 사람들과 상호작용하는 우리의 능력이 이처럼 빠르게 극적으로 향상되어 문화 전파의 가능성이 최근 수십 년 사이에 급격히 감소해(→ 증가해) 왔다.

해설 | 과학기술 발달이 가져온 국제 교류의 증대를 통해 문화 전파의 가능성이 증가해 온 것이므로 ⑤의 decreased를 반의어인 increased로 고쳐야 한다.

✔ Check

정답 | **1.** ⑤ **2.** transportation

해설 |

1. The recent revolutions in transportation and electronic communications에서 교통수단과 통신수단의 발달이 언급되고 있고, the global exchange of commodities and information에서 상품 교역의 증가와 정보 교류의 확대가 언급되고 있다.

2. '사람이나 물건을 한 장소에서 다른 장소로 이동시키는 행위나 과정'과 '승객이나 물자를 한 장소에서 다른 장소로 옮기는 체계'라는 의미이므로 '수송, 교통'의 의미를 갖는 transportation에 대한 풀이임을 알 수 있다.

구문 |

One need not be a scholar of cultural change to notice [that cultures **have been changing** more rapidly with each passing decade].

➡ 접속사 that이 이끄는 [ ]는 notice의 목적어 역할을 하는 명사절이다. 〈have been -ing〉는 현재완료진행형으로 과거에서 현재까지 계속되어 온 동작을 나타낸다.

Today it is possible to travel to the other side of the earth in a commercial airliner in about the same time [it **took** our great-grandparents to travel fifty miles in a horse and carriage].

➡ [ ]는 관계절로 앞에 관계대명사 that이 생략된 구조이다. 관계절의 동사 took는 '~에게 (시간을) 요구하다, 걸리게 하다'라는 의미를 지닌 take의 과거형이다.

PLUS | 어법 잡기   본문 50쪽

Grammar Review

정답 | **1.** ③ **2.** (A) to do (B) however **3.** (A) surprising (B) significantly
4. Cultural change occurs at such an accelerated pace

해설 |

1. ③의 helps는 the limited palette를 주어로 두고 있으므로 앞의 aided에 맞춰서 helped로 고쳐야 한다.

2. (A) 형식상의 주어 It이 앞에 사용되었으므로 내용상의 주어로 to do가 적절하다.
(B) 구조상 복합관계부사가 필요하므로 however가 적절하다.

3. (A) 문장의 내용상의 주어가 to learn that ~이므로 (A)

에는 '놀라움을 주는'이라는 의미의 surprising이 적절하다.
(B) 뒤의 more를 수식하는 부사가 필요하므로 significantly가 적절하다.

4. 주어로 Cultural change가 오고 자동사 occurs가 사용되어야 한다. 전치사 at 다음에 〈such a(n)+형용사+명사〉의 어순에 맞춰 such an accelerated pace가 필요하다.

PLUS | 어휘 잡기   본문 51쪽

Vocabulary Review

정답 | **1.** (1) chemistry (2) alternative (3) ecosystem
(4) commercial
2. (1) association (2) vulnerable (3) alien (4) satellite
3. (1) rate (2) overtake (3) flourish (4) compromise

해석 및 해설 |

2. (1) 사람, 장소 또는 물건과 연계된 느낌, 기억 또는 생각: 연상
(2) 공격, 해악, 피해에 노출되어 있는: 공격받기 쉬운, 취약한
(3) 다른 나라에서 태어났고 현재 살고 있는 나라의 시민이 아닌 사람: 외부인, 외국인
(4) 우주로 보내어져서 지구 주변을 도는 기계: 인공위성

3. (1) 그 회사는 그를 매우 높게 평가하는 것 같다.
(2) 트럭이 방향을 틀 때 그것을 추월하려는 것을 피하라.
(3) 대부분의 식물들은 이곳의 비옥한 심토에서 잘 자란다.
(4) 그는 자신의 명성을 손상하는 어떠한 일도 하지 않을 것이다.

Vocabulary in Context

정답 | **1.** (1) demanding (2) component
2. (1) (l)imited (2) (s)pecific

해석 및 해설 |

1. (1) 그녀는 여가 시간이 거의 없는 힘든 일정을 갖고 있다.
demanding: 힘든   relaxing: 느긋하게 해주는, 편한
(2) 근면함이 그녀의 성공의 주요 구성요소였다.
comparison: 비교   component: 구성요소

2. (1) 오로지 제한된 수의 학생들만이 그 수업에 들어올 수 있을 것이다. (제한 없는)
(2) 각각의 토론은 구체적인 정치적 이슈에 초점을 맞출 것이다. (일반적인)

07 어법 판단하기

소재 | 코알라가 적게 움직이는 이유

해석 | 코알라가 잘하는 것이 한 가지 있다면, 그것은 자는 것이다. 오랫동안 많은 과학자들은 유칼립투스 잎 속의 화합물이 그 작고 귀여운 동물들을 몽롱한 상태로 만들어서 코알라들이 그렇게도 무기력한 상태에 있는 것이라고 의심했다. 그러나 더 최근의 연구는 그 잎들이 단순히 영양분이 너무나도 적기 때문에 코알라가 거의 에너지가 없는 것임을 보여 주었다. 그래서 코알라들은 가능한 한 적게 움직이는 경향이 있다. 그리고 그것들이 실제로 움직일 때에는, 흔히 그것들은 마치 슬로 모션으로 움직이는 것처럼 보인다. 그것들은 하루에 16시간에서 18시간 동안 휴식을 취하는데, 그 시간의 대부분을 의식이 없는 상태로 보낸다. 사실 코알라는 생각을 하는 데에 시간을 거의 사용하지 않는데, 그것들의 뇌는 실제로 지난 몇 세기 동안 크기가 줄어든 것처럼 보인다. 코알라는 뇌가 겨우 두개골의 절반을 채운다고 알려진 유일한 동물이다.

해설 | ⑤ 두 개의 절을 연결하고 선행사 the only known animal의 소유격의 역할을 해야 하므로 its를 whose로 고쳐 써야 한다.

① 뒤에 〈주어(the compounds ~ leaves) + 동사(kept)〉가 이어지므로 접속사 because는 옳은 표현이다.

② '매우 ~하여 …하다'는 의미의 〈so + 형용사 ~ that + 주어 + 동사〉의 구문을 형성해야 하므로 접속사 that은 옳은 표현이다.

③ 부사절의 주어가 복수 they이고 시제가 현재이므로 일반동사 move를 강조하는 do는 옳은 표현이다.

④ 동사가 현재(appear)인데 과거부터 현재까지의 시간을 나타내는 부사구 over the last few centuries가 있으므로 완료부정사구(to have+과거분사)로 표현된 have shrunk는 옳은 표현이다.

✅Check

정답 | 1. 유칼립투스 잎들은 영양분이 너무나도 적음 / 코알라는 가능한 한 적게 움직이는 경향이 있음 **2.** (u)nconscious

해설 |

1. 코알라가 에너지가 거의 없는 원인은 that 앞의 the leaves ~ nutrients이고, 결과는 Therefore 다음의 they tend ~ possible이다.

2. '보거나, 느끼거나 생각하지 않는 잠자는 것과 비슷한 상태에 있는'의 의미이므로 unconscious에 대한 풀이임을 알 수 있다.

구문 |

If there's one thing [koalas are good at], it's sleeping.

➡ [ ]는 one thing을 수식하는 관계절이고, koalas 앞에 목적격 관계대명사가 생략되어 있다.

어휘 |
- suspect 의심하다
- cute 귀여운
- tend to *do* ~하는 경향이 있다
- as though 마치 ~처럼
- actually 실제로
- shrink (-shrank-shrunk) 줄어들다, 작아지다
- skull 두개골
- compound 화합물, 혼합 성분
- nutrient 영양분
- as ~ as possible 가능한 한
- unconscious 의식이 없는

정답 | ⑤

소재 | 기회비용과 비교 우위

해석 | 모든 것을 여러분 스스로 생산하려고 노력하는 것은 여러분이 고비용 공급자가 되는 많은 것들을 생산하기 위해 여러분의 시간과 자원을 사용하고 있다는 것을 의미한다. 이것은 더 낮은 생산과 수입을 초래할 수 있다. 예를 들면, 비록 대부분의 의사가 자료 기록과 진료 예약을 잡는 데 능숙할지라도, 이러한 서비스를 수행하기 위해 누군가를 고용하는 것이 일반적으로 그들에게 이익이 된다. 자료를 기록하기 위해 의사가 사용하는 시간은 그들이 환자를 진료하면서 보낼 수 있었던 시간이다. 그들이 환자와 보내는 시간이 많은 가치가 있기 때문에 의사가 자료 기록을 하는 기회비용은 높을 것이다. 따라서 의사는 자료를 기록하고 그것을 관리하기 위해 누군가 다른 사람을 고용하는 것이 거의 항상 이득이라고 생각할 것이다. 더군다나 의사가 진료 제공을 전문으로 하고, 자료 기록에 비교 우위를 가지고 있는 누군가를 고용하면, 그렇게 하지 않으면 얻을 수 있는 것보다 비용은 더 낮아질 것이고 공동의 결과물은 더 커질 것이다.

해설 | ⑤ 〈부사절 + 주절〉의 형태에서 costs will be ~ achievable이 주절이므로, when이 이끄는 부사절의 주어 the doctor에 specializes와 병렬을 이루어 연결되어야 한다. 따라서 hiring을 hires로 고쳐 써야 한다.

① 뒤에 구성 성분이 모두 갖추어진 완전한 절이 이어지고 있고, '~을 위한 공급자'의 의미는 provider for ~이므로 many things를 수식하는 for which는 옳은 표현이다.

② 앞에 부사절이 있고, 주절에서 뒤에 내용상의 주어 to부정사구가 있으므로, 형식상의 주어 it은 옳은 표현이다.

③ 부사절의 동사는 뒤에 있는 is이므로, spend의 동작을 당하는 대상인 the time을 수식하는 과거분사 spent는 옳은 표현이다.

④ 〈find+it(형식상의 목적어)+목적격 보어+to부정사구(내용상의 목적어)〉 구문에서 목적격 보어로 쓰인 형용사 advantageous는 옳은 표현이다.

구문 |

[Trying to produce everything yourself] would mean [you are using your time and resources to produce many things {for which you are a high-cost provider}].

➡ 첫 번째 [ ]는 문장의 주어 역할을 하는 동명사구이고, 두 번째 [ ]는 mean의 목적어 역할을 하는 명사절이다. { }는 many things를 수식하는 관계절이다.

[The time {doctors use to keep records}] is [time {they could have spent seeing patients}].

➡ 첫 번째 [ ]는 문장의 주어이고, 그 안의 { }는 The time을 수식하는 관계절이다. 두 번째 [ ]는 보어이고, 그 안의 { }는 time을 수식하는 관계절이다.

| 01 | ③ | 02 | ③ | 03 | ④ | 04 | ③ |

01
정답 | ③

소재 | 목표를 달성하는 데 있어 중대한 믿음과 태도

해석 | 심리학자로서, 우리는 믿음과 태도가 어떤 목표라도 달성하는 데 중대한 역할을 한다는 것을 너무 잘 알고 있다. 우리가 알고 있는 다른 어떤 것보다도 제한적 믿음과 부정적 태도 때문에 더 많은 선한 의도와 훌륭한 생각들이 희생된다. 만약 여러분이 100만 달러를 받을 자격이 없거나 그렇게 많은 돈을 절대 벌 수 없다고 믿는다면, 여러분이 그것을 가질 가능성은 빠르게 사라진다. 믿음, 태도, 그리고 의도는 금융 분야와 관련이 있기 때문에 그것들에 관한 내용이 비교적 거의 쓰이지 않았다. 다른 모든 것과 마찬가지로, 건강하지 못한 것(여러분을 저지하는 것)은 물론 건강한 믿음과 태도(여러분이 목표에 이르도록 돕는 것)가 있다. 믿음과 태도의 가장 좋은 점은 쉽게, 즉 사람들이 일반적으로 인식하는 것보다 더 쉽게 바뀔 수 있다는 것이다. 우리가 물리적 세계에서 우리에게 일어나는 것을 완전히 통제할 수는 없지만, 사실 우리는 우리가 어떤 믿음, 태도, 그리고 생각을 기를지 선택할 힘을 정말 가지고 있다.

해설 | ③ 〈have+목적어+동사원형〉 구문이 아니라, 〈the+명사+of+소유격+동명사구〉가 주어인 구조에서 주어의 핵이 단수인 likelihood이므로 현재 3인칭 단수형 동사를 써야 한다. 따라서 go를 goes로 고쳐야 한다.

① 부사 well을 수식하는 부사 too이므로 옳은 표현이다.

② 뒤에 명사구가 이어지고 있으므로 전치사구 because of는 옳은 표현이다. 문장 끝 부분에 있는 we know는 anything else를 수식하는 관계절이다.

④ 불특정한 복수명사 beliefs and attitudes를 대신하고 있으므로 부정대명사 ones는 옳은 표현이다.

⑤ they가 대신하는 것은 beliefs and attitudes이고 이것은

동사 change의 동작을 당하는 대상이므로 수동형인 be changed는 옳은 표현이다.

✓ Check

정답 | **1.** that, have **2.** 우리는 우리가 어떤 믿음, 태도, 그리고 생각을 기를지를 선택할 힘을 정말 가지고 있기 때문이다.

해설 |

1. of your having it은 the likelihood와 동격을 이루고 있으므로 동격의 명사절을 이끄는 접속사 that을 이용하여 바꾸어 쓸 수 있다.

2. they can easily be changed에 대한 이유는 마지막 문장의 we do, in fact, have the power to choose what beliefs, attitudes and thoughts we cultivate이다.

구문 |

Relatively little has been written about beliefs, attitudes and intention [as they relate to the field of finances].

➡ [ ]는 이유의 부사절이다.

While we may not have complete control over [what happens to us in the physical world], we **do**, in fact, **have** the power to choose [what beliefs, attitudes and thoughts we cultivate].

➡ do는 일반동사 have를 강조한다. 첫 번째 [ ]는 전치사 over의 그리고 두 번째 [ ]는 choose의 목적어 역할을 하는 명사절이다.

02
정답 | ③

소재 | 생활에 필요한 부분이 되는 추정

해석 | 추정은, 정확할 때, 여러분을 안전하게 해 주고 여러분의 삶을 더 편안하게 해 준다. 예를 들어, 하늘에서 먹구름을 보는 것은 여러분에게 우산을 집도록 촉구할 수도 있는데, 왜냐하면 지금 당장은 비가 내리고 있지 않지만, 우산이 필요할지도 모른다고 추정하기 때문이다. 요구르트의 유통기한이 지난 날짜를 알아차리고 그것이 더는 먹을 수 없다고 추정하는 것은 여러분에게 병가 중 하루를 사용해야 하는 것을 피하게 해 줄지도 모른다. 여러분이 이용할 수 있는 낱낱의 정보를 가졌는지를 확인하기 위해서 일과의 모든 상세한 부분을 조사하고 점검해야 한다면 얼마나 지겨울지를 상상해 보라. 아무도 그렇게 시간을 많이 갖고 있지 않다! 그러나 추정이 유용하긴 하지만, 또한 여러분을 곤경에 빠뜨릴 수도 있다. 주변에 있는 정보를 정확하게 처리하지 않거나 여러분이 보고자 하는 것만을 보면 부정확한 추정에 이를 수 있다.

해설 | (A) 이어지는 절에 주어, 동사, 목적어가 모두 갖추어져 있으므로 부사절을 이끄는 접속사 as가 적절하다.

(B) every minute detail of your day를 공통의 목적어로

취해야 하고 had to에 이어지는 research와 병렬 관계이므로 check가 적절하다.

(C) 동명사는 동사의 성질을 갖고 있으므로 processing은 부사 accurately로 수식해야 적절하다.

✔ **Check**

정답 | **1.** 주어: Noticing an expired date on your yogurt and assuming it's no longer edible

해석: 요구르트의 유통기한이 지난 날짜를 알아차리고 그것이 더는 먹을 수 없다고 추정하는 것

2. 일과의 모든 상세한 부분을 조사하고 점검하는 시간

해설 |

1. 두 개의 동명사구(Noticing ~ and assuming ~)가 주어의 역할을 하고 있다.

2. that much time은 앞 문장의 research and check out every minute detail of your day를 하는 시간을 뜻한다.

구문 |

When accurate, assumptions **keep** you **safe** and **make** your life **easier**.

➡ When accurate는 시간의 부사절(When they are accurate)에서 〈주어+be동사〉가 생략된 형태이고, keep과 make의 목적격 보어로 형용사가 쓰였다.

Imagine [how tedious it **would** be if you **had** to research and check out every minute detail of your day to make sure {you had every piece of information available}].

➡ [ ]는 동사 Imagine의 목적어 역할을 하는 명사절이고, { }는 make sure의 목적어 역할을 명사절이다. how절의 would와 if절의 had to는 둘 다 가정법 과거형이며, 현재나 미래에 있을 법하지 않은 일을 가정할 때 사용된다.

03 정답 | ④

소재 | 과학자들이 다른 과학자들의 연구를 확인할 수 없는 이유

해석 | 과학자들은 다른 과학자들의 연구 진위를 계속 확인할 시간이나 돈이 결코 없다. 학계에 있는 과학자들은 가르치는 임무, 대학원생 관리, 그리고 자신의 연구 프로그램으로 바쁘다. 그들은 오늘날 널리 행해지는 논문을 출판하지 않으면 쫓겨나는 사고방식에 의해 몰리고 있다. 다른 사람의 연구의 옳음을 증명하거나 거짓을 입증하는 것은 명성이든 재산이든 그들에게 결코 이롭지 않다. 기업에 있는 과학자들은 손익 계산만 문제 삼는 사고 방식을 갖고 있다. 그들은 자신의 회사가 전문으로 하는 영역에서 생산적이어야 한다. 그들에게는 단지 확인하는 재미로 다른 과학자들의 연구를 확인하거나 과학이 정말로 자기 수정적임을 증명할 시간이 없다. 예외도 있지만, 실제로는 이것이 일반적으로 사실이다.

해설 | ④ the areas가 관계사의 선행사이며 specializes in의 목적어가 되므로, which를 〈전치사+관계사〉의 형태인 in which로 바꾸어야 한다.

① 문장에서 주어의 핵이 복수 명사인 Scientists이므로 복수 동사 are는 옳은 표현이다.

② 앞의 명사 the publish-or-perish attitude를 수식하는 형용사로 쓰인 prevalent이므로 옳은 표현이다.

③ 글의 흐름으로 보아 dash 뒤에 쓰인 to부정사구(to confirm ~ else)가 내용상의 주어이므로 형식상의 주어 It은 옳은 표현이다.

⑤ 앞의 no time을 수식하는 to부정사구 to check out ~과 to prove가 병렬로 연결된 형태이므로 to prove는 옳은 표현이다.

✔ **Check**

정답 | **1.** (r)easons, (w)hy, (c)onfirm, (f)alsify

2. 그들에게는 단지 확인하는 재미로 다른 과학자들의 연구를 확인하거나 과학이 정말로 자기 수정적임을 증명할 시간이 없다는 것

해설 |

1. 학계에 있는 과학자나 기업에 있는 과학자들은 여러 가지 일로 다른 과학자들의 연구가 옳은지 거짓인지 증명할 시간이 없다는 내용의 글이다.

2. this는 앞 문장인 They have no time to check out the work of other scientists just for the fun of checking them out or to prove that science really is self-correcting.을 가리킨다.

구문 |

Scientists in the academic community are busy with [their teaching assignments], [their graduate student supervision], and [their own research programs].

➡ 세 개의 [ ]는 모두 명사구로 전치사 with에 병렬로 연결되어 있다.

They have no time [to check out the work of other scientists just for the fun of checking them out] or [to prove {that science really is self-correcting}].

➡ 두 개의 [ ]는 앞의 no time을 수식하는 to부정사구이며, { }는 prove의 목적어 역할을 하는 명사절이다.

04 정답 | ③

소재 | 물건으로 넘치는 집안

해석 | 우리는 새로운 물건을 위한 충분한 공간을 제공하기 위해 옛 물건을 제거하지 않고서 우리 집안으로 그것들을 계속해서 들이는데, 이로 인해 집이 수용 능력 이상으로 가득 차게 된다. 1970년 이후, 미국의 집 크

기가 1,500제곱피트에서 2,000과 2,500제곱피트 사이로 증가했다. 오늘날 많은 주택 소유자는 그곳이 저장 공간의 역할을 하기 때문에 차량 한 대도 채울 수 없는 두 대 용량의 차고를 갖고 있다. 집안에 채워 넣지 못하는 물건은 무엇이든 싸서 임대 보관 창고에 넣어둔다. 일반적인 체중 감소 이론을 비교 대상으로 고려해 보라. 만약 들어오는 열량이 나가는 열량을 초과하면, 체중은 증가하고, 들어오는 열량이 나가는 열량보다 더 적으면, 체중은 줄며, 들어오는 열량과 나가는 열량이 같으면, 체중은 유지된다. 이것이 우리의 주거 공간에도 적용되지 않는가? 우리 신체는 늘어날 수 있지만, 우리 집에게는 불행한 일이지만, 우리의 벽장은 그렇지 않다.

해설 | (A) 앞의 절 전체를 선행사로 취하는 관계대명사가 필요하므로 which가 적절하다. 관계대명사 what은 주어, 보어, 목적어 역할을 하는 명사절을 이끈다.

(B) Whatever ~ home이 문장의 주어 역할을 하고 주어가 pack의 동작을 당하는 대상이므로 수동태인 is packed가 적절하다.

(C) 앞선 절의 동사가 일반동사인 stretch이므로 그에 대한 부정은 do not (stretch)이다. 따라서 do가 적절하다.

Check

정답 | 1. (O)verflowing 또는 (O)verfilled 2. 만약 들어오는 열량이 나가는 열량을 초과하면, 체중은 증가하고, 들어오는 열량이 나가는 열량보다 더 적으면, 체중은 줄며, 들어오는 열량과 나가는 열량이 같으면, 체중은 유지된다는 이론

해설 |

1. 우리는 옛 물건을 제거하지 않은 채 새 물건을 계속해서 들어와 집안을 가득 채우고 있다는 내용의 글이다. 따라서 빈칸에는 'Overflowing(넘치는)'이나 '(O)verfilled(지나치게 가득 채운)'가 들어가야 적절하다.

2. if calories in exceed calories out, weight is gained; if calories in are fewer than calories out, weight is lost; and if calories in equal calories out, weight is maintained 부분이 a popular weight loss theory이다.

구문 |

Today many homeowners have a two-car garage [in which they cannot fit a vehicle] [because **it** serves as a storage area].

➡ 첫 번째 [ ]는 앞의 a two-car garage를 수식하는 관계절이고, 두 번째 [ ]는 이유의 부사절이다. it은 앞의 a two-car garage를 가리킨다.

[**Whatever** does not fit in the home] is packed away in a rental storage unit.

➡ [ ]는 주어 역할을 하는 명사절이고, Whatever는 복합관계대명사로 〈Anything that(~하는 것은 무엇이든)〉의 의미이다.

PLUS | 어법 잡기   본문 58쪽

Grammar Review

정답 | 1. ② tediously → tedious 2. (A) are driven (B) to confirm 3. (A) are sacrificed (B) limiting
4. Whatever does not fit in the home

해설 |

1. it would be에 이어질 수 있는 보어가 필요하므로 부사 tediously를 형용사 tedious로 고쳐 써야 한다.

2. (A) 주어 They가 drive의 동작을 당하는 대상이므로 수동태 are driven이 적절하다.
(B) It이 형식상의 주어이므로 내용상의 주어가 필요하다. 따라서 to confirm이 적절하다.

3. (A) 주어인 More good intentions and great ideas가 동작을 당하는 대상이므로 수동형 are sacrificed가 적절하다.
(B) 뒤의 명사 beliefs를 수식하고, 믿음이 제한적이라는 의미이므로 형용사 limiting이 적절하다.

4. ( ) 안의 내용이 is packed의 주어 역할을 해야 하므로 복합관계대명사인 Whatever로 시작하고, 동사(does not fit), 그리고 부사구(in the home)가 이어져야 한다.

PLUS | 어휘 잡기   본문 59쪽

Vocabulary Review

정답 | 1. (1) exception (2) tedious (3) assume
(4) process
2. (1) benefit (2) finance (3) exceed (4) prevalent
3. (1) storage (2) supervision (3) accommodate
   (4) confirm

해석 및 해설 |

2. (1) ~에 도움이 되거나 유용하다: 유익하다, 이득이 되다
(2) 돈, 은행, 그리고 투자에 대한 관리: 금융, 재정, 자금
(3) 어떤 것보다 더 크거나 한계를 넘어서다: 초과하다, 능가하다
(4) 널리 또는 흔히 발생하거나, 존재하거나, 받아들이거

나 실행되는: 널리 행해지는, 일반적인

3. (1) 몇몇 사람들은 보관용으로만 사용되는 트레일러를 소유하고 있다.

(2) Baker 씨는 자원봉사자 프로그램의 관리를 책임지고 있다.

(3) 언덕 위의 저택은 버스들을 수용할 정도로 큰 주차장을 갖고 있다.

(4) 그 실험들은 사망의 원인을 확증하고 다른 가능성은 배제할 것이다.

Vocabulary in Context

정답 | **1.** (1) tedious (2) exceeded
2. (1) (p)revalent (2) (b)enefit

해석 및 해설 |

1. (1) 시간은 길고 일은 지겹지만 결과는 그만한 가치가 있다.

interesting: 재미있는   tedious: 지겨운, 지루한

(2) 나의 성과가 나의 기대를 초과했으며 나는 내 발전에 기뻐하고 있다.

exceed: 초과하다, 능가하다   exclude: 배제하다, 제외하다

2. (1) 그의 방법 중 일부는 미국 시장에서 여전히 널리 행해지고 있다. (흔하지 않은)

(2) 결과적으로, 그 단체는 환자들에게 이득을 줄 수 있는 건강 프로그램을 만들었다. (해를 주다)

---

08 지칭 대상 파악

READY | 내신 感 잡기
본문 60쪽

소재 | 아들 Mark의 완벽주의를 멈추게 함

해석 | Jack은 자신의 아들 Mark가 갖기 시작한 완벽주의의 순환을 멈추게 했다. Mark는 8살이 되자 시합에서 지는 것을 참지 못했다. 그는 Mark가 화가 나서 우는 것을 보고 싶지 않았기 때문에 Mark가 체스 시합에서 항상 이기게 함으로써 Mark의 태도에 일조하고 있었다. 어느 날, Jack은 Mark가 패배를 경험하게 하는 것이 중요하다는 것을 깨달았고, 그래서 그는 최소한 시합의 절반은 이기기 시작했다. Mark는 처음에는 화를 냈지만, 더 흔쾌히 이기고 지기 시작했다. Jack은 자신이 Mark와 캐치볼 경기를 하다가 공을 잘못 던졌던 어느 날 중대한 시점에 이르렀음을 느꼈다. 공을 놓친 것에 대하여 화를 내는 대신에, Mark는 자신의 유머 감각을 사용할 수 있었고, "아빠는 잘 던졌어요. Mark는 엉망으로 잡았어요."라고 말했다.

해설 | ⑤의 밑줄 친 his는 Mark를 가리키며, 나머지는 모두 Jack을 가리키고 있다.

✔ Check
정답 | **1.** Mark가 시합에서 지는 것을 참지 못하는 것 **2.** ③

해설 |

1. Mark's attitude는 그 앞 문장에 거론된 시합에서 지는 것을 참지 못하는 Mark의 태도를 가리킨다.

2. 아들인 Mark가 유머 감각을 사용하여 말하는 것을 들은 아빠 Jack의 심경으로는 ③ '자랑스러운'이 가장 적절하다.

① 화난 ② 실망한 ④ 질투하는 ⑤ 무관심한

구문 |

Jack was contributing to Mark's attitude [by always letting him win at chess {because he didn't like to see Mark get upset and cry}].

➡ [ ]는 〈전치사(by) + 동명사(letting)〉가 이끄는 부사구이며, { }는 이유를 나타내는 부사절이다.

어휘 |
- perfectionism 완벽주의
- develop 갖기 시작하다
- contribute to ~에 일조하다, ~의 한 원인이 되다
- at least 최소한
- with grace 흔쾌히
- catch 캐치볼 놀이
- comment 말하다
- lousy 엉망인, 서투른

GET SET | 수능 感 잡기
본문 61쪽

정답 | ⑤

소재 | Scott Adams의 인생을 바꿔준 두 통의 편지

해석 | 역대 가장 성공적인 연재만화의 하나인 'Dilbert'의 창작자 Scott Adams는 두 통의 개인적인 편지가 극적으로 자신의 인생을 바꾸었다고 말한다. 어느 날 밤, 그는 만화 제작에 대한 PBS-TV의 프로그램을 시청하던 중, 그 쇼의 사회자인 Jack Cassady에게 편지를 써서 만화가가 되는 데 대해 그의 조언을 구하기로 했다. 그가 매우 놀랍게도, 그는 손 편지의 형태로 몇 주 안에 Cassady로부터 답장을 받았다. 편지에서 Cassady는 Adams에게 초기에 거절을 당하더라도 낙심하지 말라고 조언했다. Adams는 격려를 받아 몇 편의 만화를 제출했지만, 그는 금방 거절당했다. Cassady의 조언을 따르지 않고, 그는 낙심했으며, 자신의 자료들을 치우고, 만화 제작을 직업으로 삼는 것을 잊기로 했다. 약 15개월 후, 그는 Cassady로부터 또 한 통의 편지를 받고는 놀랐는데, 특히나 그가 첫 번째 조언에 대해 그에게 감사를 표하지도 않았기 때문이었다. 그는 Cassady의 격려에 따라 다시 행동했지만, 이번에는 그것을 끝까지 계속했으며 명백히 크게 성공하였다.

해설 | 밑줄 친 ①, ②, ③, ④는 모두 Scott Adams를 가리키지만, ⑤는 Jack Cassady를 가리킨다.

구문 |

One night he was watching a PBS-TV program about cartooning, [when he decided to write to {the host of the show}, {Jack Cassady}, to ask for his advice about becoming a cartoonist].

➡ [ ]는 시간을 나타내는 부사절이며, 그 안에 있는 두 개의 { }는 동격 관계이다.

GO 수능 내신 둘 多 잡기

본문 62~65쪽

01	⑤	02	④	03	③	04	③

01

정답 | ⑤

소재 | 손님 맞을 준비

해석 | 어머니는 제시간에 일을 마치고 손님들이 오기 전에 준비를 끝내려고 애쓰면서 부엌 이쪽저쪽으로 뛰어다니고 있었다. 여느 때처럼, 할머니가 시간에 맞춰 제일 먼저 오셨다. "Lubna, 너 내 도움이 필요하니?"라고 나의 할머니, Apa Ji가 부엌에 있는 어머니에게 큰 소리로 외쳤다. "네, Apa." 그녀가 대답했다. "손님들이 도착하시기 전에 고집 센 제 딸아이가 샤워하고 옷을 입도록 해 주세요!" 나는 겨우 여섯 살이었지만, 내게 준비를 하라고 두 시간 동안 그녀가 어떻게 요청하였는지 아직도 기억할 수 있다. 내가 그녀의 말을 듣지 않게 된 것은 샤워 때문이 아니었다. 나를 매우 가렵게 하는 옅은 자주색 스웨터 때문이었다! 내가 지하실에 숨어 있는 것을 발견했을 때, Apa가 내 팔을 꽉 잡긴 했지만, 그녀가 잡는 힘은 부드러웠다.

해설 | ⑤의 her는 필자의 할머니 Apa Ji를 가리키며, 나머지는 전부 필자의 어머니를 가리킨다.

✔ Check

정답 | 1. if[whether], her
2. 손님이 도착하기 전에 샤워하고 옷을 입으라는 것

해설 |

1. 직접의문문을 간접의문문으로 만들 때 의문사가 없으면 접속사 if나 whether(~인지 아닌지)를 써야 한다.
2. 필자는 손님이 오기 전에 샤워하고 옷을 입으라는 어머니의 말을 계속해서 듣지 않고 있었다.

구문 |

My mother was running back and forth through the kitchen [trying to **beat** the clock and **be** ready before the guests came].

➡ [ ]는 My mother의 부수적 동작을 나타내는 분사구이며, beat와 be는 병렬을 이루고 있다.

02

정답 | ④

소재 | 자신의 꿈에 대한 Stephanie의 열정

해석 | 우리 언니 Robin에게는 배우가 되고 싶어하는 Stephanie라는 친구가 있었다. 이것은 그녀가 그것에 관해 이야기할 때면 언제나 거의 느낄 수 있는 열정이었다. 고등학교를 졸업한 후 Stephanie는 차로 국토를 줄곧 횡단하여 Los Angeles까지 갔으며, 그곳에서 그녀는 전문 대학에서 수업에 출석하기 시작했고, 에이전트를 구했다. 일을 하는 것에 대한 그녀의 열정은 어떠한 두려움이나 불확실성이 그녀의 꿈과 목표를 추구하는 데 방해가 되는 것을 허용하지 않았다. 나에게는 그것이 삶을 바라보는 방식이다. Stephanie가 연기 테스트를 받은 한 시트콤에서 고정 역할에 대해 답신을 듣기를 기대하고 있으며, 그녀가 또한 엄청난 영화에서 대사가 있는 단역을 위한 연기 테스트를 받고 있다는 소식을 자신이 들었다고 언니가 바로 지난주에 내게 말했다.

해설 | ④의 she는 필자의 언니 Robin을 가리키며, 나머지는 전부 Stephanie를 가리킨다.

✔ Check

정답 | 1. graduating   2. to be an actress

해설 |

1. 주절의 주어(Stephanie)와 같은 she는 생략하고 graduated를 graduating으로 바꿔야 한다.
2. her dreams and goals가 가리키는 내용은 'to be an actress(배우가 되는 것)'이다.

구문 |

Her passion for doing things didn't **allow** any fear or uncertainty **to get** in the way of [following her dreams and goals].

➡ 〈allow+목적어+to부정사(목적어가 ~하도록 허용하다)〉의 구문이 쓰이고 있으며, [ ]는 전치사 of의 목적어 역할을 하는 동명사구이다.

03

정답 | ③

소재 | Mike의 실언과 사과

해석 | 10대 시절 어느 날, Mike는 몇몇 친구들과 같이 익살을 떨고 있었다. 그는 둔감하고, 역겨운, 인종 차별적인 발언을 했다. 그는 몰랐지만, 바로 그 특정 인종의 급우인 Alan이 그를 지켜보고 있었다. Mike가 뒤로 돌아 그를 보았을 때, 그의 마음은 철썩 내려앉았고, 자신이 바보 같다고 느꼈다. 자신이 한 일을 그는 믿을 수 없었다. 그 순간에 그는 자신의 인생에서 최고의 결정 중 하나를 내렸다. 겸손하고 진실한 어조로 그는 Alan에게 자신이 사과할 수 있도록 그가 허락해 줄 수 있는지 물었다. 그에게 다행스럽게도 그가 조금 전에 모욕했던 그 급우는 그가 (말을) 계속하도록 허락했다. Mike는 자신의 가장 정중한 사과를 표현했으며 자신이 한 일은 변명할 수 없고 어처구니없는 것이라고 인정했다. 그의 사과는 그의 진실성 덕분에 그 급우에게 받아들여졌다.

해설 | ③의 he는 Alan을 가리키며, 나머지는 전부 Mike를 가리킨다.

정답 | **1.** Mike가 둔감하고, 역겨운, 인종 차별적인 발언을 한 것
2. (A) insulting (B) apology

해설 |

1. what he had done은 Mike가 인종 차별적인 발언을 한 것을 가리킨다.

2. Mike는 특정 인종을 모욕하는 멍청한 실수를 저질렀지만, 자신의 진실한 사과 덕분에 용서받을 수 있었다.

구문 |

Mike **offered** his most gracious apology and **admitted** that [what he had done] was inexcusable and absurd.

➡ 동사 offered와 admitted가 병렬을 이루고 있으며, [ ]는 선행사를 포함한 관계절로 that절의 주어로 쓰였다.

04
정답 | ③

소재 | 의사의 치료에 대한 엄마의 부정적인 태도

해석 | 한 살이 되기 한 달 전에, 내 동생 Ann은 처음 천식 발작을 일으켰다. 인터넷이 존재하기 전이었지만, 엄마는 천식에 관한 책을 읽고, 기사를 오리고, 다른 부모들과 치료에 관한 기록을 주고받으며, 자신이 손에 넣을 수 있는 한 치료에 관한 최대한 많은 연구 자료를 끈질기게 찾아냈다. 곧 그녀는 자신의 막내딸을 치료하고 있는 의사에 대해 점점 회의를 느꼈다. 그 의사의 해결책은 다른 의사의 것과 모순되었으며, 그녀의 치료 제안은 엄마가 읽고 있던 일부 자료와 상당히 근본적으로 벗어났다. 그녀의 커져가는 회의감은 그 의사가 한 살짜리 내 동생에게 처방한 스테로이드의 복용량을 찾아보고 그것이 3백 파운드 무게의 성인에게 충분한 양인 것을 발견한 다음에 최고조에 달했다. 엄마는 다른 의사를 찾아보기로 결정했으며, Ann이 나아지고 있었지만, 의사들과 면담할 때 그녀는 항상 동일한 회의적인 태도를 유지했다.

해설 | ③의 her는 의사를 가리키며, 나머지는 전부 Ann의 어머니를 가리키고 있다.

정답 | (1) T (2) F (3) F **2.** (the) answers

해설 |

1. (1) Ann은 한 살이 되기 한 달 전에 천식 발작을 일으켰다.
(2) 인터넷이 보급되기 전 시기였다.
(3) 엄마는 의사의 처방에 회의를 품기 시작했다.

2. those는 앞에 나온 명사 (the) answers 대신 쓰인 대명사이다.

구문 |

[Though it was before the Internet], my mother doggedly tracked down **as much** research about treatment **as** she could get her hands on: reading books on asthma, clipping articles, and swapping notes about treatment with other parents.

➡ [ ]는 양보의 부사절로 Though는 '비록 ~이지만'의 의미를 나타낸다. 〈as much ~ as ... can〉은 '…할 수 있는 한 최대한 많은 ~'의 의미로 쓰이고 있다.

Her growing skepticism peaked after looking up the dosage of steroids [the doctor had prescribed for my one-year-old sister], **to find** that it was sufficient for a three-hundred-pound adult.

➡ [ ]는 관계절로 the dosage of steroids를 수식하고 있으며, to find 이하는 to부정사의 결과적 용법으로 '결국 ~하게 되다'의 의미이다.

PLUS | 어법 잡기
본문 66쪽

Grammar Review

정답 | **1.** ③ what → which[that] **2.** (A) to get (B) following
3. (A) looking (B) prescribed
4. if he would allow him to apologize

해설 |

1. It was the lavender sweater which[that] made me so itchy (that made me disobey her words)!의 구조에서 중복을 피하기 위해 괄호 부분이 생략된 형태이다. 선행사(the lavender sweater)가 있으므로 what을 which나 that으로 고쳐야 한다.

2. (A) 〈allow+목적어+to부정사(목적어가 ~하도록 허용하다)〉의 구문이므로 to get이 와야 적절하다.
(B) 전치사 of의 목적어 역할을 하는 following이 와야 적절하다.

3. (A) 전치사 after의 목적어 역할을 하는 동명사구를 이끄는 looking이 와야 한다.
(B) 〈had + 과거분사〉의 형태가 필요하므로 prescribed가 와야 한다.

4. 〈if+주어+allow+목적어+to부정사〉의 순서로 배열되어야 적절하다.

PLUS | 어휘 道 잡기

본문 67쪽

Vocabulary Review

정답 | **1.** (1) itchy (2) passion (3) disgusting (4) peak
2. (1) stubborn (2) attend (3) insensitive (4) swap
3. (1) gentle (2) sufficient (3) dosage (4) sincerity

해석 및 해설 |

2. (1) 당신의 생각을 바꾸거나 무엇인가를 하는 것을 그만두기를 거부하는: 완고한

(2) 행사나 활동에 참석하다: 참석하다

(3) 다른 사람의 감정에 전혀 관심을 표명하거나 느끼지 않는: 무감각한

(4) 누군가에게 무엇을 주고 보답으로 무엇을 얻다: 교환하다

3. (1) 부드러운 사람들만이 언제나 실제로 강하다.

(2) 나는 그들이 준비한 음식이 모든 손님들을 먹일 만큼 충분하다고 생각지 않는다.

(3) Ted의 의사는 하루에 두 알에서 네 알로 복용량을 늘렸다.

(4) 그녀의 진실함이 마침내 그의 마음을 바꾸었다.

Vocabulary in Context

정답 | **1.** (1) uncertainty (2) insulted
2. (1) (f)irm (2) (s)keptical

해석 및 해설 |

1. (1) 전문가의 충고를 받아들여서 미래에 대한 불확실성을 최소화하라.

certainty: 확실성   uncertainty: 불확실성

(2) 그는 사장에 의해 회의에서 모욕당하고 매우 불쾌함을 느꼈다.

insult: 모욕하다   praise: 칭찬하다

2. (1) 이 기계는 바위처럼 단단해 보인다. (약한)

(2) 그 소식을 들었을 때, 사람들은 정부 발표에 회의적이었다. (확신하는)

---

09 세부 내용 파악

READY | 내신 感 잡기

본문 68쪽

소재 | 화가 Alexander Young Jackson

해석 | Alexander Young Jackson(모든 사람들이 그를 A. Y.라고 불렀다)은 1882년에 Montreal의 한 가난한 가정에서 태어났다. 그가 어렸을 때 그의 아버지는 그들을 저버렸고, A. Y.는 12살 때 그의 남자 형제들과 여자 형제들을 부양하는 것을 돕기 위해 일을 해야만 했다. 인쇄소에서 일을 하면서 그는 미술에 관심을 가지게 되었고, 신선하고 새로운 방식으로 풍경을 그리기 시작했다. 기차를 타고 Ontario 북부를 횡단하는 여행을 하면서, A. Y.와 몇 명의 다른 화가들은 그들이 보는 모든 것을 그렸다. 자칭 'Group of Seven'은 여행의 결과물들을 한데 모아 1920년에 Toronto에서 미술 전시회를 열었다. 그 전시회에서 그들의 그림은 '미쳐버린 예술'이라고 혹독하게 비판을 받았다. 그러나 그는 계속 그림을 그리고, 여행을 하고, 전시회를 열었고, 1974년 92세의 나이로 사망했을 때 A. Y. Jackson은 이미 천재 화가이자 현대 풍경화의 개척자로 인정받았다.

해설 | That was the show where their paintings were severely criticized as "art gone mad."로부터 Toronto 전시회에서 A. Y.와 몇 명의 다른 화가들의 그림이 '미쳐버린 예술'이라고 혹독하게 비판받았음을 알 수 있다.

✓ Check

정답 | **1.** Working **2.** pioneer

해설 |

1. Work ~ shop이 접속사 없이 주절과 연결되므로 Work가 분사로 바뀌어야 하는데, 주절의 주어인 he가 Work의 행동을 행하는 주체이기 때문에 Work를 현재분사 Working으로 바꿔야 한다.

2. '새로운 지식이나 활동 분야를 연구하고 개발한 최초의 사람들 중 하나인 사람'이라는 뜻이므로, '개척자'를 뜻하는 pioneer가 적절하다.

구문 |

[Traveling by train across northern Ontario], A. Y. and several other artists painted everything [they saw].

➡ 첫 번째 [ ]는 분사구이고, 두 번째 [ ]는 everything을 수식하는 관계절이다.

어휘 |

- be born to ~에서 태어나다
- abandon 저버리다, 그만두다
- support (가족을) 부양하다
- print shop 인쇄소
- landscape 풍경
- put ~ together ~을 한데 모으다
- art show 전시회
- severely 혹독하게

- **criticize** 비판하다
- **acknowledge** 인정하다
- **modern** 현대의
- **exhibit** 전시회를 열다
- **pioneer** 개척자, 선구자

GET SET | 수능感 잡기

본문 69쪽

정답 | ④

소재 | 미국 작가 Marjorie Kinnan Rawlings

해석 | 1896년 Washington D.C.에서 태어난 미국 작가인 Marjorie Kinnan Rawlings는 시골풍의 주제와 배경이 있는 소설을 썼다. 그녀가 어렸을 때, 그녀의 이야기 중 하나가 'The Washington Post'에 실렸다. 대학교를 졸업한 후 Rawlings는 저널리스트로 일하면서 동시에 소설가로 자리를 잡으려고 애썼다. 1928년에 그녀는 Florida주 Cross Creek에 있는 오렌지 과수원을 구입했다. 이것은 'The Yearling'과 자전적인 책인 'Cross Creek'을 포함한 그녀의 작품 중 일부의 영감의 원천이 되었다. 1939년에 한 소년과 어미 잃은 아기 사슴에 관한 이야기인 'The Yearling'은 퓰리처상 소설 부문 수상작이 되었다. 이후, 1946년에 'The Yearling'은 같은 제목의 영화로 만들어졌다. Rawlings는 1953년에 세상을 떠났고, 그녀가 Cross Creek에 소유한 땅은 Florida 주립 공원이 되어 그녀의 업적을 기리고 있다.

해설 | Later, in 1946, *The Yearling* was made into a film of the same name.으로부터 'The Yearling'이라는 소설이 같은 제목의 영화로 제작되었음을 알 수 있으므로, ④는 글의 내용과 일치하지 않는다.

구문 |

Rawlings passed away in 1953, and the land [she owned at Cross Creek] has become a Florida State Park [honoring her achievements].

➡ 첫 번째 [ ]는 the land를 수식하는 관계절이고, 두 번째 [ ]는 a Florida State Park를 부가적으로 설명하는 분사구이다.

GO | 수능 내신 둘多 잡기

본문 70~73쪽

01	④	02	④	03	④	04	③

01

정답 | ④

소재 | 큰바다쇠오리

해석 | 단백질이 풍부하고 영양가가 높은 지방과 기름이 가득하기 때문에 큰바다쇠오리는 날지 못하는 새이기는 했으나 근사했다. 북대서양의 양쪽에 있는 바위섬과 해안지역에서 발견된 큰바다쇠오리는 도도새의 다소 더 작은 형태와 같고, 그에 필적하는 뇌를 가지고 있었다. 16세기 초에 시작하여 선원들은 그 무력한 생물을 건널 판자 위로 줄지어 가게 해서 수백 마리씩 배의 저장 공간 속으로 그것들을 밀어 넣기 시작했다. 큰바다쇠오리는 훌륭한 음식으로 여겨졌고, 맛 좋은 그 새는 깃털, 가죽, 그리고 알 때문에 사냥을 당했다. 아쉽게도 여러분은 큰바다쇠오리의 연한 고

기를 결코 마음껏 먹게 될 수 없을 것이다. 1844년으로 거슬러 올라가 아이슬란드의 앞바다에 있는 섬에서 마지막 한 쌍이 죽임을 당했다.

해설 | The great auk was considered great food, and the tasty bird was hunted for its feathers, skin, and eggs.로부터 큰바다쇠오리가 훌륭한 음식으로 여겨졌다는 것을 알 수 있으므로, ④가 글의 내용과 일치한다.

✅ Check

정답 | 1. tasty **2.** 1844년에 아이슬란드의 앞바다에 있는 섬에서 마지막 한 쌍이 죽임을 당했기 때문이다.

해설 |

1. 큰바다쇠오리가 단백질이 풍부하고 영양분이 많은 지방과 기름이 가득하며 훌륭한 음식으로 여겨졌다는 것으로부터 이 새가 맛이 좋음을 알 수 있다. 따라서 글의 문맥을 고려할 때, taste는 tasty로 바뀌어 사용되어야 한다.

2. 밑줄 친 (b)는 '아쉽게도 여러분은 큰바다쇠오리의 연한 고기를 결코 마음껏 먹게 될 수 없을 것이다.'라는 뜻인데, 그 이유는 바로 다음에 나오는 문장에 제시되어 있다.

구문 |

[Starting in the early 16th century], sailors **began marching** the helpless creatures up the gangplank and **pushing** them into the ship's storage area **by the hundreds**.

➡ [ ]는 분사구이다. marching과 pushing은 병렬 관계로 began에 공통으로 연결되어 있다. by the hundreds는 '수백 단위로'라는 뜻이다.

02

정답 | ④

소재 | Ivan 대제

해석 | 정복, 외교, 그리고 모스크바가 몽골인에게 바쳐온 2백 년 동안의 충성의 거부를 통해 Ivan 대제는 러시아를 유럽의 강국으로 만들었다. 그가 왕좌에 올랐을 때, 그의 왕국은 겨우 15,000제곱마일로 구성되었는데, 그것은 오늘날 미국의 인디애나 주 크기의 절반이 채 되지 않았다. 아들인 Vasily와 함께 그는 러시아 영토를 거의 세 배로 만들었다. Ivan 대제는 "두 개의 로마가 몰락했지만, 세 번째는 정말로 지속됩니다. 폐하의 그리스도교 제국은 영원히 계속될 것입니다."라고 했던 한 수도사의 예언을 마음에 품으며 러시아를 제3의 로마로 만들려는 꿈을 꾸었다. 자신의 비전을 성취하기 위해, 그는 로마 황제 Caesar Augustus의 직계 후손이라고 주장했고, 비잔티움(제2의 로마)의 마지막 황제의 조카딸과 결혼했다.

해설 | Ivan the Great dreamed of making Russia the Third Rome, cherishing a monk's prophecy that ~.로부터 Ivan the Great는 한 수도사가 했던 예언을 마음에 품었음을 알 수 있으므로, ④는 글의 내용과 일치하지 않는다.

✔Check

정답 | 1. 두 개의 로마가 몰락했지만, 세 번째는 정말로 지속됩니다. 폐하(당신)의 그리스도교 제국은 영원히 계속될 것입니다.

2. 자신(Ivan 대제)이 로마 황제 Caesar Augustus의 직계 후손이다.

해설 |

1. 한 수도사의 예언이 가리키는 구체적인 내용은 while "the two Romes have fallen, the third does endure. Your Christian Empire shall last forever."에 나타나 있다.

2. To fulfill his vision, he claimed to be a direct descendant of the Roman emperor Caesar Augustus, ~.로부터 Ivan the Great는 비전을 성취하기 위해 자신이 로마 황제 Caesar Augustus의 직계 후손이라고 주장했음을 알 수 있다.

구문 |

When he assumed the throne, his realm consisted of just fifteen thousand square miles, [less than half the size of present-day Indiana State of the United States].

➡ [ ]는 just fifteen thousand square miles를 부연 설명한다.

03

정답 | ④

소재 | 학용품 모으기 운동

해석 |

Hillside 사회봉사국	학용품 모으기 운동 7월 10일부터 8월 28일까지
학용품 모으기 운동	수집함은 5번가 Hillside 사회봉사국 1층에 있음.
추천 물품: 공책, 배낭, 색도화지, 마커 펜, 펜, 연필, 테이프, 자, 크레용, 복사용지, 포켓 폴더, 막대 풀, 접착식 메모지, 지우개, 계산기, 기타 등등	● Hillside 사회봉사국은 Stonewall 주민센터의 방과후 프로그램에 참여하는 아이들을 위하여 학용품을 수집하고 있습니다. ● 월요일부터 금요일까지, 오전 8시 30분부터 오후 8시 30분까지 5번가에 위치한 Hillside 사회봉사국 1층 안내처 옆에 용품을 가져다주시면 됩니다. ● 온라인에서 구매하시면, www.happysmile.all.com에서 쇼핑을 하여 Hillside 사회봉사국을 선택하십시오. 저희의 희망 목록인 http://v.kk/5ths6Jh에서 쇼핑하십시오. 후원해주셔서 감사합니다! 질문이 있거나 더 많은 정보를 원하신다면, 828-321-1234로 연락을 주시거나 info@hcsny.org로 이메일을 보내주십시오.

해설 | If you buy online, shop at www.happysmile.all.

com and pick Hillside Community Services.로부터 지정된 웹사이트에서 학용품 구매가 가능함을 알 수 있다. 따라서 정답은 ④이다.

✔Check

정답 | 1. ③ **2.** information

해설 |

1. SCHOOL SUPPLY DRIVE의 기간, 장소, 추천 물품, 문의 방법 등은 언급되어 있으나, ③ '참가 자격'은 언급되지 않았다.

2. 주어진 영영풀이는 '어떤 사람이나 어떤 것에 관한 지식이나 사실'이므로 이에 해당하는 단어는 information이다.

구문 |

If you buy online, [shop at www.happysmile.all.com] and [pick Hillside Community Services].

➡ 명령문 형태를 취하고 있는 두 개의 [ ]가 병렬 관계로 연결되어 있다.

04

정답 | ③

소재 | Bekonscot 모형 마을과 철도

해석 | Bekonscot 모형 마을과 철도

모든 이익금은 자선 단체에 기부됩니다.	매일 오전 10시부터 오후 5시까지 개방 2월 11일 ～ 11월 4일

아무도 자라지 않는 이 아주 작은 이상한 나라에서 '거인이 되십시오.' 1929년에 설립된 Bekonscot 모형 마을은 잃어버린 시대의 정말 즐겁고 영원한 모습을 포착하고 1930년대의 영국의 시골을 묘사합니다. Bekonscot은 자랑할 만한 최고의 기차 세트를 가지고 있는데, 그 역사적인 Gauge 1 노선은 1929년 이래로 영국에서 가장 길고 흥미진진하며 복잡한 노선 중 하나인 것으로 유명했습니다.

★리모컨으로 조작되는 보트 ★차 마시는 공간 ★운동장 ★아이들을 위한 탈것

★통나무집은 자녀의 생일파티를 열 수 있는 재미있는 곳입니다.

★지리, 과학, 역사, 그리고 공학이 이 축소 모형 마을에서 다루어질 수 있는 주제에 속하기 때문에 Bekonscot은 또한 교육적입니다!

*입장료: 성인 10파운드 / 18세 미만 어린이 무료

www.bekonscot.co.uk

해설 | ~ Bekonscot Model Village captures a delightful and timeless image of a lost age, depicting rural England in the 1930's.로부터 Bekonscot Model Village는 1930년대 영국의 시골을 묘사한다는 것을 알 수 있으므로, ③은 글의 내용과 일치하지 않는다.

정답 | **1.** where **2.** 영국에서 가장 길고 흥미진진하며 복잡한 노선들 중 하나이므로

해설 |

1. 선행사가 장소인 this miniature wonderland이고 뒤에 완전한 형태의 절이 이어지므로, 관계부사 where를 사용해야 한다.

2. ~ its historic Gauge 1 line has been famous since 1929 for being one of the longest, most exciting and complex in Great Britain.에 Bekonscot의 Gauge 1 line이 유명한 이유가 제시되어 있다.

구문 |

Bekonscot is also educational **as** [among the topics {which can be covered in this miniature village}] **are** [geography, science, history and engineering]!

➡ as 이하는 이유를 나타내는 절이다. 이 절은 첫 번째 [ ]인 부사구와 동사(are) 그리고 두 번째 [ ]인 주어의 순서로 도치된 형태이다. { }는 the topics를 수식하는 관계절이다.

PLUS | 어법 잡기

본문 74쪽

Grammar Review

정답 | **1.** ③ is → are **2.** (A) cherishing (B) fallen
3. (A) Starting (B) pushing
4. can drop off supplies at Hillside Community Services

해설 |

1. as절의 주어가 geography, science, history and engineering이므로, 동사는 is에서 are로 바뀌어야 한다.

2. (A) 분사의 의미상의 주어가 Ivan the Great이고 뒤에 목적어가 있으므로, 능동의 의미를 나타내는 현재분사인 cherishing을 사용해야 한다.
(B) fall은 '몰락하다'를 의미하는 자동사인데, 자동사는 수동태로 쓰일 수 없으므로 fallen을 사용해야 한다.

3. (A) Start의 뒤에 이미 주어인 sailors와 동사인 began이 있으므로, Start를 현재분사 Starting으로 고쳐야 한다.
(B) began의 목적어로 이어지는 marching과 병렬 관계를 이루어야 하므로, push를 동명사인 pushing으로 고쳐야 한다.

4. 주어인 You의 뒤에 조동사 can과 본동사인 drop off가 나오고, 뒤에 목적어인 supplies가 이어지며, 장소 부사구인 at Hillside Community Services가 나와야 한다.

PLUS | 어휘 잡기

본문 75쪽

Vocabulary Review

정답 | **1.** (1) nutritious (2) diplomacy (3) sanitizer
(4) boast
2. (1) flightless (2) drive (3) conquest (4) prophecy
3. (1) issue (2) territory (3) calculator (4) rural

해석 및 해설 |

2. (1) 날 수 없는: 날지 못하는
(2) 특히 기업이나 정부에 의해 어떤 것을 성취하기 위한 큰 노력: (조직적인) 운동
(3) 전쟁 동안 땅이나 사람들을 장악하는 행위: 정복
(4) 어떤 일이 미래에 일어날 것이라는 진술: 예언

3. (1) 이 문제는 짧은 시간에 이해하기 어렵다.
(2) 그 위대한 왕은 어떤 적도 자신의 영토에 들어오는 것을 허용하지 않았다.
(3) 수학 시험에서 계산기를 사용하는 것이 허용되지 않습니다.
(4) 은퇴 후, Jake는 시골 생활의 평화를 즐겼다.

Vocabulary in Context

정답 | **1.** (1) depicts (2) helpless
2. (1) (s)imple (2) (A)ncestor

해석 및 해설 |

1. (1) 그 그림은 한 행복한 가족을 묘사한다.
depict: 묘사하다   cherish: 마음에 품다, 귀중히 여기다
(2) 그 과학자들은 그 무력한 동물들을 포식자로부터 보호했다.
strong: 강한   helpless: 무력한

2. (1) 그 해결책은 매우 단순했고, 이해하기 쉬웠다. (복잡한)
(2) 조상 숭배는 세계의 여러 지역에서 발견되어 왔다. (후손)

10 도표 정보 파악

READY | 내신 感 잡기 본문 76쪽

소재 | 지역별 자연재해 횟수와 피해액

해석 | 2014년 지역별 자연재해

위의 두 개의 원그래프는 2014년의 지역별 자연재해 횟수와 피해액을 보여 준다. 다섯 지역 중 아시아의 자연재해 횟수가 가장 많았으며, 유럽의 2배가 넘는 비율인 36%를 차지했다. 아메리카가 23%를 차지하면서 자연재해 횟수가 두 번째로 많았다. 오세아니아의 자연재해 횟수가 가장 적었으며 아프리카의 자연재해 횟수의 3분의 1도 안 되었다. 아시아의 피해액이 가장 많았으며 아메리카와 유럽이 합쳐진 액수보다 더 많았다. 아프리카가 비록 자연재해 횟수에서는 3위를 차지했지만 피해액은 가장 적었다.

해설 | 2014년 아시아의 피해액은 7,211억 달러이고, 아메리카와 유럽의 피해액은 각각 5,326억 달러와 2,386억 달러이며, 이 두 액수의 합은 7,712억 달러이다. 따라서 다섯 번째 문장은 도표의 내용과 일치하지 않는다.

Check

정답 | 1. ③   2. the number of natural disasters

해설 |

1. account for는 '(비율을) 차지하다'의 의미로 사용되고, 이를 설명한 것은 ③이다.

2. that은 앞의 주어에 나온 말 the number of natural disasters를 대신한다.

구문 |

The **number** of natural disasters in Asia **was** the largest of all five regions and accounted for 36 percent, [which was more than **twice the percentage** of Europe].

➡ 주어의 핵이 number이므로 단수 동사 was가 사용되었다. [ ]는 선행사 36 percent를 설명하는 계속적 용법의 관계절이다. twice the percentage는 〈배수사+the+단위명사〉 어순의 배수 비교 구문이다.

어휘 |

- disaster 재해, 재난
- damage 피해
- account for ~을 차지하다
- combined 합쳐진
- amount 액수, 양
- region 지역
- take up ~을 차지하다
- rank (순위를) 차지하다

GET SET | 수능 感 잡기 본문 77쪽

정답 | ③

소재 | 미국 대학의 국가별 유학생 수와 순위

해석 | 상위 10개 유학생 출신국

위 표는 1979-1980학년도와 2016-2017학년도의 두 학년도에 미국의 대학과 종합대학에 등록한 상위 10개 출신국과 유학생의 수를 보여 준다. 2016-2017학년도의 유학생 총수는 1979-1980학년도 총 유학생 수보다 3배 넘게 많았다. 이란, 타이완, 나이지리아는 1979-1980학년도 유학생의 상위 3개 출신국이었는데, 그중 타이완만이 2016-2017학년도 상위 10개 출신국 목록에 포함되었다. 인도 출신 학생 수는 1979-1980학년도보다 2016-2017학년도에 20배 넘게 많았으며, 인도는 2016-2017학년도에 중국보다 순위가 더 높았다. 대한민국은 1979-1980학년도에는 상위 10개 출신국에 포함되지 않았는데, 2016-2017학년도에는 순위가 3위였다. 일본 출신 학생의 수는 1979-1980학년도보다 2016-2017학년도에 더 많았으나, 일본은 1979-1980학년도보다 2016-2017학년도에 순위가 더 낮았다.

해설 | 인도 출신의 유학생은 1979-1980학년도에 9,000명이었고, 2016-2017학년도에는 186,000명이므로 20배 넘게 많았지만, 인도는 2016-2017학년도에 중국보다 순위가 낮아 2위였다. 따라서 정답은 ③이다.

구문 |

The total **number** of international students in 2016-2017 **was** over **three times larger than** the total number of international students in 1979-1980.

➡ 주어의 핵이 number이므로 단수동사 was가 사용되었다. 〈배수사(~ times)+비교급(larger)+than〉은 배수 비교를 나타낸다.

GO | 수능 내신 둘 多 잡기 본문 78~81쪽

01	③	02	④	03	③	04	③

01

정답 | ③

소재 | 학교 설립 유형에 따른 A등급 비율의 추이

해석 | 2005년부터 2013년까지 A등급을 받은 Indiana 주 학교들

위 그래프는 2005년부터 2013년까지 Indiana 주 교육부에 의해 이루어진 학교 평가에서 A등급을 받은 공립학교, 사립학교, 차터 스쿨의 비율을 보여준다. 2005년 이후 세 유형의 학교 중에서 사립학교가 항상 가장 높은 A등급 학교 비율을 보였다. 하지만 A등급 사립학교의 비율은 2011년에 정점을 찍은 후 현저하게 하락하기 시작했다. A등급 공립학교의 비율은 2008년 이전에는 30%에도 미치지 못한 상태였으나, 2007년에 상승하기 시작하여 2013년에 50%를 넘어섰다. A등급 공립학교의 비율에 비해 A등급 차터 스쿨의 비율은 전반적으로 반대되는 경향을 보였다. 그것은 2005년에 약 48%에서 출발하였지만, 2013년에 약 20%에 이를 때까지 전반적 하향 추세를 보였다.

해설 | 공립학교의 A등급 비율은 2008년 이전에 30% 미만이었으나, 2007년 이후 상승하기 시작하여 2013년에 50%에 약간 못 미치는 수준까지 상승했음을 알 수 있다. 그런데 ③은 공립학교의 A등급 비율이 2013년에 50%를 넘었다고 진술하고 있다. 따라서 도표의 내용과 일치하지 않는 것은 ③이다.

✔ Check

정답 | **1.** Compared   **2.** (It was) In 2009.

해설 |
1. 주절의 주어인 the percentage of A-rated charter schools가 compare의 주체가 아니라 그 동작을 받는 대상이므로 과거분사형인 Compared가 와야 적절하다.
2. 공립학교와 차터 스쿨의 A등급 비율이 같은 수치를 보이는 해는 2009년임을 알 수 있다.

구문 |

The above graph shows the percentages of public, private, and charter schools [**that** earned A's in the school ratings {**made** by the Indiana Department of Education from 2005 to 2013}].
➡ [ ]는 관계대명사 that이 이끄는 관계절로 선행사 public, private, and charter schools를 수식한다. 과거분사 made로 시작되는 { }는 앞의 the school ratings를 수식한다.

The percentage of A-rated public schools stayed just under thirty percent before 2008, but it **began** to increase in 2007 and **exceeded** fifty percent in 2013.
➡ 주어 it에 이어져 began과 exceeded가 병렬구조를 이루고 있다.

02
정답 | ④

소재 | 장수하는 동물들의 수명 비교

해석 | 지구상에서 가장 장수하는 동물들(가장 오래 사는 육생 및 수생 동물)

인간에게는 100세까지 사는 것이 희귀한 중대한 사건이다. 하지만, 일부 동물에게는 그것은 별로 드문 일이 아니다. 위의 도표에 실린 여덟 동물들 모두 100살을 훨씬 넘어 산다. 최장 수명을 지닌 동물들 중에서 400년을 사는 대양 백합 조개가 단연코 가장 긴 수명을 갖는다. 사실 대양 백합 조개의 수명은 네 번째로 긴 수명을 지닌 성게보다 수명이 두 배나 된다. 두 번째로 오래 사는 동물인 수염 고래는 211년을 사는데, 이는 한볼락의 수명보다 6년이 더 길다. 유명한 갈라파고스땅거북은 200년 이상을 살지만, 순위상 겨우 다섯 번째로 오래 사는 동물에 불과하다. 용철갑상어의 수명은 앨더브라코끼리거북의 수명과 같고, 그들의 수명은 갈퀴볼락의 수명보다 5년 더 짧다.

해설 | 갈라파고스땅거북의 수명은 200년 이상이 아니라 177년이므로 도표의 내용과 일치하지 않는 것은 ④이다.

✔ Check

정답 | **1.** twice, as, as, that   **2.** longer, by, twenty

해설 |
1. 배수 비교 구문인 〈배수사+the+명사+of ~〉를 원급 형용사인 long이 사용된 배수 비교 구문으로 바꿔야 하므로 〈배수사+as ~ as …〉의 어순으로 나타내고, 앞에 나온 the life span을 대신하는 대명사 that이 사용되어야 한다.
2. 갈라파고스땅거북(Galapagos tortoise)의 수명은 177년으로 갈퀴볼락(shortraker rockfish)의 수명인 157년보다 20년 더 길다는 것을 알 수 있다. '차이'를 나타내는 경우 전치사 by를 사용한다.

구문 |

Of the animals with the longest life spans, an ocean quahog [that lives to be 400 years old] **has by far** the longest life span.
➡ [ ]는 주어 an ocean quahog를 수식하는 관계절이다. 단수형 주어에 맞춰 동사 has가 왔다. by far는 비교급과 최상급을 모두 강조할 수 있는 부사구인데, 여기서는 최상급(the longest)을 강조하므로 '단연코'라고 해석한다.

A bowhead whale, [the second longest-living creature], lives to be 211 years old, **which** is six years longer than a rougheye rockfish's life span.
➡ [ ]는 주어 A bowhead whale과 동격을 이룬다. which는 계속적 용법으로 사용된 관계대명사이다.

03
정답 | ③

소재 | 식품별 설탕 함유율

해석 | 특정 식품에 들어 있는 설탕의 양

위의 막대그래프는 일부 식품들에 들어있는 설탕 양의 비율을 비교한다. 케첩과 땅콩버터는 모두 10% 미만의 설탕을 함유하고 있는데, 반면에 그래프상의 다른 식품들은 각각 10%가 넘는 설탕을 함유하고 있다. 가장 높은 설탕 함유율을 지닌 식품은 초콜릿 바인데, 그것의 설탕 함유량은 초콜릿 케이크의 설탕 함유량보다 2.9퍼센트포인트 더 높다. 아이스크림은 소다보다 7.5퍼센트포인트 더 높은 설탕 함유량을 갖고 있다. 크래커에 들어있는 설탕 함유량은 11.8%인데, 그것은 케첩의 설탕 함유량보다 3퍼센트포인트 더 높은 수치이다. 초콜릿 바와 케첩 사이의 설탕 함유량 차이는 24.4퍼센트포인트이다.

해설 | 아이스크림의 설탕 함유량 비율(21.4%)은 소다의 설탕 함유량 비율(28.9%)보다 7.5퍼센트포인트 더 높은 것이 아

나라 더 낮은 것이므로, 도표의 내용과 일치하지 않는 것은 ③이다.

정답 | **1.** (A) contain (B) does (C) which
2. Chocolate bar, chocolate cake, soda, and ice cream (contain over 20 percent of sugar content).

해설 |

1. (A) 주어가 복수형(the other foods)이므로 contain이 적절하다.

(B) 일반 동사 has를 대신하는 대동사로는 does가 적절하다.

(C) 계속적 용법의 관계대명사로 사용될 수 있는 which가 적절하다.

2. 막대그래프 높이가 20%를 넘어가는 4개의 식품이 답이 된다.

구문 |

The bar graph above compares the percentages of the amount of sugar [**present** in some foods].

➡ [ ]는 형용사구로 앞의 sugar를 수식하며, present는 '존재하는'이라는 의미로 사용되었다.

[The **difference** of sugar content between a chocolate bar and ketchup] **is** 24.4 percentage points.

➡ [ ]가 문장의 주어이고, 주어의 핵은 difference이다. 단수 주어에 맞춰 단수 동사 is가 왔다.

04
정답 | ③

소재 | 유럽 사람들의 해외 온라인 쇼핑 비율

해석 | 유럽인들은 해외 쇼핑을 좋아한다(2018년 선택된 유럽 국가의 해외 전자상거래 구매)

위 그래프는 2018년에 외국 소매업자로부터 상품을 구매한 선택된 유럽 국가의 온라인 쇼핑객의 비율을 보여준다. 선택된 나라들 중 아일랜드가 해외 온라인 쇼핑객의 비율이 가장 높은데, 84퍼센트의 아일랜드 사람들이 해외 온라인 쇼핑을 했다. 오스트리아는 해외 온라인 쇼핑객의 비율이 두 번째로 높은데, 그것은 아일랜드의 비율보다 3퍼센트포인트 낮았다. 스페인의 해외 온라인 쇼핑객 비율은 오스트리아보다 20퍼센트포인트 낮았지만, 스웨덴과 이태리보다는 10퍼센트포인트 넘게 높았다. 프랑스 사람들 사이에서는 10명 중 4명이 국경을 넘어 쇼핑했고, 이 비율은 영국보다 약간 높았다. 독일은 선택된 국가들 중에서 해외 온라인 쇼핑객 비율이 가장 낮았으며, 전체 인구의 3분의 1 미만의 사람들이 해외 온라인 쇼핑을 했다.

해설 | 스페인의 해외 온라인 쇼핑객 비율은 61퍼센트로 오스트리아보다 20퍼센트포인트 낮은 것은 맞지만, 스웨덴(55퍼센트)과 이태리(54퍼센트)보다 10퍼센트포인트 넘게 높지는

않으므로 ③의 후반부는 도표 내용과 일치하지 않는다.

정답 | **1.** the rate **2.** (t)wice, (d)ouble

해설 |

1. 앞에 나온 명사를 대신하는 기능의 that은 흐름상 the rate를 대신한다.

2. 오스트리아의 해외 온라인 쇼핑객 비율은 81퍼센트로 프랑스(40퍼센트)의 거의 두 배이므로 두 개의 빈칸에는 각각 twice와 double이 들어가야 한다.

구문 |

Of the selected countries, Ireland had the highest percentage of overseas online shoppers, **with** 84 percent of Irish people **shopping** abroad online.

➡ 주절에 부수적으로 이어지는 특정 어구의 동작이나 상태를 나타낼 때 쓰이는 〈with+명사(구)+-ing〉의 표현이 사용되었다.

PLUS | 어법 잡기
본문 82쪽

Grammar Review

정답 | **1.** ③ those → that **2.** (A) was (B) the
3. (A) to be (B) longest
4. was over three times larger than

해설 |

1. ③에는 단수형인 the sugar content를 대신하는 대명사가 필요하므로 those를 that으로 고쳐야 한다.

2. (A) 주어의 핵이 number이므로 단수동사 was가 와야 한다.

(B) 〈배수사+the+명사〉의 배수 비교 구문에 따라 the가 와야 한다.

3. (A) live 다음에 to부정사가 오면 '살아서 ~ 하게 되다, ~하게 될 때까지 살다'라는 의미를 갖는다. 따라서 to be가 적절하다.

(B) Of the animals ~에서 of는 '~ 중에서(= among)'의 의미를 갖고, 앞에 the가 있는 것으로 보아 최상급인 longest가 적절하다.

4. 배수 비교 구문으로 〈배수사(three times)+비교급(larger)+than〉의 어순으로 배열해야 하며, 그 앞에 three times의 초과를 나타내는 over가 와야 한다.

PLUS | 어휘 道 잡기

Vocabulary Review

정답 | **1.** (1) enroll (2) peak (3) retailer (4) border
2. (1) disaster (2) trend (3) milestone (4) content
3. (1) account (2) decline (3) exceed (4) contain

해석 및 해설 |

2. (1) 많은 피해를 야기하는 예기치 못한 사건: 재해, 재난
(2) 일반적인 변화의 방향: 추세, 동향
(3) 매우 중요한 사건이나 발전: 중대 사건, 획기적 단계
(4) 다른 어떤 것 안에 들어간 어떤 것의 양: 함유량

3. (1) 여성이 텍사스 주 노동력의 거의 절반을 차지한다.
(2) 철도 여행은 고속도로 시스템의 성장으로 쇠퇴하기 시작했다.
(3) 그는 작년의 매출에 필적하거나 능가하려고 노력하고 있다.
(4) 미국 요리는 높은 수준의 지방을 함유하는 많은 튀긴 음식을 특징으로 한다.

Vocabulary in Context

정답 | **1.** (1) opposite (2) purchase
2. (1) (r)are (2) (p)resent

해석 및 해설 |

1. (1) 그 두 명의 과학자는 같은 정보를 지녔지만 상반된 결론에 도달했다.
opposite: 상반된   similar: 비슷한
(2) 방문객들은 박물관을 방문하기 전에 온라인으로 티켓을 구입할 수 있다.
purchase: 구입하다, 구매하다   sell: 팔다, 판매하다

2. (1) Susan은 매우 친절한 사람이기에, 그녀가 화를 내는 것은 극히 드문 일이다. (흔한)
(2) 그 차에 들어 있는 높은 수준의 철분은 혈압을 낮추는 데 필수적이다. (없는)

11 빈칸 채우기

READY | 내신 感 잡기

소재 | Theseus의 배

해석 | Theseus는 아테네 사람들에게 위대한 영웅이었다. 그가 전쟁을 마치고 집으로 돌아왔을 때, 그와 그의 병사들을 태우고 다녔던 배는 매우 소중히 여겨져, 시민들은 그 배의 낡고 썩은 널빤지를 새로운 나무 조각으로 교체하면서, 그 배를 여러 해 동안 계속 보존했다. Plutarch가 철학자들에게 하는 질문은 이것이다. 수리된 배는 여전히 Theseus가 타고 항해했던 바로 그 배인가? 널빤지 하나를 제거하여 교체하는 것은 차이가 없을 수도 있지만, 모든 널빤지가 교체되었을 때도 여전히 그러할 수 있을까? 일부 철학자들은 그 배는 모든 부분의 총합이어야 한다고 주장한다. 그러나 만일 이것이 참이라면, 그 배가 항해하는 동안 이리저리 밀쳐져 작은 조각들을 잃었을 때, 그것은 이미 Theseus의 배가 아니게 되었을 것이다.

해설 | '수리된 Theseus의 배가 여전히 Theseus가 타고 항해했던 바로 그 배인가?'라는 질문에 대해 글의 마지막 부분에서 항해하는 동안 작은 조각들을 잃어버렸을 때, 그것은 이미 Theseus의 배가 아니게 되었을 것이라고 했으므로, 빈칸에 들어갈 말은 '모든 부분의 총합'이다.

✔ Check

정답 | **1.** 시민들이 배를 매우 소중히 여겨 그 배의 낡고 썩은 널빤지를 새로운 나무 조각으로 교체하면서 그 배를 여러 해 동안 계속 보존함 **2.** still

해설 |

1. 두 번째 문장의 the ship that had carried him and his men was so treasured that the townspeople preserved it for years and years, replacing its old, rotten planks with new pieces of wood 부분에 아테네 사람들이 Theseus의 배를 어떻게 다루었는지가 나와 있다.

2. '여전히, 그런데도'의 뜻을 가진 단어는 still이다.

구문 |

When he returned home after a war, the ship [that had carried him and his men] was **so** treasured **that** the townspeople preserved it for years and years, replacing its old, rotten planks with new pieces of wood.

➡ [ ]는 the ship을 수식하는 관계절이고, 〈so ~ that ...〉은 '매우 ~해서 …하다'로 해석된다.

The question [Plutarch asks philosophers] is this: is

the repaired ship still the same ship [that Theseus had sailed]?

➡ 첫 번째 [ ]는 The question을 수식하는 관계절이고, 두 번째 [ ]는 the same ship을 수식하는 관계절이다.

어휘 |
• Theseus 테세우스(그리스 신화 속의 영웅)
• treasure 소중히 여기다
• townspeople (특정한 도시의) 시민
• preserve 보존하다   • replace 교체하다
• rotten 썩은
• Plutarch 플루타르크(그리스의 철학자)
• philosopher 철학자   • repaired 수리된
• sail 항해하다   • remove 제거하다
• argue 주장하다   • journey 항해

GET SET | 수능 感 잡기   본문 85쪽

정답 | ③

소재 | 감정적 사건의 사회적 공유

해석 | Finkenauer와 Rimé는 표본으로 추출된 많은 벨기에 시민들을 대상으로 1993년 벨기에 왕 Baudouin의 예기치 못한 죽음에 대한 기억을 조사했다. 그 자료는 왕의 죽음에 대한 소식이 널리 사회적으로 공유되었다는 것을 나타냈다. 그 사건에 관해 이야기함으로써 사람들은 서서히 그 감정적 사건의 사회적 이야기와 집단 기억을 구축했다. 동시에 그들은 그 사건이 발생했던 개인적 상황에 대한 자신들의 기억을 공고히 했는데, 그것은 '섬광 기억'으로 알려진 효과이다. 한 사건이 사회적으로 더 많이 공유되면 될수록, 그것은 사람들의 마음에 더 고정될 것이다. 사회적 공유는 이런 식으로 사람들이 갖고 있을 수 있는 어떤 자연적인 성향을 중화시키는 데 도움이 될 수도 있다. 당연히 사람들은 바람직하지 않은 사건을 '잊도록' 몰아붙여질 것이다. 그래서 방금 나쁜 소식을 들은 어떤 사람은 발생한 일을 처음에는 흔히 부인하는 경향이 있다. 나쁜 소식의 반복되는 사회적 공유는 현실성에 기여한다.

해설 | 왕의 예기치 못한 죽음이라는 사건이 사회적으로 공유되면서 더 많이 이야기될수록 그것에 대한 기억이 공고화되는데, 사람들에게는 나쁜 소식을 부인하고 싶어 하는 성향이 있지만, 그 사건이 사람들에 의해 반복적으로 공유될 때는 현실성을 갖게 된다는 내용이므로, 빈칸에 들어갈 말로 가장 적절한 것은 ③ '반복적인'이다.

① 선입견을 가진 ② 불법적인 ④ 순간적인 ⑤ 이성적인

구문 |

At the same time, they consolidated their own memory of the personal circumstances [in which the event took place], **an effect** known as "flashbulb memory."

➡ [ ]는 the personal circumstances를 수식하는 관계절이고, an effect ~는 앞 절의 내용을 설명하는 동격 어구이다.

The more an event is socially shared, **the more** it will be fixed in people's minds.

➡ 〈the+비교급, the+비교급〉 구문이 쓰인 문장으로 '~하면 할수록, 더 …하다'로 해석한다.

GO | 수능 내신 둘 多 잡기   본문 86~89쪽

| 01 | ③ | 02 | ① | 03 | ⑤ | 04 | ③ |

01   정답 | ③

소재 | 세계화된 교육을 위한 현장 경험의 조직 방식

해석 | 참으로 세계화된 교육을 습득하는 것에 대한 '잠재력'이 더 컸던 적은 결코 없었지만, 실제로 그것을 달성하는 것은 단순히 '그곳에 있는 것' 이상을 필요로 한다. 우리의 현장 경험이 의미 있는 지적, 문화 간 학습을 촉진하는 방식으로 조직되는가에 많은 것이 달려 있다. 학생들의 요구를 충족시켜야 하는 압박은 집중과 명확한 정의가 부족한 성급하게 구성된 프로그램으로 쉽게 이어질 수 있다. 그런 경우에 우리의 해외 환경에서 우리가 효과적으로 상호작용하는 데 도움이 될 모든 준비 훈련이 누락되는 경향이 있다. 이런 결핍은 상당히 예측 가능한 결과를 지니고 있다. 우리의 현장 환경에 있는 사람들과 함께 배우고 그 사람들로부터 배우기 위해 필요한 이해와 기술이 없으면 우리는 새로운 경험은 축적하겠지만, 우리의 안락 지대를 많이 벗어나지 못하면서 그렇게 하는 경향을 보이게 될 것이다. 이러한 '고치 생활'이 발생하는 경우에는 많은 심층적 학습이 일어나기를 기대할 수 없다.

해설 | 빈칸 앞부분에서 세계화된 교육을 이루기 위해서는 단순히 '그곳에 있는 것'만으로는 되지 않는다고 했으며, 빈칸 이후의 문장들에서 새로운 경험을 축적하기 위한 이해력과 기술이 있어야 되고 또한 안락 지대를 벗어날 수 있어야 한다는 내용이 제시되고 있다. 따라서 빈칸에 들어갈 말로 가장 적절한 것은 ③ '의미 있는 지적, 문화 간 학습을 촉진하는'이 가장 적절하다.

① 예측 가능한 결과와 교육 환경을 가져다주는
② 사람들에게 선택할 수 있는 많은 선택권과 경험을 주는
④ 학생들로 하여금 그들 자신의 문화와 정체성을 고수하게 하는
⑤ 즉각적인 피드백과 반응을 필요로 하지 않는

✔ Check

정답 | 1. 해외 환경에서 우리가 효과적으로 상호작용하는 데 도움이 되는 모든 준비 훈련이 되어 있지 않은 것 2. cocooning

1. This deficiency는 바로 앞 문장의 내용을 가리키고 있다.

2. our comfort zones는 바로 이어지는 문장에서 cocooning 으로 표현되고 있다.

구문 |

Much depends on **whether** our field experiences are structured in ways [that promote meaningful intellectual and intercultural learning].

➡ whether는 '~인지 아닌지'의 뜻으로 전치사 on의 목적어 를 이끄는 접속사이다. [ ]는 관계절로 ways를 수식한다.

In such cases, **any preparatory training** [that would help us to interact effectively in our overseas setting] **tends** to drop out.

➡ 주어는 any preparatory training이고 동사는 tends이 다. [ ]는 관계절로 any preparatory training을 수식한다.

02 정답 | ①

소재 | 시 쓰기에 있어서의 단어의 절약

해석 | 단어의 절약이라는 주제에 관하여 비유의 사용이 도움이 될지도 모른다. 이런 비유는 언뜻 보기에는 이상해 보일 수도 있지만, 여러분이 물에 흠뻑 젖은 천 한 조각을 가지고 있는데 이런저런 이유로 그것을 할 수 있는 한 건조시켜야 하고 가능한 한 빨리 해야 한다고 가정해 보자. 이 천 조각을 더 세게 비틀고 꼴수록 그 천을 찢지 않는 한 그것에서 더 많 은 물을 빼내고 그것이 더 건조된다. 어떤 면에서 시도 그것과 꼭 같다. 여러분이 여전히 그 의도된 의미의 온전함을 보존하면서 글자, 단어, 형 용사, 동사, 명사 등을 더 많이 짜낼수록 그 시는 더 좋아진다. 이런 이유 로 시에서는 '더 적은 것이 더 좋다'는 개념이 적용된다.

해설 | 물에 흠뻑 젖은 천 조각을 가능한 한 빨리 건조시키기 위해서는 더 세게 비틀어 더 많은 물을 빼내야 하는 것의 비유 를 들면서 시도 더 많은 단어를 짜낼수록 시가 더 좋아진다는 것이 글의 중심 내용이므로, 빈칸에 들어갈 말로 가장 적절한 것은 ① '더 적은 것이 더 좋다'이다.

② 비유는 필요하다
③ 더 많을수록 더 낫다
④ 온전함이 필수적이다
⑤ 시 쓰기는 재능이 필요하다

Check

정답 | **1.** (Though) this analogy might seem odd at first glance **2.** this piece of cloth

해설 |

1. though로 시작하는 부사절에서 주격 보어가 문장의 앞으

로 이동하여 접속사 though를 as로 바꾸어 쓴 것이다.

2. 밑줄 친 it은 앞에 나온 this piece of cloth를 가리킨다.

구문 |

Odd **as** this analogy might seem at first glance, suppose [you have a piece of cloth soaked with water, and you must get it as dry as you can and as soon as you can for one reason or another].

➡ as는 '~이긴 하지만'이라는 양보 의미로 쓰인 접속사이다. [ ]는 suppose의 목적절이다.

The more you squeeze letters, words, adjectives, verbs, nouns, and so on, while still preserving the integrity of the intended meaning, **the better** the poetry becomes.

➡ 〈the+비교급, the+비교급〉 구문이 쓰인 문장으로 '~하면 할수록 더 …하다'로 해석한다.

03 정답 | ⑤

소재 | 상황에 따라 나타나는 나쁜 태도

해석 | 어떤 사람들은 항상 나쁜 태도를 가지고 있는 듯 보이는데, 그들은 항상 화를 내거나 반사회적인 사람들이다. 우리들 대부분에게 그것(나쁜 태도)은 상황적이고, 운전하는 것과 같이 우리가 (그것을) 촉발하는 상황 에 놓이게 될 때 빠르게 호출될 수 있다. 그것은 우리에게서 최악의 것을 끄집어내는 것 같다. 운전하고 있을 때 우리는 매우 방어적이고 영역 보 전적인 경향이 있으며, 우리가 얼굴을 맞대고 있을 때 그럴 것보다 훨씬 더 공격적으로 행동하게 될 것이다. 도로에서 운전 중 분통 터뜨리기는 교통 흐름에서 끼어들기를 당하는 것과 같은 사소한 사건에 대한 너무나 흔한 반응이다. 우리들 대부분은 누군가가 우리 자리를 기다리는 것을 보 면 주차장을 떠나는 데 시간이 더 걸릴 가능성이 더 많은 것으로 밝혀졌 다. 상대편 운전자가 경적을 울리거나 전조등을 번쩍이면 우리는 훨씬 더 시간을 끌 것이다. 이것은 수동적 공격성의 좋은 예이다. 움직이는 상자 안에 있는 것의 결과로 있게 되는 익명성과 단절은 우리가 얼굴을 맞대고는 결코 하지 않을 것들을 우리가 할 수 있게 한다.

해설 | 나쁜 태도가 상황에 따라 나타나는 것의 예시로 운전할 때와 주차장을 떠날 때의 행동이 제시되고 있다. 운전을 하고 있을 때 매우 방어적이게 되고 영역 보전적 경향이 있다고 했 으므로, 빈칸에는 차 안에 있는 상황, 즉 얼굴을 맞대지 않고 다른 사람들과 떨어져 있는 상황을 나타내는 말이 와야 한다. 그러므로 빈칸에 들어갈 말로 가장 적절한 것은 ⑤ '익명성과 단 절'이다.

① 운전 시간
② 재빠른 이동
③ 급박한 상황
④ 수동성과 참을성 없음

✓Check

정답 | **1.** leaving a parking lot
2. 상대편 운전자가 경적을 울리거나 전조등을 번쩍이면 주차장을
떠날 때 시간을 더 오래 끄는 것

해설 |

1. 앞 문장의 take more time leaving a parking lot에서
time 이하 부분이 생략된 것이다.
2. This는 앞 문장의 내용을 가리키는 대명사이다.

구문 |

It turns out that most of us are more likely to take
more time leaving a parking lot [if we see someone
waiting for our spot].
➡ 〈It turns out that ~〉은 '(결국) ~로 밝혀지다[드러나다]'
로 해석된다. [ ]는 that절 안에서 부사절의 역할을 한다.
The anonymity and insulation [that comes with
being in a movable box] **allows** us to do things [we
would never do face to face].
➡ 첫 번째 [ ]는 The anonymity and insulation을 선행
사로 하는 관계절이고, 문장의 동사는 allows이다. 두 번째
[ ]는 things를 수식하는 관계절이다.

04
정답 | ③

소재 | 시장 논리

해석 | 시장의 논리는 단순하다. 기업들은 수익을 극대화시켜 줄 상품이
라면 무엇이든지 팔기로 결정하고, 만일 그들이 합리적이라면, 가능한 한
저렴한 가격으로 재료를 구입하고, 생산성을 늘릴 때 신기술을 사용하고,
더 저렴한 비용으로 더 많이 생산하기 위해 더 낮은 임금을 추구하며, 그
들의 상품에 대한 수요를 늘리기 위해 마케팅을 함으로써 그 수익을 얻을
가장 효율적인 방법을 모색할 것이다. 투자자들은 자신들의 돈을 묻어두
는 대안 투자처로부터 얻게 되는 수익보다 더 큰 수익을 자신들의 투자에
서 요구하기 때문에, 매 분기 마다 성장은 필수적이다. 수익을 극대화하
지 못하거나 혹은 경쟁사들보다 더 많이 성장하지 못하게 되면, 그 추세
를 뒤집지 못할 경우, 그 회사가 문을 닫게 하는 죽음의 소용돌이가 시작
된다. 수익과 성장이 기대에 부응하는 한, 여러분이 만드는 것 혹은 그 제
품의 품질은 중요하지 않다.

해설 | 시장의 논리는 기업과 투자자의 수익을 극대화하는 것
이어서 수익을 극대화하지 못하거나 경쟁사들보다 더 많이 성
장하지 못하면 회사가 문을 닫을 수도 있다는 내용의 글이므
로, 빈칸에 들어갈 말로 가장 적절한 것은 ③ '수익과 성장이
기대에 부응하는'이다.
① 소비자가 그것에 만족하는
② 그것이 품질에 비해 싼
④ 여러분이 그것을 만드는 회사를 신뢰할 수 있는
⑤ 여러분의 돈을 투자할 다른 곳을 찾을 수 있는

✓Check

정답 | **1.** (a) market → marketing   (b) Fail → Failure
[Failing]   **2.** 수익을 극대화하지 못하거나 경쟁사들보다 더 많
이 성장하지 못하는 것

해설 |

1. (a) by의 목적어로 purchasing, employing, seeking
과 병렬로 연결된 구문이므로 marketing이 되어야 한다.
(b) 문장의 주어 역할을 하는 명사구가 되어야 하므로 명
사 Failure 또는 동명사 Failing이 알맞다.
2. the trend는 같은 문장 내의 Failure to maximize
profit or to grow more than your competitors를 가
리킨다.

구문 |

Businesses decide to sell [whatever commodities
will maximize their profit], and they will, if they are
rational, seek the most efficient means of realizing
that profit by [purchasing materials as cheaply as
possible], [employing new technology when it
increases productivity], [seeking lower wages to
produce more at less cost], and [marketing to
increase demand for their products].
➡ 첫 번째 [ ]는 '~하는 것은 무엇이든'의 의미를 지닌 복합
관계사 whatever가 이끄는 명사절로 sell의 목적어로 쓰였
다. 두 번째 [ ]에서 다섯 번째 [ ]는 병렬구조로 전치사 by
에 이어진다.

PLUS 어법 잡기
본문 90쪽

Grammar Review

정답 | **1.** ④ promotes → promote   **2.** (A) that   (B) to park
3. (A) defensive (B) aggressively
4. Odd as this analogy might seem

해설 |

1. 선행사가 ways이므로 복수 동사인 promote가 와야 한다.
2. (A) 앞에 선행사 a return on their investment가 있으므
로 that이 적절하다. what은 앞에 선행사를 두지 않는다.
(B) alternative places를 수식하는 역할을 해야 하므로
to park가 적절하다.
3. (A) 형용사인 territorial과 병렬구조를 이루는 형용사형
이 되어야 하므로 defensive가 된다.
(B) 동사인 behave를 설명해 주는 말이므로 부사인

aggressively가 된다.

4. 문맥상 뒤에 이어지는 절의 내용에 대해 양보의 의미를 가지는 부분이므로 형용사인 odd가 먼저 온 다음 접속사인 as가 오고 이어 주어, 동사 순서가 된다.

Vocabulary Review

정답 | **1.** (1) summon (2) insulation (3) intercultural
(4) integrity
2. (1) consequence (2) rational (3) trigger
(4) commodity
3. (1) preserve (2) anonymity (3) accumulate
(4) means

해석 및 해설 |

2. (1) 무언가를 한 것의 결과: 결과
(2) 냉철한 사고와 이성을 기반으로 하는: 합리적인
(3) 폭발을 촉발하다, 반응을 촉발하다: 일으키다, 유발하다
(4) 거래되거나, 구매되거나 판매될 수 있는 물질이나 제품: 상품, 물자

3. (1) 냉장고에 음식을 두는 것은 그것의 신선함을 보존하는 데 도움이 된다.
(2) 경찰은 목격자들에게 익명성이 보장될 것이라고 안심시켰다.
(3) 이자가 여러분의 저축 계좌에 매달 쌓일 것이다.
(4) 우리는 다른 어떤 교통 수단을 찾을 필요가 있다.

Vocabulary in Context

정답 | **1.** (1) efficient (2) odd
2. (1) (d)eficiency (2) (t)rivial

해석 및 해설 |

1. (1) 소셜 미디어는 사람들과 소통하는 효율적인 방식이어서 많은 사람이 그것을 사용하고 있다.
efficient: 효율적인   inefficient: 비효율적인
(2) 나는 Dorothy가 정말 이상하다고 생각해. 그녀를 전혀 이해할 수가 없어.
sensible: 분별 있는   odd: 이상한

2. (1) Andrew는 식사에서의 비타민 결핍으로 잘 자라지 못했다. (충분함)
(2) 사소한 문제들로 그를 귀찮게 하지 마라. (중요한)

---

12 함축된 의미 파악

소재 | 질병의 최초 원인 파악하기

해석 | 신체는 문제를 축적하는 경향이 있으며, 그것은 겉보기에 사소한 불균형에서 시작한다. 이 문제는 또 다른 미묘한 불균형을 유발하고, 그것이 또 다른 불균형을, 그리고 그 다음에 몇 개의 더 많은 불균형을 유발한다. 결국 여러분은 어떤 증상을 갖게 된다. 그것은 마치 일련의 도미노를 한 줄로 세워 놓는 것과 같다. 여러분은 첫 번째 도미노를 쓰러뜨리기만 하면 되는데, 그러면 많은 다른 것들도 또한 쓰러질 것이다. 마지막 도미노를 쓰러뜨린 것은 무엇인가? 분명히, 그것은 그것의 바로 앞에 있던 것이나, 그것 앞의 앞에 있던 것이 아니라, 첫 번째 도미노이다. 신체도 같은 방식으로 작동한다. 최초의 문제는 흔히 눈에 띄지 않는다. 뒤쪽의 '도미노' 중 몇 개가 쓰러지고 나서야 비로소 더 분명한 단서와 증상이 나타난다. 결국 여러분은 두통, 피로, 또는 우울증, 심지어 질병까지도 얻게 된다. 여러분이 마지막 도미노, 즉 최종 결과인 증상만을 치료하려 한다면, 그 문제의 원인은 해결되지 않는다. 최초의 도미노가 원인, 즉 가장 중요한 문제이다.

해설 | 마지막 도미노를 쓰러뜨린 것이 바로 첫 번째 도미노인 것처럼, 신체는 겉보기에 사소한 불균형에서 시작하여 문제를 축적하고, 그로 인해 최종 결과의 증상이 나타난다는 내용의 글이므로, 밑줄 친 부분이 의미하는 바는 '최종의 증상은 최초의 사소한 문제에서 비롯된다.'이다.

✔ Check

정답 | **1.** (A)ddressing, (r)oot, (d)isease **2.** (a) 결국 여러분이 어떤 증상을 갖게 되는 것 (b) 마지막 도미노를 쓰러뜨린 것

해설 |

1. 이 글은 병의 최종 증상이 아니라 근원이 되는 것을 해결하는 것이 중요하다는 내용이다.

2. (a) It은 앞 문장 In the end, you get a symptom.을 가리킨다.
(b) it은 내용상 what caused the last one to fall을 가리킨다.

구문 |

[All {you need to do}] is [knock down the first one] and many others will fall too.

➡ 첫 번째 [ ]는 문장의 주어이고, { }는 All을 수식하는 관계절이다. 두 번째 [ ]는 보어이다.

It's not until some of the later "dominoes" fall **that** more obvious clues and symptoms appear.

➡ 〈it is ~ that ...〉 강조구문으로, 강조되기 이전의 문장은 More obvious clues and symptoms do not appear until some of the later "dominoes" fall.이다.

어휘 |

- seemingly 겉보기에, 외관상
- cause 유발하다; 원인
- trigger 유발하다
- line up ~을 한 줄로 세우다
- obviously 분명히
- unnoticed 눈에 띄지 않는
- depression 우울증
- address 해결하다, 처리하다
- imbalance 불균형
- subtle 미묘한
- symptom 증상
- knock down ~을 쓰러뜨리다
- initial 처음의
- fatigue 피로
- end-result 최종 결과의
- primary 가장 중요한, 첫 번째의

구문 |

Imagine [{a basketball player} taking a fifteen-foot shot and {the ball} going through the net, {never touching the rim}].

➡ [ ]는 Imagine의 목적어 역할을 하는 동명사구이고, 첫 번째 { }와 두 번째 { }는 각각 taking ~ shot과 going ~ the net의 의미상의 주어이다. 세 번째 { }는 the ball을 부연 설명하는 분사구이다.

An announcer might comment on [what an ugly shot that was], and she would be right.

➡ [ ]는 전치사 on의 목적어 역할을 하는 감탄문 어순의 명사절이다.

GET SET 수능 感 잡기

본문 93쪽

정답 | ①

소재 | 완벽함에 대한 재정의

해석 | 여러분은 완벽할 수 있지만, 여러분이 그것에 대해서 생각하는 방식을 바꿀 필요가 있다. 만약 여러분이 "완벽한"을 지우고 "완수된"을 삽입한다면 완벽함은 실제로 가능하다. 한 농구 선수가 15피트 슛을 하고 공이 골대 가장자리를 전혀 건드리지 않으면서 골 망을 통과한다고 상상해 보라. 누군가는 아마도 "정말 완벽한 슛이었어!"라고 외칠 것이다. 그리고 그것은 완벽했다. 점수판은 2점이 올라가는 것을 보여준다. 이제 그 똑같은 선수가 몇 분 후에 다시 15피트 슛을 한다고 상상해 보자. 하지만 이번에는 그 공이 골대 가장자리의 한 면에 부딪혀 빙글빙글 돌아 0.5초 동안 정지해 있다가, 마침내 골 망을 통과해서 떨어진다. 아나운서는 그것이 정말 볼품없는 슛이었다고 언급할 수 있고, 그녀의 말이 옳을 것이다. 하지만 농구 경기는 (슛이) 깔끔한지 혹은 볼품없는지와 같은 그런 기준으로 승부가 나지는 않는다. 이 예에서 공은 골 망을 통과했고 점수판에 2점이 올라갔다. 그러한 의미에서 두 번째 슛도 첫 번째 슛만큼이나 완벽했다.

해설 | 농구에서 골대 가장자리를 건드리지 않고 골 망을 통과한 슛이나 골대 가장자리를 맞고 돌다가 골 망을 통과한 슛이나 똑같이 완벽함으로, 완벽함에 대해서 생각하는 방식을 바꿀 필요가 있다, 즉 재정의하는 것이 필요하다는 내용의 글이므로, 밑줄 친 부분이 의미하는 바로 가장 적절한 것은, ① '과업 완수에 근거하여 완벽함을 재정의하다'이다.

② 성취할 수 있는 것과 없는 것을 구별하다

③ 완전히 완벽해지기 위해서 어떤 것을 흠이 없게 만들다

④ 완수한 것에 대해 사회적 시각을 취하다

⑤ 큰 것을 다루기 위해 먼저 작은 것을 완수하다

GO 수능 내신 둘 多 잡기

본문 94~97쪽

01	02	03	04
①	①	③	③

01

정답 | ①

소재 | 상황 변화에 대한 자아 유연성

해석 | 변화에 대한 수용은 여러분이 '힘든 상황에 적응하'고 운명의 변덕스러운 본질을 견디는 것을 더 잘할 수 있게 해줄 것이다. 정반대로 여러분이 현재의 상태로 머물러 있는 상황에 의지하면 할수록, 여러분이 가장 애착을 갖고 있는 사람을 잃거나 가장 동질감을 갖고 있는 장소에서 멀어지면, 여러분은 우울증에 걸릴 위험이 더 많다. 사람의 자아(혹은 자아감)는 비록 그것이 예상 밖일지라도 전개되는 현실에 순응해야 한다. 복권으로 많은 돈을 타는 것이나 만년에 조부가 되는 것은 여러분의 아이들이 성장했던 집을 파는 것만큼 스트레스가 되고 정체성 변화가 될 수 있다. 적응성과 '자아 유연성' 측정에서 높은 점수를 받는 남성은 나이가 들면서 우울증 위험이 더 낮다. 그들은 삶에서 행복, 자부심, 그리고 목적의식에 대한 혼란을 덜 겪으며 변화에 적응할 수 있다. 유연성을 키울 수 있었던 나이든 남성들은 더 긍정적인 시각을 유지할 수 있다.

해설 | 전개되는 현실의 변화하는 상황에 자아가 순응해야 나이가 들면서 우울증 위험이 낮고, 삶에서 행복, 자부심, 그리고 목적의식에 대한 혼란을 덜 겪으며 긍정적인 시각을 유지할 수 있다는 내용의 글이므로, 밑줄 친 부분이 의미하는 바로 가장 적절한 것은 ① '변하는 상황에 대처할 수 있는 능력'이다.

② 모든 생명이 상호 의존한다는 깨달음

③ 다른 사람들의 시각에 대한 수용

④ 다른 사람들의 실수에 대한 관용

⑤ 매일이 얼마나 소중한지에 대한 이해

정답 | 1. 여러분이 현재의 상태로 머물러 있는 상황에 의지하면 할수록, 여러분이 가장 애착을 갖고 있는 사람을 잃거나 가장 동질감을 갖고 있는 장소에서 멀어지면, 여러분은 우울증에 걸릴 위험이 더 많다.

2. 1) 우울증에 걸릴 위험성이 더 낮다. 2) 삶에서 행복, 자부심, 그리고 목적의식에 대한 혼란을 덜 겪으며 변화에 적응할 수 있다. 3) 더 긍정적인 시각을 유지할 수 있다.

해설 |

1. 본문에서 변화하는 현실에 적응하지 못하면 더 우울증에 걸릴 수 있다는 내용의 문장은 본문 2행의 Conversely 다음에 이어지는 the more ~ most identity.이다.

2. 자아 유연성을 갖추었을 때 얻는 이점은 글의 후반부 세 문장의 내용이다.

구문 |

Conversely, the more reliant you are on things [staying {as they are}], the more you are at risk of depression [if you lose the person {to whom you are most attached} or move from the place {with which you most identify}].

➡ 첫 번째 [ ]는 things를 수식하는 분사구이고, 그 안에 있는 { }는 '현재의 상태로'의 의미이다. 두 번째 [ ]는 조건의 부사절이며, 그 안에 있는 두 개의 { }는 각각 the person과 the place를 수식하는 관계절이다.

[Winning {a large sum of money in a lottery} or {later-life grandparenthood}] can be as stressful and identity changing as selling the home [your children grew up in].

➡ 첫 번째 [ ]는 주어 역할을 하는 동명사구이고, 그 안에 있는 두 개의 { }는 Winning의 목적어이다. 두 번째 [ ]는 the home을 수식하는 관계절이고, your 앞에 목적격 관계대명사 that이나 which가 생략되어 있다.

02
정답 | ①

소재 | 부정적인 소식의 증가

해석 | 우리는 전 세계 도처로부터 전쟁, 기근, 자연 재해, 부패, 질병, 그리고 테러 행위와 같은 부정적인 소식의 끝이 없는 쇄도를 겪는다. 점진적인 향상에 관한 이야기는 그것이 극적인 규모로 발생하고, 수백 만의 사람들에게 영향을 미칠 때에도, 신문의 거의 첫 페이지를 장식하지 못한다. 그리고 증가하는 언론의 자유와 향상되는 기술 덕분에 우리는 이전보다 재난에 관해 더 많이 접하게 된다. 유럽인들이 몇 세기 전에 미국 전역에서 수없이 많은 원주민을 죽였을 때, 그것은 그 당시 구세계(유럽)에서는 뉴스가 되지 못했다. 과거에 모든 종과 생태계가 파괴되었을 때, 아무도 깨닫지 못하거나 심지어 신경 쓰지도 않았다. 모든 다른 향상과 더불어서 고통에 대한 우리의 관찰도 엄청나게 향상되었다. 이러한 향상된 보도는 그 자체가 인류 발전의 징표이긴 하지만, 그것은 정반대의 인상을 만들어 낸다.

해설 | 언론의 자유와 과학 기술의 발달로 예전보다 훨씬 많은 재난에 관한 소식을 접하게 되었는데, 이것이 인류의 발전과는 정반대가 되는 인상을 남긴다는 내용이므로, the exact opposite에 관한 의미로는 ① '우리 사회가 퇴보하고 있는 듯하다'가 가장 적절하다.

② 우리가 손상된 생태계를 복원하고 있다.

③ 인류는 더 많은 물질적 풍요를 누리고 있다.

④ 정부가 언론의 자유를 억압한다.

⑤ 우리 주변의 환경이 점진적으로 향상되고 있다.

정답 | 1. 증가하는 언론의 자유, 향상되는 기술 **2.** famine

해설 |

1. 증가하는 언론의 자유와 향상되는 기술 덕분에 우리가 예전보다 재난에 대해 더 많이 듣게 된다고 설명하고 있다.

2. '상당히 많은 사람들이 오랜 기간에 걸쳐 음식이 부족하거나 없어서 죽게 되는 상황'에 해당되는 어휘로는 famine(기근)이 적절하다.

구문 |

Stories about gradual improvements rarely make the front page [even when they {occur on a dramatic scale} and {impact millions of people}].

➡ [ ]는 시간을 나타내는 부사절이며, 그 안에서 두 개의 { }는 서로 병렬구조를 이루고 있다.

03
정답 | ③

소재 | 스코틀랜드에서 나온 발명품

해석 | 우리가 알든 모르든 스코틀랜드의 작은 부분이 우리 모두에게 있다. 여러분이 달력이나 '브리태니커 백과사전'을 찾아본 적이 있다면 스코틀랜드 사람들에게 감사할 수 있다. 만약 여러분이 변기를 물로 씻어 내리거나, 냉장고를 사용하거나, 자전거를 탄 적이 있다면, 스코틀랜드 사람들에게 감사하라. 그러나 아마도 스코틀랜드의 가장 위대한 발명품들은 여러분이 만질 수 없는 것들일 것인데, 왜냐하면 그것들이 정신의 영역을 차지하고 있기 때문이다. 공감과 도덕, 상식과 같은 중대한 개념들이 그것이다. 그러나 스코틀랜드 사람들은 이런 생각들이 줄에 묶여있지 않은 채 하늘로 떠오르도록 내버려두지 않았다. 그들은 그것들을 떠오르지 못하도록 이 세상에 두었다. 이것이 스코틀랜드 특유의 천재성이었다. 즉, 깊은 철학적 사상을 현실 세계의 응용과 혼합한 것이다. 오래된 에든버러를 계몽한 총명한 지도적인 인물들은 핀의 머리에 있는 천사의 수를 세는 것에 관심이 없었다. 그들은 그 천사들을 일하게 했고, 그 결과로 근대 경제학에서 사회학, 역사 소설에 이르기까지 모든 것이 탄생했다.

해설 | 스코틀랜드 사람들의 천재성은 정신적 영역인 깊은 철학적 사상을 현실 세계의 응용과 혼합한 것에서 나타나는데, 핀의 머리에 있는 천사의 수를 세는 것에는 관심이 없고, 그 천사들을 일하게 하여 근대 경제학에서 사회학, 역사 소설에 이르기까지 모든 것을 탄생시켰다는 것을 통해, 이 탄생된 것들은 추상적인 생각이 현실 세계의 응용과 혼합된 산물임을 나타낸다. 따라서 밑줄 친 counting angels on a pinhead가 의미하는 바로 가장 적절한 것은 ③ '실제 세계에 적용될 수 없는 추상적인 생각에 의존하는 것'이다.

① 그들의 생활 방식을 만들어 온 종교적 신념을 거부하는 것
② 그들을 너무 거만하게 만들 수 있는 과도한 지지를 받는 것
④ 이전에 탐구된 적이 없는 수학적 논쟁에 관여하는 것
⑤ 그들의 운명을 하룻밤 사이에 바꿀 위대한 발명품을 생각해내는 것

✔Check

정답 | **1.** ① **2.** ③

해설 |

1. 첫 번째 빈칸의 앞에는 손으로 만질 수 있는 발명품에 관한 언급이 있고, 뒤에는 가장 위대한 발명품은 만질 수 없는 것들이라는 내용이 나온다. 두 번째 빈칸의 앞에는 추상적인 생각들에 관한 언급이 있고, 그 생각들이 하늘로 떠오르도록 내버려두지 않았다는 내용이 나온다. 따라서 두 개의 빈칸에 공통으로 들어갈 말로 가장 적절한 것은 ① 'though(그러나)'이다.

2. (A) 뒤에 이어지는 절의 형태가 완전하므로, 접속사 whether가 적절하다.
(B) 주어인 They는 the Scots를 가리키고 목적어의 위치에는 앞 문장의 these ideas를 받는 대명사가 있어야 문맥이 통하므로, them이 적절하다.
(C) 복수 주어인 The bright lights에 호응되어야 하므로, weren't가 적절하다.

구문 |

The Scots, though, never [**let** these ideas **float** off into the heavens], untethered.

➡ [ ]에는 〈사역동사(let)+목적어(these ideas)+동사원형(float off into the heavens)〉의 구조가 사용되었다. untethered는 these ideas의 상태를 부가적으로 설명한다.

04

소재 | 직장에서 불신을 없애는 방법

해석 | 우리가 업무 그룹에서 보게 되는 불신의 많은 부분은 다른 사람들,

정답 | ③

특히 지도자들의 의도를 오해하거나 잘못 해석한 결과물이다. 주변에서 무슨 일이 일어나고 있는지를 확신하지 못할 때 우리는 불신하게 된다. 우리는 그런 방식으로 태어난다. 그것이 아이들이 잠잘 때 불을 끄기를 원하지 않는 이유이다. 그들은 무엇을 두려워하는가? 그들이 두려워하는 것은 그들이 볼 수 있는 어떤 것이 아니라 '알 수 없는' 어떤 것이 벽장에 숨어 있다는 것이다. 정보가 주어지지 않거나 제대로 전달되지 않는 알 수 없는 업무 환경에서 직원들은 최악의 상황을 생각하는 경향이 있고 소문이 진실을 대체한다. 회색빛을 제거하고, 직원들이 한 문화에 대한 신뢰를 회복하도록 돕는 것은 개방성이다. 본보기를 보임으로써 지도자는 신뢰를 가져오고, 직원들이 모든 것을 바치도록 끌어들이고, 능력을 부여하고, 활력을 주는 문화에 중대한 기여를 하는 개방성의 확산을 창출할 수 있다.

해설 | the gray에 담겨 있는 의미는 앞에 언급된 정보가 주어지지 않거나 제대로 전달되지 않아 직원들이 최악의 상황을 생각하고 소문이 진실을 대체하는 상황이므로 ③ '의심으로 가득 찬 상황'이다.

① 직장에서의 의기소침함
② 강력한 리더십의 부재
④ 노인들에 대한 차별
⑤ 완전한 어둠의 상태

✔Check

정답 | **1.** 주변에서 무슨 일이 일어나고 있는지를 확신하지 못할 때 불신하게 되는 방식으로 **2.** contagion

해설 |

1. that way는 앞 문장(When we aren't sure what's happening around us, we become distrustful.)의 내용을 지칭한다.

2. '사람들이 서로 접촉함으로써 질병이 확산되는 것'과 '사람들 사이에서 빠르게 퍼지는 느낌이나 태도'의 의미를 갖는 어휘는 contagion이다.

구문 |

It is openness **that** drives out the gray and helps employees regain trust in a culture.

➡ 〈It is ~ that ...〉 강조구문이 사용되어 문장의 주어인 openness를 강조한 형태이다.

PLUS 어법 잡기 본문 98쪽

Grammar Review

정답 | **1.** ④ whom → to whom **2.** (A) make (B) improving
3. (A) openness (B) regain 또는 to regain
4. let these ideas float off into the heavens

해설 |

1. [if you lose the person]+[you are most attached to him/her]의 두 개의 절이 합쳐진 구조가 되어야 하므로 whom을 to whom으로 고쳐야 한다.

2. (A) Stories about gradual improvements가 주어이고 when 이하가 부사절로 문장의 동사가 필요하므로 make가 적절하다.
(B) 앞에 있는 increasing이 press freedom을 수식하는 것처럼 technology를 수식하는 말이 와야 문맥상 자연스러우므로, 현재분사 improving이 적절하다. 전치사구인 thanks to 다음에 동사원형인 improve는 올 수 없다.

3. (A) 〈It is ~ that ...〉 강조구문이 사용되어 문장의 주어를 강조하고 있으므로, open의 명사형 openness가 적절하다.
(B) 〈help+목적어+(to)동사원형〉 구문이므로 regain이나 to regain이 적절하다.

4. let이 동사이고 목적어가 these ideas이며 float off into the heavens가 목적격 보어이므로, 〈let+목적어+목적격보어〉의 어순으로 배열되어야 한다.

PLUS | 어휘 道 잡기 본문 99쪽

Vocabulary Review

정답 | **1.** (1) exclaim (2) disruption (3) famine
(4) illuminate
2. (1) huge (2) occupy (3) tolerate (4) symptom
3. (1) attached (2) blend (3) flaw (4) corruption

해석 및 해설 |

2. (1) 규모나 정도에서 큰: 엄청난
(2) 공간에서 장소나 넓이를 차지하다: 차지하다
(3) 불쾌한 사람이나 어떤 것을 견디다: 견디다, 참다
(4) 질병이나 신체적 장애의 주관적인 증거: 증상

3. (1) 그때 나는 내가 그에게 애착을 갖게 되기 시작하고 있다는 것을 깨달았다.
(2) 그녀는 5분 동안 모든 재료를 혼합해야 했다.
(3) 그 새 지도는 꽤 좋아 보이지만, 그것에는 치명적인 결함이 있다.
(4) 그것들은 수십 년간의 부패와 실정의 슬픈 정치적 유산이다.

Vocabulary in Context

정답 | **1.** (1) gradual (2) acceptance
2. (1) (s)ubtle (2) (d)estroy

해석 및 해설 |

1. (1) 그 환자는 다가오는 몇 개월 몇 년에 걸쳐 계속될 점진적인 회복의 표시를 보여줄 수도 있다.
gradual 점진적인   rapid 빠른, 급속한
(2) 초대에 대한 대통령의 수락은 아일랜드를 방문하는 것을 정말로 실행하는 것이라기보다는 오히려 외교였다.
acceptance 수락, 수용   rejection 거절, 거부

2. (1) 그 광고들을 보면, 여러분은 미묘한 변화를 인지할 것이다. (명백한)
(2) 그들의 임무는 이 공장의 지하실에 있는 배수관을 파괴하는 것이었다. (건설하다)

---

13 무관한 문장 찾기

READY | 내신 感 잡기 본문 100쪽

소재 | 몸이 보내는 신호의 중요성

해석 | 유아였을 때 우리는 언제 먹고 언제 그만 먹어야 할지를 우리에게 알려 주는 우리 몸의 신호에 맞춰져 있었다. 우리는 우리 몸이 어떤 음식을 얼마나 많이 필요로 하는지를 본능적으로 알았다. 나이가 들면서 우리가 어떻게 먹어야 하는지를 알려 주는, 갈피를 못 잡게 하는 많은 외부의 목소리 속에서 이 내부의 지혜는 길을 잃었다. 우리는 부모, 동료, 그리고 과학적 연구 결과로부터 상충하는 메시지를 받았다. 이러한 메시지는 우리가 그저 먹고, 그저 충분한 양을 먹는 것을 할 수 없게 만든, 욕망, 충동, 그리고 반감의 혼란을 야기했다. (그것들은 우리가 올바른 관점에서 상황을 보도록 도와주었고, 결과적으로 세상을 보는 통찰력을 갖게 해 주었다.) 건강하고 균형 잡힌 음식과의 관계로 되돌아가고자 한다면, 우리는 내부로 인식을 돌려 우리의 몸이 우리에게 늘 말하고 있는 것을 다시 듣는 법을 배우는 것이 꼭 필요하다.

해설 | 건강하고 균형 잡힌 음식과의 관계를 유지하기 위해서는 몸이 보내는 신호에 귀 기울여야 한다는 내용이다. 그것이 세상을 보는 통찰력을 키워주었다는 여섯 번째 문장은 전체 흐름과 관계가 없다.

Check

정답 | **1.** conflicting messages from our parents, from our peers, and from scientific research **2.** 몸이 보내는 내부의 신호에 귀 기울여야 한다.

해설 |

1. These messages는 앞 문장에 나온 '부모, 동료, 그리고 과학적 연구 결과로부터 상충하는 메시지'를 가리킨다.
2. 건강하고 균형 잡힌 음식과의 관계를 유지하기 위해서는 몸이 보내는 신호에 귀 기울여야 한다는 것이 글의 중심 내용이다.

구문 |

[If we are to return to a healthy and balanced relationship with food], **it** is essential [that we learn {to turn our awareness inward} and {to hear again what our body is always telling us}].

➡ 첫 번째 [ ]는 조건을 나타내는 부사절이다. it은 형식상의 주어이고, 두 번째 [ ]가 내용상의 주어이다. 두 개의 { }는 learn의 목적어로 병렬구조를 이루고 있다.

어휘 |

- infant 유아
- instinctive 본능적인
- inner 내부의, 내적인
- a host of 많은, 다수의
- peer 동료
- impulse (마음의) 충동
- insight 통찰력
- inward 내부로, 안으로
- be tuned in to ~에 맞춰져 있다
- awareness 알고 있음, 인식
- bewildering 갈피를 못 잡게 만드는
- conflicting 상충하는
- confusion 혼란, 혼돈
- perspective 관점, 시각, 견지
- balanced 균형이 잡힌

GET SET | 수능 感 잡기

본문 101쪽

정답 | ④

소재 | 사진이 회화에 미친 영향

해석 | 19세기에 사진술이 나타났을 때, 회화는 위기에 처했다. 사진은 여태까지 화가가 할 수 있었던 것보다 자연을 모방하는 일을 더 잘하는 것처럼 보였다. 몇몇 화가들은 그 발명품(사진술)을 실용적으로 이용했다. 자신들이 그리고 있는 모델이나 풍경 대신에 사진을 사용하는 인상파 화가들이 있었다. 하지만 대체로, 사진은 회화에 대한 도전이었고 회화가 직접적인 표현과 복제로부터 멀어져 20세기의 추상 회화로 이동해 가는 한 가지 원인이었다. (그러므로, 그 세기의 화가들은 자연, 사람, 도시를 현실에서의 모습으로 표현하는 데 더 초점을 맞추었다.) 사진은 사물을 세상에 존재하는 대로 아주 잘 표현했기 때문에, 화가들은 내면을 보고 자신들의 상상 속에서 존재하는 대로 사물을 표현할 수 있게 되어, 화가의 그림에 고유한 색, 양감, 선, 그리고 공간의 배치로 감정을 표현하였다.

해설 | 사진술이 발명되어 사물과 자연을 있는 그대로 표현할 수 있게 되자, 회화는 추상적인 것이나 내면세계를 표현하는 쪽으로 발전하게 되었다는 것이 전체 글의 흐름인데 반하여, ④는 20세기의 화가들이 사물을 있는 그대로의 모습으로 표현하는 데 초점을 맞추었다고 했으므로 전체 글의 흐름에서 벗어난다.

구문 |

[Since photographs did such a good job of representing things as they existed in the world], painters were freed to look inward and represent things as they were in their imagination, [rendering emotion in the color, volume, line, and spatial configurations native to the painter's art].

➡ 첫 번째 [ ]는 이유를 나타내는 부사절이고, 두 번째 [ ]는 주절에 부수적으로 이어지는 내용을 표현한 분사구이다.

GO | 수능 내신 둘 多 잡기

본문 102~106쪽

| 01 | ③ | 02 | ④ | 03 | ③ | 04 | ④ |

01

정답 | ③

소재 | 관련 없는 일에 대한 참여

해석 | 여러분의 특정 분야나 흥미있는 영역과 관련이 없는 행사에 가는 것은 놀라운 결과를 가져올 수 있다. 여러분은 자신이 흥미를 갖게 될 수 있을 것이라고 알지 못했던 어떤 주제에 관심을 끌게 될 수 있다. 여러분은 이 새로운 지식을 다른 사람과의 대화에서 활용할 수 있을지도 모른다. 예를 들어 여러분은 야외 레크리에이션 전문가로부터 여러분과 동료가 팀워크 구축 수련회로부터 이익을 얻을 수 있다는 것을 알게 될 수도 있다. (신선한 공기를 호흡하고 자연의 많은 경이로움을 발견하는 것 이외에도, 야외 레크리에이션의 장점은 끝이 없으며 여러분과 가족이 육체적, 정신적으로 건강을 유지하도록 도움을 줄 것이다.) 이와 유사하게, 미술 전시회는 여러분의 웹사이트의 진술 내용을 더 두드러지게 해 줄 새로운 빨간색 색조를 여러분에게 접하게 할 수도 있다. 관련이 없는 일에 참여하는 것은 여러분을 새로운 기회와 경험에 눈뜨게 한다.

해설 | 관련 없는 일에 참여하는 것이 새로운 기회를 가져올 수 있다는 것이 글의 중심 내용인데, ③은 야외 레크리에이션의 장점에 대해 기술하고 있다. 따라서 전체 흐름과 관계 없는 문장은 ③이다.

Check

정답 | **1.** ③ **2.** benefits, unrelated

해설 |

1. 앞 문장에 대한 구체적인 사례로 레크리에이션 전문가의 예를 들고 있으므로, 빈칸에 들어갈 말로 가장 적절한 것은 ③ '예를 들어'이다.

2. 관련 없는 일에 대한 참여가 가져오는 여러 가지 장점에 대해 이야기하고 있으므로, 각각의 빈칸에 알맞은 단어는 benefits와 unrelated이다.

구문 |

You might get turned on to a subject [{you didn't know} could interest you]; ~.

➡ [ ]는 a subject를 수식하는 관계절로 그 앞에 that [which]이 생략되었으며, { }는 삽입절이다. 이처럼 주격 관계대명사가 이끄는 절에 삽입절이 있을 경우에는 주격 관계대명사도 생략될 수 있음에 유의한다.

02
정답 | ④

소재 | 긍정적 선거운동에 대한 미국 유권자들의 선호

해석 | 일반적으로, 미국인들은 '부정적인' 정치적 선거운동보다 '긍정적인' 선거운동에 호의를 보인다. 즉, 유권자들은 뭔가를 단순히 반대하는 다른 후보자보다 뭔가를 지지하는 후보자를 선호한다. 이러한 선호도에 대한 많은 이유가 있다. 한 가지 이유는 부정적인 후보자는 숨기는 무엇인가를 갖고 있으며, 그것을 숨기기 위해 부정적인 책략을 사용하고 있다고 유권자들이 의심할 수 있기 때문이다. 또한, 단지 무언가에 반대하는 것보다 찬성하는 것이 더 효과적이기 때문에, 긍정적인 선거운동이 부정적인 선거운동보다 더 강하고 성공적인 경향이 있다. (때때로 부정적인 선거 운동을 하는 후보자들은 몇몇 매우 민감한 논쟁거리에 대한 상대방의 입장 때문에 상대방이 약하고, 부패하고, 비애국적으로 보이게 하는 데 성공해 왔다.) 긍정적인 선거운동은 대체로 미국인들이 선출된 공직자에게서 보고 싶어 하는 세 가지 특질, 즉 성공, 자신감, 그리고 낙관주의의 이미지를 보여준다.

해설 | 이 글이 중점적으로 다루는 내용은 긍정적인 선거운동에 대한 유권자들의 선호인데, ④는 부정적 선거운동의 효과에 대해 기술하고 있다. 따라서 전체 흐름과 관계 없는 문장은 ④이다.

✔ Check

정답 | **1.** 유권자들이 뭔가를 단순히 반대하는 후보자보다 뭔가를 지지하는 후보자를 선호하는 것 **2.** 성공, 자신감, 낙관주의

해설 |

1. this preference(이러한 선호도)는 바로 앞 문장의 내용을 가리킨다.

2. 미국인들이 선호하는 공직자의 특질 세 가지는 마지막 문장

에 제시된 성공(success), 자신감(confidence), 그리고 낙관주의(optimism)의 이미지이다.

구문 |

One reason is [that voters may suspect a negative candidate **has** something to hide and **is using** negative politics to hide it].

➡ [ ]는 명사절로 주격 보어 역할을 하고 있으며, 동사 has 와 is using이 병렬구조를 이루고 있다.

03
정답 | ③

소재 | 균형 잡힌 세 끼 식사의 중요성

해석 | 전통적으로, 사람들은 오전에 아침 식사, 한낮에 점심 식사, 그리고 저녁에 저녁 식사로 하루에 세 끼의 식사를 해 왔다. 비록 이것이 유용한 표준이지만, 사람들은 자주 아침과 점심은 적게 먹고 저녁을 많이 먹는 습관을 형성해 간다. 이것은 소화에 해로운 영향을 끼치며, 특히 나이가 들어감에 따라 우리의 소화기관의 기능이 더 둔해질 때 그러하다. (만약 여러분의 소화가 좋지 못하다면, 간헐적 단식은 음식을 신진대사시키고 지방을 연소시킬 능력을 가져올 수 있다.) 그것은 또한 우리가 가장 활동적인 한낮에는 에너지의 불충분한 공급을 가져오며 우리가 편히 쉬는 하루의 끝 무렵에는 칼로리의 과부하를 가져오는 것을 의미한다. 바람직한 식사 형태는 풍부한 아침 식사, 상당한 점심, 그리고 이른 저녁의 비교적 적은 식사이다.

해설 | 이 글의 중심 내용은 균형 잡힌 하루 세 끼 식사의 중요성이다. 그런데 ③은 간헐적 단식의 효과에 대해 이야기하고 있다. 따라서 전체 흐름과 관계 없는 문장은 ③이다.

✔ Check

정답 | **1.** 아침과 점심은 적게 먹고 저녁을 많이 먹는 습관
2. a calorie overload

해설 |

1. 대명사 This는 문맥상 앞 문장의 the habit of eating ~ a large evening meal을 가리킨다.

2. 이른 저녁에 비교적 적은 식사를 해야 하는 이유는 저녁에 칼로리 과부하를 가져오기 쉽기 때문이다.

구문 |

It also means **that** we have an inadequate supply of energy at the times of the day [when we are most active] and a calorie overload at the end of the day [when we are winding down].

➡ 접속사 that이 명사절을 이끌고 있으며, when이 이끄는 두 개의 [ ]는 관계절로 각각 앞에 있는 the times of the day와 the end of the day를 수식한다.

04

정답 | ④

소재 | 스트레스를 받을 때 좋은 습관을 형성할 필요성

해석 | 나쁜 습관이 여러분에게 스트레스를 줄 때 무슨 일이 일어날지 지금 잠시 상상해보라. 그것은 부정적인 피드백 순환을 야기할 것 같다. 여러분의 스트레스가 나쁜 습관을 촉발하고, 그것이 죄책감, 내적인 불안감, 그리고 더 많은 스트레스를 유발하고, 결국엔 그 습관을 다시 촉발한다. 하지만 여러분의 습관이 운동과 같은 자연적으로 스트레스를 경감시키는 것이라면 무슨 일이 일어날지 지금 상상해보라. 이런 경우에는 스트레스가 여러분을 체육관으로 태워다 줄 것이며, 운동이 긴장을 완화시키도록 도와줄 것이다. (적절한 안내의 결핍이든, 조언을 요청하지 않은 것이든, 체육관에 낯선 것이든 간에, 많은 사람들이 운동할 때 적절한 자세의 중요성을 깨닫지 못한다.) 여러분의 인생에 미치는 영향의 차이는 놀랄만한데, 인생의 모진 일의 발생에도 불구하고 한 습관은 여러분이 성공하도록 긍정적인 위치에 올려놓을 것이고, 반면에 다른 하나 여러분을 부정적인 소용돌이 속으로 떨어뜨리려고 끊임없이 위협할 것이기 때문이다.

해설 | 스트레스를 받을 때 취하는 좋은 습관과 나쁜 습관의 영향의 차이에 대해 이야기하고 있으므로, 운동할 때 적절한 자세의 중요성에 대해 거론하고 있는 ④는 전체 흐름과 관계가 없다.

Check
정답 | 1. ② 2. habit, stress

해설 |

1. mind-blowing과 문맥상 바꿔 쓰기에 가장 적절한 것은 ② '놀라운'이다.
① 회의적인
③ 주관적인
④ 알 수 없는
⑤ 중요하지 않은
2. 스트레스를 받는 상황에서 좋은 습관을 통해 긴장감을 완화해야 한다는 내용이므로 빈칸에는 'habit(습관)'과 'stress(스트레스)'가 와야 한다.

구문 |

Your stress triggers a bad habit, [which triggers guilt, internal anxiety, and more stress], [which triggers the habit again].
➡ 첫 번째 [ ]와 두 번째 [ ]는 각각 관계절로 관계대명사 which의 선행사는 앞 절이다.

The difference in impact on your life is mind-blowing, [as one puts you in a positive position to succeed despite life's harsh occurrences, {while the other constantly threatens to drop you into a negative spiral}].

➡ [ ]는 이유를 나타내는 부사절이며, { }는 접속사 while이 이끄는 대조의 의미를 나타내는 부사절이다.

PLUS 어법 잡기
본문 106쪽

Grammar Review
정답 | 1. ④ healthily → healthy 2. (A) despite (B) to drop 3. to be 4. comparatively small meal early in the evening

해설 |

1. 동사 keep의 목적격 보어 자리이므로 형용사인 healthy가 와야 한다.
2. (A) 뒤에 명사구가 이어지고 있으므로 전치사 despite (~에도 불구하고)가 와야 적절하다.
(B) threaten은 동명사가 아니라 to부정사를 목적어로 취하는 동사이므로 to drop이 적절하다.
3. 내용상의 주어 역할을 하는 것이 와야 하므로 to be가 와야 한다.
4. 부사가 형용사를 수식하고 형용사가 명사를 수식하는 어순으로 배열하면 된다.

PLUS 어휘 잡기
본문 107쪽

Vocabulary Review
정답 | 1. (1) voter (2) effective (3) trigger (4) constantly 2. (1) threaten (2) digestion (3) favor (4) yield 3. (1) substantial (2) recreation (3) specific (4) opponent

해석 및 해설 |

2. (1) 만약 그들이 당신이 원하는 것을 하지 않으면 해를 끼치겠다고 말하다: 위협하다
(2) 신체가 필요로 하는 물질로 음식을 바꾸는 과정: 소화
(3) 찬성이나 선호함을 느끼거나 보여 주다: 선호하다
(4) 식물이나 작물과 같은 것을 생산하거나 공급하다: 산출하다, 생산하다
3. (1) 그는 상당한 표를 얻어 선거에서 승리했다.
(2) 기분 전환은 인간 삶의 중요한 요소라고 나는 생각한다.
(3) 관중들은 경기장의 특정한 구역만 입장하도록 허락된다.
(4) 당신은 내일 경기에서 훨씬 더 노련한 상대와 맞서게 된다.

해석 및 해설 |

1. (1) 우리는 때때로 숨을 안전한 장소가 필요하다.

hide: 숨다   reveal: 드러내다

(2) 시장은 뇌물을 받고 부패한 공직자가 되었다.

corrupt: 부패한   decent: 품위 있는

2. (1) 그들은 호텔 방에서 휴식을 취하면서 정신적으로 그 경기를 준비했다. (육체적으로)

(2) 작동시키기 전에 그 기계의 내부의 부품을 확인해야 한다. (외부의)

---

14 문단 내 글의 순서 정하기

READY | 내신 感 잡기

본문 108쪽

소재 | 교실 좌석표

해석 | 내가 South Milwaukee의 각 교실에서 한 첫 번째 일 중 하나는 학생들을 알아보기 위한 보조물로 그들의 이름을 적은, 학생들의 좌석표를 그리는 것이었다. (B) 내가 있었던 첫째 날 1학년 교실에서 점심시간에 한 무리의 학생들이 다가와 그 좌석표를 보고는 내가 그린 그림에서 자신의 이름을 찾기 시작했다. (A) 한 학생이 "선생님 이름은 어디 있어요?"라고 말하더니, 내 이름을 적은, 책장 옆 내가 앉아 있던 의자를 대략 그린 그림을 내가 포함하고 나서야 비로소 흡족해했다. 나는 내가 포함될 필요가 있다는 생각을 하지 못했었다. 어쨌든 나는 내가 어디 앉아 있는지 알고 있었고, 내 이름을 알고 있었다. (C) 하지만 그녀에게는 교실에서의 나의 존재가 그날 일어난 가장 새롭고 가장 주목할 만한 일이었으며, 나를 포함시키는 것이 타당했다. 그녀의 관점은 내 관점과 달랐고, 그 결과 교실의 다른 좌석표가 나왔다.

해설 | 'I'가 학생들을 알아보기 위해서 학생들의 좌석표를 그렸다는 주어진 글에 이어서 점심시간에 한 무리의 학생들이 그 좌석표를 보고 자신의 이름을 찾기 시작했다는 **(B)**가 나오고, 'I'의 이름이 어디에 있는지를 묻는 한 학생의 질문을 받고 'I'가 자신의 이름을 추가하며 자신이 포함되어야 하는지 생각하지 못했다는 **(A)**가 이어지고, 'I'의 생각과 달리 그 학생에게는 'I'를 포함하는 것이 타당했다는 **(C)**가 나와야 글의 흐름이 자연스럽다.

해설 |

1. 주어인 'I'는 include가 나타내는 행동의 대상이 되므로, 밑줄 친 include를 수동 형태인 be included로 바꿔야 한다.

2. 처음에는 좌석표에 학생들의 이름만 기록되어 있었지만, 나중에 한 학생의 질문을 받고 'I'의 이름이 추가되었으므로, 밑줄 친 a different diagram이 구체적으로 의미하는 것은 '학생들과 필자의 이름이 모두 포함된 좌석표'이다.

구문 |

One [of the first things {I did in each classroom in South Milwaukee}] was [to draw a diagram of the students' desks, {labelled with their names}, as an aid to recognizing them].

➡ 첫 번째 [ ]는 주어인 One을 수식하고, 그 안에 있는 { }는 the first things를 수식하는 관계절이며, 술어동사는 was이다. 두 번째 [ ]는 주격 보어이고, 그 안에 있는 { }는 a diagram of the students' desks를 부가적으로 설명하는 분사구이다.

어휘 |

- diagram 표, 그림
- label (표 같은 것에 필요한 정보를) 적다
- aid 보조물, 도움이 되는 것
- recognize 알아보다
- satisfied 흡족한, 만족한
- bookcase 책장
- occur to ~에게 생각이 떠오르다
- after all 어쨌든
- presence 존재, 실재
- noteworthy 주목할 만한
- logical 타당한, 논리적인
- point of view 관점
- result in (결과적으로) ~을 낳다

GET SET | 수능 感 잡기

본문 109쪽

정답 | ③

소재 | 심리학 연구에서 과학적 방법의 어려움과 이점

해석 | 심리학 연구자들은 인간의 행동을 설명하는 데 도움을 주고 예측할 수 있는 연구를 수행하기 위해 과학적인 방법을 따른다. 이것은 달팽이나 음파를 연구하는 것보다 훨씬 더 어려운 일이다. (B) 그것은 자연적인 환경보다 실험실 내에서의 행동을 검사하는 것, 그리고 모집단의 진짜 대표적인 예에서 데이터를 모으기보다 (심리학 입문을 공부하는 학생처럼) 손쉽게 구할 수 있는 사람들에게 참여하도록 요청하는 것과 같은 절충이 흔히 필요하다. 사람들의 생각을 바꾸는 것, 즉 반응성이라 불리

는 것 없이 그들이 생각하고 있는 것을 이해할 방안을 생각해 내는 것은 흔히 대단히 교묘한 솜씨가 필요하다. (C) 단지 자신들이 관찰되고 있다는 것을 아는 것은 사람들이 (더욱 공손하게 하는 것처럼!) (평소와) 다르게 행동하도록 유발할 수 있다. 사람들은 자신들의 실제 생각보다 더 사회적으로 바람직하다고 생각하는 답을 할 수도 있다. (A) 그러나 심리학에 대한 모든 이러한 어려움에도 불구하고, 과학적인 방법의 이점은 연구 결과가 반복 가능하다는 것이다. 즉 같은 절차를 따르면서 같은 연구를 다시 진행하면, 같은 결과를 얻을 가능성이 매우 클 것이다.

해설 | 심리학 연구자들이 따르는 과학적 방법은 달팽이나 음파 연구보다 훨씬 더 어렵다는 주어진 글에 이어서, the scientific method를 It으로 받으면서 과학적 방법은 절충이 흔히 필요하고 사람들의 생각을 이해하려면 흔히 대단히 교묘한 솜씨가 필요하기 때문에 어렵다는 것을 설명하는 (B)가 나온다. 그리고 (B)의 people을 they로 받으면서 사람들이 관찰되고 있다는 것을 알면 평소와 다르게 행동하는 것을 유발할 수 있다는 어려움을 언급하는 (C)가 나오며, 마지막으로 역접의 접속사 But으로 시작하여 심리학에 대한 어려움에도 불구하고 과학적 방법의 이점은 연구 결과의 반복이 가능하다는 것을 말하는 (A)가 나와야 글의 흐름이 자연스럽다.

구문 |

It often requires compromises, such as **testing** behavior within laboratories rather than natural settings, and **asking** [those readily available (such as introduction to psychology students)] [to participate rather than collecting data from a true cross-section of the population].

➡ testing과 asking이 이끄는 동명사구는 병렬 관계로, such as에 공통으로 연결되어 있다. 첫 번째 [ ]는 asking의 목적어이고, 두 번째 [ ]는 목적격 보어이다.

GO | 수능 내신 둘 多 잡기 본문 110~113쪽

| 01 | ④ | 02 | ③ | 03 | ③ | 04 | ② |

01
정답 | ④

소재 | 영국인들의 사생활 규칙

해석 | 영국다움에 관한 규칙 중 몇몇을 발견하기 위해 수년 동안 참가자 관찰 연구가 필요한 것은 아니다. (C) 예를 들어 사생활 규칙은 매우 명백해서 심지어 그 나라에 발을 딛지 않고도 헬리콥터에서도 그것을 발견할 수 있을 것이다. 영국의 어떤 마을 위에서든지 몇 분 동안 공중을 맴돌면, 주택가가 거의 전적으로 줄줄이 늘어선 작은 상자들로 이루어진 것을 볼 수 있는데, 각각은 작은 초록색 부분을 가지고 있다. (A) 그 나라의 몇몇 지역에서 그 상자들은 회색빛의 색깔일 것이고, 다른 지역에서는 일종의 적갈색일 것이다. 더 부유한 지역에서 그 상자들은 더 멀리 간격이 떨어져 있을 것이고, 그것들에 붙어 있는 초록색 부분은 더 클 것이다. (B)

그러나 그 원칙은 분명할 것이다. 즉 영국인들은 모두 자신의 개인적인 작은 초록색 부분이 딸린 그들의 개인적인 작은 상자에 살고 싶어 한다.

해설 | 영국다움에 관한 규칙 중 몇몇을 발견하기 위해 수년 동안의 참가자 관찰 연구가 필요한 것이 아니라는 주어진 문장에 이어서, 사생활 규칙을 예로 들면서 헬리콥터에서 바라본 영국의 집들은 집과 함께 초록색으로 된 작은 부분(잔디밭)이 있다는 것을 말하는 (C)가 이어지고, (C)의 boxes를 (A)에서 the boxes로 받으면서 지역별로 다른 집의 색깔과 초록색으로 된 부분의 크기를 말하며, 이러한 것으로부터 알 수 있는 영국인들의 공통적인 모습을 언급하는 (B)가 이어져야 한다. 따라서 글의 순서로 가장 적절한 것은 ④이다.

✅ Check

정답 | **1.** (a) 집 (b) 잔디밭 **2.** If, you, hover

해설 |

1. 헬리콥터를 타고 공중에서 보면 줄줄이 늘어선 작은 상자들이 있고 각각의 상자는 초록색으로 된 작은 부분을 가지고 있다는 것과 영국인들이 그러한 개인적인 작은 상자에서 살고 싶어 한다는 것에서 상자와 초록색으로 된 작은 조각은 각각 집과 잔디밭을 비유적으로 표현하고 있음을 알 수 있다.

2. 〈명령문, and ...〉는 '~해라, 그러면 …하게 될 것이다'라는 의미로 해석된다. 따라서 빈칸에 들어갈 말은 'If, you, hover'이다.

구문 |

In some parts of the country, the boxes will be a greyish colour; **in others**, **a sort of** reddish-brown.

➡ in others와 a sort of의 사이에는 the boxes will be가 생략되어 있다.

02
정답 | ③

소재 | 적극적으로 듣고 적극적으로 말해야 할 필요성

해석 | 대화가 활기를 주고 일관되게 하기 위해서 참여자는 적극적으로 듣는 사람이 되어야 할 뿐만 아니라 적극적으로 말하는 사람도 되어야 한다. (B) 반드시 대화에서 두 가지 모두를 하라. 반드시 여러분이 요약된 형태로 자신의 생각을 제시한 후 상대방에게 대화의 공을 던져라. 몇몇 사람들은 자신의 견해를 장황하게 설명해야 한다고 느낀다. (C) 이것은 보통 상대방에게 불필요하고 혼란스러우며 심지어 지루하기까지 하다. 먼저 전체적인 상황을 표현하는 것이 더 좋고, 만약 상대방이 더 알고 싶어 한다면, 여러분은 언제나 세부 사항을 자세히 알려 줄 수 있다. (A) 언급과 질문을 관련 없는 세부 사항보다 목적에 집중되게 하면 여러분은 요점을 벗어나지 않을 것이다. 이렇게 하면 여러분은 여러분의 말을 듣는 사람을 혼란스럽게 하거나 지루하게 하지 않을 것이다.

해설 | 활기를 주고 일관된 대화를 하기 위해 참여자가 적극적

52 EBS 수능 감 잡기

으로 듣는 사람이 되어야 할 뿐만 아니라 적극적으로 말하는 사람이 되어야 한다고 말하는 주어진 문장에 이어서, 이 두 가지를 both로 받는 (B)가 이어지고, 몇몇 사람들이 자신의 견해를 장황하게 설명해야 한다고 느낀다는 내용을 This로 받으면서 전체적인 상황을 먼저 말해 주는 것이 좋다는 내용의 (C)가 나오며, 결론적으로 이렇게 말하는 방식의 장점을 언급하는 (A)가 마지막에 제시되어야 한다. 따라서 글의 순서로 가장 적절한 것은 ③이다.

✔ Check

정답 | **1.** be active talkers as well as active listeners **2.** 자신의 견해를 장황하게 설명하는 것

해설 |

1. (a)는 주어진 문장에 있는 be active talkers as well as active listeners를 가리킨다.

2. (b)는 (B)에 있는 to give long-winded explanations of their views를 가리킨다.

구문 |

Keep your comments and questions [focused on big ideas rather than extraneous details], **and** you'll keep to the point.

➡ '~해라, 그러면 …하게 될 것이다'라는 의미를 나타내는 ⟨명령문, and ...⟩의 구문이 사용되었다. your comments and questions는 Keep의 목적어이고, [   ]는 목적격 보어이다.

03
정답 | ③

소재 | 익숙함과 호감도의 관계

해석 | 대부분의 사람들이 그것을 깨닫지 못하지만, 여러분이 어떤 것이나 어떤 사람을 얼마나 좋아하는지에 대한 가장 강력한 예측 변수 중 하나는 단순히 익숙함이다. 사람들이 전에 보았던 것들을 좋아하는 것은 당연할 뿐이다. (B) 이런 종류의 과정은 대체로 무의식적이기 때문에, 어떤 것을 더 좋아하기 위해 전에 그것을 본 적이 있다는 사실을 알 필요는 없다. 예를 들어, 한 연구에서 연구자들은 한 특정한 학생이 방문자로서 여러 강의 과정에 참여하는 횟수를 다양화했다. (C) 학기 말에, 그 서로 다른 여러 수업에 참가한 학생들에게 그 방문자의 사진이 제시되었고, 그들은 그 사람이 얼마나 호감 가는 것처럼 보이는지 질문을 받았다. (A) 비록 그 학생들 중 '아무도' 그녀를 수업 중에 본 적이 있다고 의식적으로 기억해내지 못했지만, 그녀가 그들의 수업에 겨우 다섯 번 또는 그 이하로 참석했을 때보다 그녀가 그들의 수업에 열 번에서 열다섯 번 참석했을 때 그 학생들은 그녀를 상당히 더 호감 가는 것으로 평가했다.

해설 | 익숙함은 어떤 것이나 어떤 사람을 얼마나 좋아하는지 알 수 있게 하는 가장 강력한 예측 변수 중 하나인데, 사람들은 본래 전에 보았던 것을 좋아할 뿐이라는 주어진 글에 이어

서, 이것을 This kind of process로 받는 (B)가 나온다. 다음에 (B)의 a visitor를 받아서 the visitor로 말하고 수업에 참여한 학생들에게 방문자의 호감도에 관해 질문하는 (C)가 나오고, 마지막으로 질문을 받은 학생들이 평가하는 (A)가 이어진다. 따라서 글의 순서로 가장 적절한 것은 ③이다.

✔ Check

정답 | **1.** had attended **2.** ⑤

해설 |

1. 여자가 학생들의 수업에 참여했던 것이 학생들이 평가했던 것보다 먼저 있었던 일이므로, attend를 과거완료 시제인 had attended로 써야 한다.

2. 사람들이 전에 보았던 것을 더 좋아하기 위해 어떤 것을 기억해낼 필요가 없다는 것에 대한 내용을 뒷받침하는 구체적인 연구가 사례로 제시되므로, '예를 들어'를 의미하는 ⑤ For instance가 적절하다.
① 대신에 ② 그러나 ③ 그러므로 ④ 게다가

구문 |

This kind of process is largely unconscious, so you don't have to be aware of the fact [that you've seen something before in order to like it more].

➡ [   ]는 the fact와 동격 관계인 명사절이다.

04
정답 | ②

소재 | 소비자가 브랜드를 선택하는 기준

해석 | 브랜드는 죄책감, 증오, 공포, 불안감, 분노, 슬픔, 수치심, 그리고 탐욕 같은 부정적인 감정뿐만 아니라, 사랑, 기쁨, 자부심, 그리고 의기양양과 같은 긍정적인 감정과 관련될 수 있다. (B) 이 감정은 특히 소비자들이 그것들을 팔 물건과 관련이 있다고 인식할 때 상기되어 결정 과정에서 중심적인 역할을 할 수 있다. 이 정서적인 처리는 빈번하게 경험에 근거를 둔다. (A) 다시 말해서, 소비자들은 과거의 경험과 그 관련된 감정을 기억하는 것에 근거하여 선택할 수 있는 것을 고른다. 소비자들이 기억 속에 있는 브랜드들 중에서 선택할 때, 그들은 정보를 처리하기 위해 더 열심히 노력해야 해서 그들의 감정은 상당한 영향력을 지닌다. (C) 그에 반해서, 그들이 광고의 정보나 다른 외부적 자극에 근거하여 브랜드 중에서 선택할 때, 그들은 감정보다 팔 물건의 속성에 더 많이 집중할 수 있다.

해설 | 브랜드가 부정적인 감정뿐만 아니라 긍정적인 감정과 관련될 수 있다는 주어진 문장에 이어서, 이 문장에서 언급된 감정을 These emotions로 받으면서 정서적인 처리가 경험에 근거를 둔다고 말하는 (B)가 이어지고, 이 내용을 부연 설명하는 (A)가 이어지며, 그에 반해서 소비자들이 광고 정보나 다른 외부적 자극에 근거하여 브랜드를 선택하면 감정보다 팔 물건의 속성에 더 많이 집중할 수 있다는 (C)가 이어져야

한다. 따라서 글의 순서로 가장 적절한 것은 ②이다.

✅Check

정답 | **1.** 광고의 정보나 다른 외부적 자극 **2.** In(또는 When), choosing

해설 |

1. In contrast, when they choose among brands based on information in ads or other external stimuli, ~.로부터 고객들이 브랜드를 선택하는 근거가 앞의 내용과 대조적으로 제시되고 있음을 알 수 있다.

2. 〈When+주어+동사〉를 구로 고치면 〈In+-ing〉의 형태가 되거나, 〈접속사+분사〉의 형태로 사용될 수 있다.

구문 |

Brands can be associated [with positive emotions such as love, joy, pride, and elation] as well as [with negative emotions such as guilt, hate, fear, anxiety, anger, sadness, shame and greed].

➡ 두 개의 [   ]는 as well as에 의해 병렬 관계로 연결되어 있다.

PLUS | 어법 道 잡기   본문 114쪽

Grammar Review

정답 | **1.** ① other → others **2.** (A) shown (B) likable
3. (A) be recalled (B) particularly
4. Keep your comments and questions focused on big ideas (또는 Keep your questions and comments focused on big ideas)

해설 |

1. other는 형용사로 쓰이므로 그 뒤에 수식을 받는 명사가 와야 한다. 따라서 other를 some parts of the country와 대구를 이루어 other parts of the country의 의미를 대신할 수 있는 others로 고쳐야 한다.

2. (A) 학생들이 방문자의 사진을 제시받고 얼마나 그 사람이 마음에 드는지를 질문 받는 문맥이 되어야 하므로, 수동태를 이루는 shown이 적절하다.

(B) 자동사 seemed의 보어가 필요하므로 형용사인 likable이 적절하다.

3. (A) These emotions는 recall이 나타내는 동작의 대상에 해당되므로, recall은 be recalled로 바뀌어야 한다.

(B) particular는 시간을 나타내는 부사절인 when 절을

수식하므로 particularly로 바뀌어야 한다.

4. 문맥상 〈keep+목적어+목적격 보어〉의 형태가 되어야 적절하다.

PLUS | 어휘 道 잡기   본문 115쪽

Vocabulary Review

정답 | **1.** (1) principle (2) long-winded (3) significantly
(4) perceive
2. (1) private (2) anxiety (3) confuse (4) recall
3. (1) familiarity (2) sustained (3) obvious
(4) residential

해석 및 해설 |

2. (1) 한 특정한 사람이나 집단에 의해서만 사용되는: 사적인

(2) 보통 예상되는 위험에 대한 마음의 불안: 불안감

(3) (어떤 사람이) 어떤 것을 이해하지 못하게 하다: 혼란시키다

(4) 어떤 것을 기억하다: 기억해내다

3. (1) 그 건물을 보았을 때, 그는 친숙함을 느꼈다.

(2) 그의 일관된 노력은 그 프로젝트의 성공적인 결과로 보상받았다.

(3) 가장 명백한 설명이 항상 올바른 것은 아니다.

(4) 그 부동산 중개인은 이곳이 그 도시에서 최고의 주거 지역 중 하나라고 말한다.

Vocabulary in Context

정답 | **1.** (1) tiny (2) frequently
2. (1) (s)timulating (2) (p)assive

해석 및 해설 |

1. (1) 아무도 화면의 그 아주 작은 글자들을 알아보지 못했다.

large: 큰   tiny: 아주 작은

(2) 그는 이곳에 빈번하게 오기 때문에 모든 사람들이 그를 안다.

frequently: 빈번하게   rarely: 드물게

2. (1) Emily는 그 강의가 참신하고 활기를 준다고 생각했다. (지루한)

(2) 나는 텔레비전을 보는 것이 수동적인 활동이라고 생각한다. (능동적인)

15 문단 속에 문장 넣기

소재 | 컴퓨터가 읽어주는 에세이 듣기

해석 | 어떻게 들리는지 들어 보기 위해서 여러분 자신의 에세이를 큰 소리로 읽는 것이 도움이 될 수 있고, 때때로 다른 누군가가 그것을 읽는 것을 듣는 것이 훨씬 더 이로울 수 있다. 어느 쪽의 읽기든 그렇게 하지 않을 경우에 여러분이 조용히 편집할 때 알아채지 못할지도 모르는 것들을 듣는 데 도움이 될 것이다. 하지만 누군가가 여러분에게 읽어 주도록 하는 것이 불편하게 느끼거나, 그것을 해달라고 요청할 수 있는 누군가가 결코 없다면, 컴퓨터가 여러분의 에세이를 여러분에게 읽어 주도록 할 수 있다. 인정하건대, 그것은 완전히 똑같은 것은 아니어서, 컴퓨터는 여러분에게 어떤 것이 '맞는 것처럼 들리지' 않을 때 이를 말해 주지 않을 것이다. 컴퓨터는 또한 어색한 것들에 대해서 더듬거리지도 않을 것이며, 그저 끝까지 계속해 나갈 것이다. 하지만 컴퓨터가 여러분의 글을 읽는 것을 듣는 것은 여러분이 그것을 직접 읽는 것과는 매우 다른 경험이다. 여러분이 그것을 시도해 본 적이 없다면, 이전에 알아채지 못했던 수정, 편집 및 교정이 필요한 부분들을 알아차리게 된다는 것을 알게 될 것이다.

해설 | 주어진 문장에서 대명사 it과 the computer가 제시되고, it은 컴퓨터가 에세이를 읽어 주는 것에 관한 것이므로, 컴퓨터가 언급된 문장인 세 번째 문장 다음에, 그리고 컴퓨터가 에세이를 읽어 줄 때의 특징이 추가로 제시되는 네 번째 문장 앞에 주어진 문장이 와야 한다.

✔Check

정답 | 1. (누군가가) 여러분에게 읽어 주다 **2.** 그저 끝까지 계속해 나갈 것이다

해설 |

1. to do it은 앞에서 언급된 having someone read to you에서 read to you의 내용을 받는다.
2. plow on은 '계속해 나가다'의 뜻이다.

구문 |

[If you feel uncomfortable having someone read to you], however, or [if you simply don't have someone {you can ask to do it}], you can **have** your computer **read** your essay to you.

➡ 두 개의 [ ]는 등위접속사 or로 연결된 부사절이고, { }는 someone을 수식하는 관계절이다. 주절에서 사역동사 have가 쓰여 목적격 보어로 동사원형인 read가 사용되었다.

If you have never tried it, you might find [that you notice areas for revision, editing, and proofreading {that you didn't notice before}].

➡ [ ]는 find의 목적어이고, { }는 areas for revision, editing, and proofreading을 수식하는 관계절이다.

어휘 |

- **granted** 인정하건대, 명백히
- **beneficial** 이로운, 유익한
- **notice** 알아채다
- **uncomfortable** 불편한
- **plow on** 계속해 나가다
- **proofreading** 교정
- **aloud** 큰 소리로
- **otherwise** 그렇지 않으면
- **edit** 편집하다
- **awkward** 어색한, 서투른
- **revision** 수정

정답 | ③

소재 | 인쇄기의 발명으로 인한 생각의 전파 속도의 효율성

해석 | 인쇄기는 생각이 스스로를 복제하는 능력을 신장시켰다. 비용이 적게 드는 인쇄술이 있기 전에, 생각은 구전으로 퍼져 나갈 수 있었고 실제로 그렇게 퍼져 나갔다. 이것은 대단히 강력했지만, 전파될 수 있는 생각의 복잡성을 단 한 사람이 기억할 수 있는 것으로 제한했다. 그것은 또한 일정량의 확실한 오류를 추가했다. 구전에 의한 생각의 전파는 전 세계적인 규모의 말 전하기 놀이와 맞먹었다. 글을 읽고 쓸 줄 아는 능력의 출현과 손으로 쓴 두루마리와 궁극적으로 손으로 쓴 책의 탄생은 크고 복잡한 생각이 매우 충실하게 퍼져 나가는 능력을 강화했다. 그러나 손으로 두루마리나 책을 복사하는 데 요구된 엄청난 양의 시간은 이 방식으로 정보가 퍼져 나갈 수 있는 속도를 제한했다. 잘 훈련된 수도승은 하루에 약 4쪽의 문서를 필사할 수 있었다. 인쇄기는 정보를 수천 배 더 빠르게 복사할 수 있었는데, 그것은 지식이 이전 어느 때보다 훨씬 더 빠르고 최대한 충실하게 퍼져 나갈 수 있게 하였다.

해설 | 이 글은 인쇄기의 발명으로 인한 생각의 전파 속도와 효율성에 관한 글로, 주어진 문장에서 손으로 쓴 두루마리와 손으로 쓴 책의 탄생이 언급되고, ③ 뒤에 손으로 두루마리나 책을 복사하는 것의 한계가 언급되어 있으므로, 주어진 문장이 들어가기에 가장 적절한 곳은 ③이다.

구문 |

While this was tremendously powerful, it limited the complexity of the ideas [that could be propagated] to those [that a single person could remember].

➡ 첫 번째 [ ]는 the ideas를 수식하는 관계절이고, 두 번째 [ ]는 those를 수식하는 관계절이다.

But **the incredible amount of time** [required to copy a scroll or book by hand] limited the speed [with which information could spread this way].

➡ 첫 번째 [ ]는 the incredible amount of time을 수식하는 분사구이고, 두 번째 [ ]는 the speed를 수식하는 관계

절이다. 문장의 주어는 the incredible amount of time이고 술어동사는 limited이다.

01　　　　　　　　　　　　　　　　　정답 | ②

소재 | 감성 지능과 작업 수행 간의 관계

해석 | 비즈니스 저널들은 직책이 높을수록 여러분이 실제 하는 일이 더 적어서 여러분의 중요한 기능은 다른 사람들이 일을 하도록 시키는 것이라고 흔히 말한다. 그러면 직책이 높을수록 인간관계 기술이 더 좋을 것이라고 생각할지도 모른다. 그 정반대가 사실처럼 보인다. 너무 많은 리더들이 다른 사람들을 다루는 그들의 기술 때문이라기보다는 그들이 알고 있는 것 혹은 그들이 얼마나 오래 일해 왔는지에 의해 승진된다. 일단 그들이 최고의 자리에 오르면 그들은 실제로 직원들과 상호작용하는 시간을 더 적게 보낸다. 그러나 경영 간부들 사이에서 가장 높은 감성 지능 점수를 받은 사람들이 가장 일을 잘하는 사람들이다. 우리는 다른 어떤 리더십 기술보다 감성 지능 기술이 작업 수행에 더 중요하다는 것을 알아냈다. 이는 모든 직책에 있어서 동일하다. 즉 모든 직책 내에서 가장 높은 감성 지능 점수를 가진 사람들이 자신의 동료보다 업무를 더 잘 수행한다.

해설 | 주어진 문장은 '그 정반대가 사실처럼 보인다.'라는 의미이므로 이 문장의 앞뒤에는 상반되는 내용이 이어진다. 직책이 높을수록 인간관계 기술이 좋을 것이라는 글의 전반부의 내용과는 다르게 ② 다음 문장에서 직책과 인간관계는 아무런 상관이 없다는 내용이 나오므로, 주어진 문장이 들어가기에 가장 적절한 곳은 ②이다.

✔Check

정답 | 1. Once　**2.** emotional, performance

해설 |

1. '일단 ~하면'의 뜻을 가지는 접속사는 once이다.

2. 이 글의 중심 내용은 사람들의 직책이 높을수록 인간관계 기술이 좋다고 생각하지만 실제로는 직책과 인간관계 기술은 관계가 없으며 감성 지능이 높을수록 작업 수행 능력이 좋다는 것이다. 따라서 이 글의 주제는 relationship between emotional intelligence and job performance이다.

구문 |

Business journals often say [that **the higher** your job title, **the less real work** you do]; your primary function is to get work done by other people.

➡ [ ]는 say의 목적절이다. [ ]에서 '~하면 할수록 …하다'

의 의미를 지닌 〈the+비교급, the+비교급〉 구문이 쓰였다.

The same holds true for every job title: **those** [with the highest emotional intelligence scores within any position] **outperform** their peers.

➡ [ ]는 주어인 those를 수식하는 형용사구이며 동사는 outperform이다.

02　　　　　　　　　　　　　　　　　정답 | ③

소재 | 샹들리에의 흔들림

해석 | 어느 날 Pisa 대성당에서 미사에 참석하고 있던 중, Galileo는 마치 추처럼 앞뒤로 움직이면서, 샹들리에가 머리 위에서 흔들리고 있는 것을 보게 되었다. 기류는 계속해서 샹들리에를 밀쳐냈고, Galileo는 샹들리에가 좌우로 흔들릴 때, 넓은 호를 만들든 아니면 작은 호를 만들든 간에, 왔다 갔다 하는 데 항상 같은 시간이 걸린다는 것을 관찰했다. 그것은 그를 놀라게 했다. 어떻게 크게 흔들릴 때와 작게 흔들릴 때 똑같은 시간이 걸릴 수 있을까? 하지만, 그가 그것에 대해 생각하면 할수록, 그것은 더 이치에 맞았다. 크게 흔들렸을 때, 샹들리에는 더 멀리 갔을 뿐만 아니라 더 빨리 움직였다. 아마 이 두 개의 효과가 균형을 잡았을 것이다. 이 생각을 검증하기 위해, Galileo는 자신의 맥박으로 샹들리에가 앞뒤로 움직이는 데 걸리는 시간을 측정했다. 아니나 다를까, 매번의 흔들림이 같은 심장 박동 수 만큼 지속됐다.

해설 | 주어진 문장은 샹들리에가 크게 흔들릴 때, 더 멀리 갔을 뿐만 아니라 더 빠르게 움직였다는 내용으로, 이는 ③ 다음의 the two effects에 해당한다. 따라서 주어진 문장이 들어가기에 가장 적절한 곳은 ③이다.

✔Check

정답 | 1. ④　**2.** 크게 흔들렸을 때, 샹들리에가 더 멀리 갔을 뿐만 아니라 더 빨리 움직였다는 것

해설 |

1. '~이든 …이든'의 의미의 접속사가 들어가야 하므로 whether가 적절하다.

2. the two effects는 주어진 문장의 두 가지 효과를 가리킨다.

구문 |

Air currents kept jostling it, and Galileo observed [that it always took the same time to complete its swing {**whether** it traversed a wide arc **or** a small one}].

➡ [ ]는 observed의 목적어이고, 그 안의 { }는 '~이든 아니면 …이든'의 의미를 지닌 whether가 이끄는 부사절이다.

But **the more** he thought about it, **the more** it made sense.

➡ '~하면 할수록 더 …하다'는 의미를 나타내는 〈the+비교급, the+비교급〉 구문이 쓰였다.

03

소재 | Michelangelo의 David 상

해석 | 1504년 Florence에서는 모든 사람이 비평가였다. 젊은 Michelangelo가 자신의 가장 최근 조각상인 성경에 나오는 영웅인 David의 덮개를 벗었을 때 지역의 예술가들은 결함이 있다고 불평했다. 오른손은 약간 지나치게 크고, 목은 좀 길고, 왼쪽 정강이가 과도하게 크고, 왼쪽 궁둥이의 뭔가가 상당히 맞지 않는다고 말했다. 강력한 Florence 공화국의 우두머리였던 Piero Soderini는 Michelangelo에게 David의 코가 너무 크다고 알렸다. 성미가 급한 그 예술가는 고개를 끄덕이고는 손에 대리석 가루를 숨긴 채 사다리를 다시 올라갔다. 그러고서 그는 비위에 거슬리는 코를 끌로 깎는 것처럼 보였다. 하지만 실제로 그는 단지 가루를 바닥에 떨어지게 하고 있었다. Soderini는 바뀌지 않은 코를 살펴보고서는 그것이 크게 좋아졌으며 훨씬 더 실물과 같다고 말했다.

해설 | 주어진 문장의 내용은 실제로는 그가 몰래 가지고 올라갔던 가루를 단지 바닥으로 떨어뜨리고 있었다는 것이므로 끌로 코를 깎는 것처럼 보였다는 내용 뒤에 들어가는 것이 적절하다. 따라서 주어진 문장이 들어가기에 가장 적절한 곳은 ⑤이다.

✓ Check

정답 | 1. hidden **2.** the unchanged nose

해설 |

1. 〈with+목적어+분사〉의 형식으로 대리석 가루가 손에 숨겨져 있다는 수동의 의미이므로 과거분사인 hidden이 되어야 한다.

2. Soderini가 바뀐 것이 없는 코를 보고 훨씬 나아졌다고 했다는 내용이므로 it은 the unchanged nose를 가리킨다.

구문 |

After young Michelangelo unveiled his latest statue — of Biblical hero David — local artists complained [that there were flaws]: [the right hand was a touch too big, the neck a little long, the left shin oversized, and something about the left buttock was not quite right].

➡ 첫 번째 [ ]는 동사 complained의 목적절이고, 두 번째 [ ]는 flaws의 내용을 부연 설명한다.

Piero Soderini, head of the powerful Florentine Republic, informed Michelangelo [that David's nose was too large].

➡ Piero Soderini와 head ~ Republic은 동격이다. [ ]는 동사 informed의 직접목적어 역할을 한다.

04

소재 | 아메리카 원주민들의 달리기 활동

해석 | 건강과 신체 활동은 아메리카 원주민들의 생활에서 전통적으로 매우 중요했다. 생존 그 자체가 기동성이 있고 활기차고 강한 능력에 달려 있었으며, 달리기는 북아메리카와 남아메리카의 다양한 부족들 사이에서 수많은 전통적인 목적을 가지고 있었다. 의사소통이 가장 중요한 목적 중 하나였다. 달리기 주자들은 때로는 중계 체제의 한 부분으로서 지역사회들 사이에서 메시지를 빠르게 전달했다. 달리기는 또한 전쟁, 무역, 그리고 사냥의 중요한 요소이기도 했다. 몇몇 장소에서는 그 활동이 의식과 문화 행사에 오랫동안 포함되어 왔다. 예를 들어 매년 뉴멕시코의 Jicarilla Apache 부족은 전통적인 믿음에 의하면 태양과 달 사이에 오래 전에 있었다고 하는 의례상의 경주를 재현한다. 태양과 달은 온갖 종류의 식물성과 동물성 식량에 적합한 계절을 만들기 위해 경주를 했다.

해설 | 주어진 문장의 내용은 달리기 주자들이 지역사회들 사이에서 메시지를 빠르게 전달했다는 내용이므로 의사소통을 위한 역할을 했다는 내용 뒤에 들어가는 것이 적절하다. 따라서 주어진 문장이 들어가기에 가장 적절한 곳은 ②이다. ② 뒤에는 달리기의 또 다른 역할이 제시되고 있다.

✓ Check

정답 | 1. 뉴멕시코의 Jicarilla Apache 부족의 마을
2. 온갖 종류의 식물성과 동물성 식량에 적합한 계절을 만들기 위해

해설 |

1. 주어진 문장의 some places의 예로 제시된 곳은 뉴멕시코의 Jicarilla Apache 부족의 마을이다.

2. 마지막 문장에서 태양과 달은 온갖 종류의 식물성과 동물성 식량에 적합한 계절을 만들기 위해 경주를 했다는 내용이 나온다.

구문 |

For example, each year the Jicarilla Apache people of New Mexico reenact a ceremonial race [that, {according to traditional belief}, occurred long ago between the sun and the moon].

➡ [ ]는 관계절로 a ceremonial race를 수식한다. { }는 관계절 내에 삽입된 부사구이다.

Sun and Moon had raced **to establish** appropriate seasons for all the different kinds of plant and animal foods.

➡ to establish 이하는 목적의 의미로 쓰인 to부정사구이다.

PLUS | 어법 道 잡기

본문 122쪽

Grammar Review

정답 | 1. ② to fall → fall 2. (A) jostling (B) that
3. (A) higher (B) done
4. has long been incorporated into ceremonies

해설 |

1. 사역 동사 let의 목적격 보어이므로 to fall을 동사원형인 fall로 고쳐야 한다.

2. (A) '계속해서 ~하다'의 의미의 keep -ing가 쓰인다.
   (B) observed의 목적어로 이어지는 절이 핵심 구성 성분을 모두 갖추고 있으므로 접속사 that이 적절하다.

3. (A) 〈the+비교급, the+비교급〉 구문이므로 비교급 higher가 되어야 한다.
   (B) 〈get+목적어+목적격 보어〉 구문에서 목적어가 동작의 대상이므로 과거분사인 done이 와야 한다.

4. '~되어져 왔다'는 의미의 현재 완료 수동태가 되어야 한다. 〈incorporate A into B〉의 수동형 구문이 쓰였다.

Vocabulary in Context

정답 | 1. (1) appropriate (2) flaw
2. (1) (u)nveil (2) (v)igorous

해석 및 해설 |

1. (1) 그의 지적이 적절하다고 생각하지 않아서 나는 그의 지적을 무시하기로 결정했다.
   appropriate: 적절한   inappropriate: 부적절한
   (2) 그녀는 다이아몬드에 결함이 있는 것을 알아채고는 사지 않기로 했다.
   flaw: 결함   function: 기능

2. (1) 시장이 드디어 그 지역 영웅의 동상 제막식을 했다. (덮다)
   (2) 그녀는 매일 아침 활기찬 운동을 하기로 마음먹었다.
   (약한)

PLUS | 어휘 道 잡기

본문 123쪽

Vocabulary Review

정답 | 1. (1) current (2) staff (3) pulse (4) local
2. (1) peer (2) primary (3) sway (4) incorporate
3. (1) function (2) outperform (3) opposite (4) complain

해석 및 해설 |

2. (1) 나이, 지위, 능력 혹은 그 밖의 특성에 있어 동등한 사람: 동료
   (2) 다른 것들이 유래된; 근본적인; 기본적인: 주요한, 제1의
   (3) 좌우로 부드럽게 움직이거나 흔들리다: 흔들리다
   (4) 더 큰 어떤 것의 일부로 어떤 것을 포함하다: 포함하다

3. (1) 그녀는 행정가이면서 교사로서의 역할을 할 것이다.
   (2) 그 회사의 성장은 모든 경쟁사들의 성장을 앞질렀다.
   (3) 그 두 정치인은 그 사건에 관해 정반대의 관점을 갖고 있다.
   (4) 그는 날씨나 정부에 대해 항상 불평한다.

16 문단 요약

소재 | 어린아이가 두려움을 극복하게 하는 방법

해석 | 아이가 고통스럽거나, 실망스럽거나, 무서운 순간을 경험할 때, 격렬한 감정과 신체적인 느낌이 우뇌에 쇄도해서, 그것은 감당하기 힘들 수 있다. 이런 일이 일어날 때, 우리는 부모로서 아이가 무슨 일이 벌어지고 있는지 이해하기 시작할 수 있도록 그 상황에 좌뇌를 불러들이도록 도와줄 수 있다. 이런 종류의 통합을 증진할 수 있는 가장 좋은 방법 중 하나는 무섭거나 고통스러운 경험의 이야기를 되풀이하도록 돕는 것이다. 예를 들어, Bella가 아홉 살 때 변기의 물을 내리자 변기가 넘쳤는데, 물이 불어나서 바닥으로 쏟아지는 것을 본 경험은, 이후로 그녀가 변기의 물을 내리고 싶지 않게 했다. Bella의 아버지 Doug이 '그것을 길들이기 위해서 그것을 말하라' 기법에 대해 배웠을 때, 그는 딸과 함께 앉아서 변기가 넘쳐흘렀을 때의 이야기를 되풀이했다. 그는 그녀가 할 수 있는 한 그 이야기를 최대한 많이 말하게 해 주었고, 세부적인 내용을 제공하는 데 도움을 주었다. 그 이야기를 여러 차례 되풀이하고 난 후 Bella의 두려움은 줄어들었고 결국 사라졌다.

→ 우리는 아이로 하여금 고통스런 이야기를 가능한 한 많이 반복하게 하여서 아이가 고통스럽고, 무서운 경험을 <u>극복</u>하게 할 수 있을지도 모른다.

해설 | 감당하기 힘든 무서운 경험으로 두려움을 갖는 아이에게 그 경험을 가능한 한 많이 반복하여 말하게 유도함으로써 무서운 경험을 극복할 수 있게 하는 방법을 Bella와 아버지 Doug의 사례로 설명한 글이다. 따라서 요약문의 (A)에는 overcome(극복하다), (B)에는 repeat(반복하다)이 들어가야 한다.

✔ Check

정답 | 1. flooding   **2.** a frightening or painful experience

해설 |

1. 〈with+목적어+분사〉의 구조가 되어야 하고, 목적어 intense emotions and bodily sensations와 flood가 능동 관계이므로 현재분사 flooding이 적절한 형태이다.

2. '그것을 길들이기 위해서 그것을 말하라'라는 의미이므로 흐름상 '그것'은 '무섭거나 고통스러운 경험'을 지칭한다.

구문 |

When this happens, we as parents can help bring the left hemisphere into the picture [so that the child can begin to understand {what's happening}].

➡ [ ]는 '~할 수 있도록'의 의미를 갖는 목적의 부사절이다.
{ }는 understand의 목적어 역할을 하는 명사절이다.

Bella, for instance, was nine years old when the toilet overflowed when she flushed, and the experience of watching the water rise and pour onto the floor [left her unwilling to flush the toilet afterward].

➡ [ ]에는 '~가 …한 상태로 놓아 두다'의 의미를 나타내는 〈leave+목적어+목적격 보어〉의 구문이 쓰였다.

어휘 |
- overwhelming 감당하기 힘든, 압도적인
- intense 격렬한
- sensation 느낌, 감각, 지각
- flood 몰려들다, 밀려들다, 쇄도하다
- left hemisphere 좌뇌, 좌반구
- picture 상황
- promote 증진하다
- retell 되풀이하다
- toilet 변기
- overflow 넘쳐흐르다
- flush 변기의 물을 내리다
- pour 쏟아지다
- unwilling 하고 싶지 않은
- fill in 정보를 제공하다
- lessen 줄다
- eventually 결국

정답 | ①

소재 | 화석 연료가 대체 에너지보다 선호되는 이유

해석 | 시장 시스템이 있거나 없는 두 가지 인간 사회를 다 포함한 생물학적 유기체들은 불확실한 미래와 관련된 위험에 기초하여 현재 이용할 수 있는 생산물보다 (시간상으로) 멀리 있는 것들을 평가 절하한다. 투입과 생산의 시기가 에너지 유형에 따라 크게 다르기 때문에, 대체 에너지를 평가할 때 시간을 통합하려는 강력한 사례가 있다. 예를 들어 대부분의 투자가 생산하기 전에 발생하는 태양 전지판이나 풍력 엔진으로부터의 에너지 생산은 대부분의 화석 연료 추출 기술과 비교했을 때 다르게 평가될 필요가 있을 수 있는데, 화석 연료 추출 기술에서는 많은 비율의 에너지 생산이 훨씬 더 빨리 가능하고, 더 큰 (상대적) 비율의 투입이 추출 과정 동안에 적용되고 선행 투자되지는 않는다. 따라서 화석 연료, 특히 석유와 천연가스는 많은 재생 가능 기술보다 에너지 품질 이점(비용, 저장성, 운송 가능성 등)이 있을 뿐만 아니라 현재의 소비/수익에 대한 인간의 행동 선호를 설명하는 것에 비추어 보면 '시간적 이점'도 또한 갖는다.

→ 사람들이 더 즉각적인 생산물을 선호하는 경향이 있다는 사실 때문에, 화석 연료는 투입과 생산 간 거리의 면에서 재생 가능 대체 에너지보다 더 경쟁력이 있다.

해설 | 사람들은 시간적으로 멀리 있는 생산물은 평가 절하하는 경향이 있어서 즉각적으로 생산물을 얻을 수 있는 화석 연료를 재생 가능 대체 에너지보다 더 선호한다는 것이 글의 주된 내용이다. 따라서 요약문의 빈칸 (A)에는 immediate(즉각적인)가, (B)에는 competitive(경쟁력 있는)가 들어가는 것이 적절하다.

② 이용 가능한 – 비싼   ③ 지체된 – 경쟁력 있는
④ 편리한 – 비싼   ⑤ 풍부한 – 경쟁력 있는

구문 |

Biological organisms, [including human societies both with and without market systems], discount distant outputs over **those** available at the present time [based on risks {associated with an uncertain future}].

➡ 두 개의 [ ]는 각각 including과 based on에 이어지는 어구이다. those는 앞에 나온 outputs를 대신하는 대명사이고, 두 번째 [ ] 안의 { }는 과거분사(associated)로 시작되는 형용사구로 앞의 risks를 수식한다.

For example, the energy output from solar panels or wind power engines, [where most investment happens before they begin producing], may need to be assessed differently **when compared** to most fossil fuel extraction technologies, [where a large proportion of the energy output comes much sooner, and a larger (relative) proportion of inputs is applied during the extraction process, and not upfront].

➡ 두 개의 [ ]는 모두 관계부사 where로 시작되는 관계절로 첫 번째 [ ]의 선행사는 the energy output from solar panels or wind power engines이고, 두 번째 [ ]의 선행사는 most fossil fuel extraction technologies이다. when compared는 when it is compared에서 it is가 생략된 구조이다.

GO	수능 내신 둘多 잡기		본문 126~129쪽
01 ①	02 ②	03 ①	04 ④

01

정답 | ①

소재 | 결장경 검사에서의 불쾌감의 정도

해석 | 진단 결장경 검사를 받고 있던 남성들이 검사가 끝났을 때, 그들이 어떻게 느꼈는지 보고해 달라는 요청을 받았다. 대부분의 사람들이 끝에 아주 작은 카메라가 달린 튜브가 직장으로 삽입된 다음 이리저리 움직여 위장 기관의 검사를 가능하게 하는 이러한 검사를 꽤 불쾌하게 생각하는데, 불쾌한 정도가 매우 심해서 환자들은 위험을 각오하고 정기 검사를 받는 것을 피한다. 그 검사에서 한 집단의 환자들은 표준 결장경 검사를 받았다. 두 번째 집단은 표준 결장경 검사 플러스를 받았다. '플러스'는 실제 검사가 끝난 후 의사가 짧은 시간 동안 기구를 제자리에 놓아두었다는 것이었다. 이것도 여전히 불쾌했지만, 내시경이 움직이지 않았기 때문에 훨씬 덜 불쾌했다. 그래서 두 번째 집단은 첫 번째 집단과 같은 순간순간의 불편함을 경험했고, 추가로 20여 초 동안 다소 덜 불편했다. 그리고 그것이 그들이 절차를 밟고 있는 동안 순간순간 보고한 것이다.

→ 진단 결장경 검사에서, 내시경이 움직이지 않고 있었던 연장된 시간을 가졌던 사람들은 검사에서 그 시간을 갖지 않았던 사람들보다 덜 불쾌한 경험을 가졌다고 느꼈다.

해설 | 진단 결장경 검사를 받는 동안 순간순간의 불쾌감은 같았지만, 실제 검사가 끝난 후 내시경이 제자리에 짧은 시간 동안 움직이지 않고 더 놓게 되었던 집단은 그 시간을 갖지 않았던 집단보다 말미 경험이 덜 불쾌했다는 내용의 글이다. 따라서 요약문의 빈칸 (A)에는 extended(연장된)가, (B)에는 unpleasant(불쾌한)가 들어가는 것이 적절하다.

② 연장된 – 이상한
③ 예상된 – 무서운
④ 단축된 – 불쾌한
⑤ 단축된 – 무서운

❤ **Check**

정답 | 1. 표준 결장경 검사에 추가로 검사가 끝난 후 내시경을 움직이지 않은 채 짧은 시간 동안 제자리에 놔둔다.

2. (a) that (b) what

해설 |

1. 표준 결장경 검사 플러스의 특징은 after the actual examination was over, the doctor left the instrument in place for a short time에 나타나 있다.

2. (a) 보어 역할을 하며 주어나 목적어가 빠지지 않은 완전한 절을 이끌어야 하므로 접속사 that이 들어가야 한다.
(b) reported의 목적어를 포함하여 보어절을 이끌어야 하므로 선행사가 포함된 관계대명사 what이 들어가야 한다.

구문 |

[Men {undergoing diagnostic colonoscopy exams}] were asked to report [how they felt] [when the exams were over].

➡ 첫 번째 [ ]는 문장의 주어이고, 그 안에 있는 { }는 Men을 수식하는 분사구이다. 두 번째 [ ]는 report의 목적어 역할을 하는 명사절이고, 세 번째 [ ]는 시간의 부사절이다.

Most people **find these exams**, [in which a tube with a tiny camera on the end is inserted up the rectum and then moved around to allow the inspection of the gastrointestinal system], **quite unpleasant**—[so much so that patients avoid getting regular tests, much to their peril].

➡ find these exams quite unpleasant는 〈find+목적어

+목적격 보어〉 구문으로 '~을 …하게 생각하다'의 뜻이다. 첫 번째 [ ]는 the exams를 부연 설명하는 관계절이며, 두 번째 [ ]는 〈so much so that ~〉 구문으로 '그러한 정도가 매우 심해서 ~하다'의 의미이다.

02 정답 | ②

소재 | 기업 조직의 사회 기여

해석 | 기업 조직은 책임감 있게 행동해야 하는데, 그 이유는 사회가 그들에게 그렇게 할 것을 요구하기 때문이다. 하지만 기업 조직의 책임은 사회적 압력에 부응하는 것과 그들이 사회에 행하고 있는 해악을 줄이기 위한 규범적 의무의 범위를 넘어설 수 있다. 사회는 기업 조직에게 사회 전반의 복지에 기여하고, 예를 들어 자선 단체에 기부함으로써 금전적 수단을 제공할 것도 기대한다. 그렇게 함으로써 기업 조직은 각각의 사회의 삶의 질에 상당히 기여할 수 있다. 이러한 유형의 책임감은 종종 기업 시민정신이라고 불린다. 기업 시민정신은 반드시 상품과 관련된 것은 아니고, 상품의 품질 그 자체에 영향을 주는 것도 아니며, 생산 과정에 영향을 주는 것도 아니다. 하지만 그것은 기업 조직의 생산품에 대한 신뢰성을 증가시킬 수 있다. 이는 소비자들이 도덕적 신념에 근거하여 소비 행위를 한다는 사실 때문이다.

→ 기업 조직의 윤리적 이미지는 그것의 생산품의 신뢰성에 상당한 영향을 미칠 수 있다.

해설 | 기업 조직은 사회 전반적 복지에 기여하고 기부 등을 통해 금전적 수단을 제공함으로써 사회에 공헌해야 그 기업의 상품에 대한 신뢰성을 향상시킬 수 있음을 강조한 글이다. 다시 말해, 이 글은 기업 조직의 윤리적 이미지는 그 기업의 생산품의 신뢰성에 중대한 영향을 준다는 요지를 담고 있다. 따라서 요약문의 빈칸 (A)에는 ethical(윤리적인)이, (B)에는 credibility(신뢰성)가 들어가는 것이 적절하다.

① 윤리적인 – 디자인　③ 친환경적인 – 디자인
④ 혁신적인 – 품질　⑤ 혁신적인 – 신뢰성

✔Check

정답 | 1. (a) necessary → necessarily
(b) which → that

해설 |

1. (a) 문장 구조상 형용사로 쓰인 product-related를 수식해야 하므로 '반드시'라는 의미의 부사 necessarily가 적절하다.

(b) 앞의 the fact와 동격을 이루는 접속사가 필요하므로 that이 적절하다.

구문 |

Societies **expect** organizations also **to** [**contribute** to the overall well-being of society] and [**provide** financial means, for example, by donating to charities].

➡ 〈expect+목적어+to부정사〉의 구조이며, to 다음에 동사 원형인 contribute와 provide로 시작하는 두 개의 [ ]가 and로 연결된 구조이다.

Corporate citizenship is **not necessarily** product-related and does not affect the sheer quality of a product; **neither does it impact** on the production process.

➡ not necessarily는 부분 부정으로 '반드시 ~은 아니다'라는 의미를 갖는다. 세미 콜론(;) 다음은 부정어 neither로 시작되어 뒤에 도치 구문(do동사+주어+동사원형) 어순이 형성되었다.

03 정답 | ①

소재 | 정보 부족이 가져오는 판단 오류

해석 | 한 연설을 경청한 후에, 여러분은 정치 후보자에 관한 다른 어떤 것도 알게 되지 않고 그 후보자에게 투표하기로 결정한다. 또는 고객이 상점 안으로 들어오고, 그 고객을 한 번 본 후에, 여러분은 그가 골칫거리라고 인식한다. 사람에 대한 이런 즉석 판단이 오해의 소지가 있고, 우리에게 추가 정보가 있다면 우리의 인식이 더 정확할 수 있다는 것을 알 수 있다. 많은 경우에, 이 말은 사실이다. 다른 사람에 대한 인식을 형성할 때, 우리는 첫인상은 오해의 소지가 있을 수 있다는 것을 명심해야 한다. 그 후보자의 말이 좋게 들릴지 모르지만, 그녀가 경험이 하나도 없다는 것을 알게 될 때 여러분은 그녀에 대한 인식이 달라질 수 있다. 그 고객이 의심스러워 보일지 모르지만, 그가 길고 피곤한 묵상 수행에서 막 돌아온 청소년 지도 목사라는 것을 알게 될 때 여러분은 생각이 달라질 수 있다.

→ 우리가 제한된 정보를 기초로 인식에 도달할 때, 그 인식은 상당히 부정확할 수 있다.

해설 | 즉석 판단, 즉 정보가 제한되거나 정확하지 않은 상태에서 판단하는 것은 오해의 소지가 있으며, 우리가 정보를 더 갖고 있으면 우리의 인식이 더 정확할 수 있다는 내용을 두 가지 사례를 통해 전달하고 있다. 따라서 빈칸 (A)에는 limited (제한된)가, (B)에는 inaccurate(부정확한)가 들어가야 가장 적절하다.

② 제한된 – 재미있는　③ 사적인 – 재앙의
④ 복잡한 – 부정확한　⑤ 복잡한 – 재앙의

✔Check

정답 | 1. 그녀가 경험이 없다는 것
2. on-the-spot judgments

해설 |

1. 글 후반부에 있는 she has no experience가 그녀에 관한 다른 어떤 것에 해당한다.

2. 첫인상은 처음 보고 판단하는 것이므로 on-the-spot judgments로 바꾸어 쓸 수 있다.

구문 |

It's easy [to see {how these on-the-spot judgments about people can be misleading} and {how our perceptions **might be** more accurate **if** we **had** additional information}].

➡ It은 형식상의 주어이고, [ ]가 내용상의 주어이다. { }는 둘 다 see의 목적어 역할을 하는 명사절이고, 두 번째 { }에는 현재 상황과 반대되는 가정을 할 때 쓰이는 〈주어+might +동사원형 ~ if+주어+과거동사…〉의 가정법 과거시제가 사용되었다.

When forming perceptions of others, we should remember [that first impressions can be misleading].

➡ When forming은 접속사가 명시된 분사구로 이를 절로 고치면 When we form이 된다. [ ]는 remember의 목적어 역할을 하는 명사절이다.

04
정답 | ④

소재 | 관람 효과를 보여 주는 물고기

해석 | 많은 동물이 관람 효과를 보여주는데, 그로 인해 그것들은 누가 자기들을 지켜보고 있는지에 따라 자기들의 행동을 바꾼다. 그것은 또 다른 형태의 의식이며, 그것은 물고기가 할 수 있는 의식이다. 대서양 몰리 수컷은 자기 종 중에서 더 큰 암컷과 더 작은 암컷 사이에서 선택권이 주어지면 더 큰 암컷 근처에서 더 많은 시간을 보낸다. 이것은 적응성이 있다는 것인데, 왜냐하면 더 큰 몰리가 더 많은 알을 낳는 경향이 있고, 이것은 더 큰 암컷과 짝짓는 수컷에게 더 많은 후손을 의미하기 때문이다. 그러나 만약 다른 수컷이 그 혼합에 도입되면, 첫 번째 수컷은 처음에 선호한 암컷 근처에서는 더 적은 시간을 보내고 더 작은 다른 암컷 근처에서 더 많은 시간을 보낸다. 이런 변화는 다른 종의 몰리 수컷이 도입될 때도 발생하지만, 훨씬 더 약하다. 관람 효과는 몇몇 다른 물고기 종에서도 입증됐다.

→ 몇몇 물고기 종의 수컷은 다른 수컷이 현장으로 들어오면 자기가 처음에 선택한 암컷 근처에서 보내는 시간을 줄인다.

해설 | 대서양 몰리 수컷은 처음에 두 마리 암컷 중 더 큰 것을 선택하여 더 많은 시간을 보내지만, 다른 수컷이 그 상황에 도입되게 되면 관람 효과를 보여 그 암컷과 보내는 시간을 줄인다는 내용이다. 따라서 빈칸 (A)에는 reduces(줄이다)가, (B)에는 chose(선택했다)가 들어가야 가장 적절하다.

① 유지하다 – 선택했다   ② 연장하다 – 무시했다
③ 연장하다 – 싫어했다   ⑤ 줄이다 – 무시했다

✔ Check

정답 | **1.** ④ **2.** 대서양 몰리 수컷이 더 큰 암컷 곁에서 더 많은 시간을 보낸다는 것

해설 |

1. 동물들은 누가 자기들을 지켜보고 있는지에 따라 자기들의 행동을 바꾼다는 내용으로 보아, 빈칸에 들어갈 말로 가장 적절한 것은 ④ '의식'이다.
① 돌봄   ② 모방   ③ 보험   ⑤ 생산성

2. 앞의 문장(When a male Atlantic molly ~, he spends more time near the larger female.)이 This가 가리키는 내용이다.

구문 |

This is adaptive, **for** larger mollies tend to produce more eggs, [which means more offspring for a male {who mates with her}].

➡ for는 앞에서 말한 것에 대한 부가적 설명이나 이유를 나타내는 접속사이다. [ ]는 앞의 절 larger ~ eggs를 부연 설명하는 관계절이고, { }는 앞의 a male을 수식하는 관계절이다.

This change also occurs [when a male of a different species of molly is introduced], but it is **much** weaker.

➡ [ ]는 시간의 부사절이고, much는 비교급을 강조하는 부사이다.

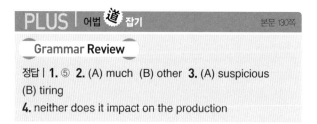

Grammar Review

정답 | **1.** ⑤ **2.** (A) much (B) other **3.** (A) suspicious (B) tiring
4. neither does it impact on the production

해설 |

1. 〈find+목적어+목적격 보어〉 구문에서 목적어는 these exams이고 목적격 보어는 형용사가 되어야 하므로 부사 unpleasantly를 형용사 unpleasant로 고쳐 써야 한다.

2. (A) 비교급 weaker를 강조하므로 부사 much가 알맞다. very는 원급을 수식하는 부사이다.
(B) several 다음에는 복수 명사가 이어져야 하고, 또한 other 다음에도 복수 명사가 이어져야 하므로 other가 알맞다. another 다음에는 단수 명사가 이어진다.

3. (A) 동사 look에 이어지는 보어 역할을 해야 하므로 형용사인 suspicious가 알맞다.

(B) 누군가를 피곤하게 한다는 능동의 의미가 되어야 하므로 현재분사형 형용사 tiring이 알맞다.

4. 부정어 neither 다음에 도치 구문(do동사+주어+동사원형)의 어순이 이어져야 한다. impact on은 '~에 영향을 주다'의 의미이다.

suspicious: 의심스러운, 의심이 드는   trustful: 신뢰하는

2. (1) 처음에 그 증상들은 가볍지만 시간이 지남에 따라 점차 악화된다. (마지막에)

(2) 법을 실질적으로 위반한 모든 것을 관리자에게 보고하는 것은 너의 의무이다. (선택 사항)

Vocabulary Review

정답 | **1.** (1) diagnostic (2) judgment (3) undergo
(4) suspicious
2. (1) standard (2) demonstrate (3) candidate
(4) obligation
3. (1) perceive (2) contribute (3) overall (4) rusty

해석 및 해설 |

2. (1) 표준 또는 평균으로 사용되거나 인정되는: 표준의
(2) 보기나 실험에 의하여 어떤 것을 증명하다: 입증하다, 증명하다
(3) 선출되려 하거나 일자리에 지원하는 사람: 후보자, 지원자
(4) 법이나 약속 등 때문에 해야 하는 것: 의무

3. (1) 경찰관은 용의자의 태도에서 변화를 인지하려고 애썼다.
(2) Ben은 모금하려고 노력하고 있으며, 그는 모두가 기부해 주기를 희망하고 있다.
(3) 전반적인 인상은 좋아 보였지만, 확실히 문제가 있었다.
(4) 차들은 낡고 녹슬어 있고, 건물들은 칠이 벗겨지고 부서지고 있으며, 사람들은 이상해 보인다.

Vocabulary in Context

정답 | **1.** (1) avoid (2) suspicious
2. (1) (I)nitially (2) (o)bligation

해석 및 해설 |

1. (1) 우리가 내일 아침 일찍 출발하면, 우리는 교통 체증을 피할 것이다.
avoid: 피하다   encounter: 맞닥뜨리다. (우연히) 만나다
(2) 그의 최근 행동은 경찰의 관심을 끌 정도로 의심스러웠다.

---

17 장문 독해 (1)

소재 | 잘못 설계된 실험에서의 오류

해석 | 우리는 주어진 연구의 결과가 타당성을 가질 것이라고 당연하게 여길 수 없다. 한 연구자가 정상에서 벗어난 행동을 연구하는 상황을 생각해보자. 특히, 그녀는 시험에서 대학생들에 의한 부정행위가 발생하는 정도를 연구하고 있다. 시험을 감독하는 사람들이 더 작은 수업에서보다 더 큰 수업에서 학생들을 감독하는 것이 더 어렵다고 추론하기 때문에 그녀는 더 높은 비율의 부정행위가 작은 수업에서보다 큰 수업에서의 시험에서 발생할 것이라고 가설을 세운다. 이 가설을 검증하기 위해 그녀는 큰 수업과 작은 수업 둘 다에서 부정행위에 대한 자료를 수집하고 그 자료를 분석한다. 그녀의 결과는 더 큰 수업에서 학생당 더 많은 부정행위가 발생한다는 것을 보여준다. 그러므로 그 자료는 명백히 그 연구자의 연구 가설을 거부한다(→ 뒷받침한다). 그러나 며칠 후에 한 동료가 그녀의 연구에서 모든 작은 수업은 단답형과 서술형 시험을 사용한 반면, 모든 큰 수업은 선다형 시험을 사용했다는 것을 지적한다. 그 연구자는 즉각 외부 변인(시험 형식)이 독립 변인(수업 크기)을 간섭하고 있고, 자신의 자료에서 한 원인으로 작용하고 있을지도 모른다는 것을 깨닫는다. 자신의 연구 가설에 대한 명백한 지지는 가공물(작위적인 결과)에 불과할 수도 있다. 아마도 진짜 영향은 수업 크기와는 관계없이 서술형 시험에서보다 선다형 시험에서 더 많은 부정행위가 발생한다는 것일 수도 있다.

해설 | 글의 제목 찾기: 큰 수업에서 부정행위가 더 빈번할 것이라는 가설을 세우고 자료를 통해 이것을 확인하였으나, 실제로는 시험 형식이 부정행위에 더 영향을 미치는 요인으로 작용했다는 내용이므로 글의 제목으로는 '잘못된 실험 설계로부터의 연구 오류'가 적절하다.

문맥에 적절하지 않은 어휘 찾기: 큰 수업에서 더 많은 부정행위가 발생할 것이라는 가설을 연구 결과가 뒷받침하고 있으므로 (C)의 reject(거부하다)는 support(뒷받침하다)로 수정해야 한다.

✔ Check

정답 | 1. ① 2. hypothesis

해설 |

1. 앞선 내용과 상반된 주장을 동료가 지적하였으므로, 빈칸에는 however(그러나)가 가장 적절하다.

② 그러므로 ③ 게다가 ④ 예를 들어 ⑤ 요약하면

2. '무엇인가에 대한 설명으로 제안되었지만 아직 사실로 증명되지 않은 아이디어'에 해당하는 단어는 hypothesis(가설)이다.

구문 |

[Reasoning that it is more difficult for people monitoring an exam to keep students under surveillance in large classes than in smaller ones], she hypothesizes [that a higher rate of cheating will occur on exams in large classes than in small].

➡ 현재분사 Reasoning으로 시작되는 첫 번째 [ ]는 '~때문에'로 해석되는 분사구이고, 두 번째 [ ]는 동사 hypothesizes의 목적어 역할을 하는 명사절이다.

The investigator immediately realizes [that an extraneous variable (exam format) {is interfering with the independent variable (class size)} and {may be operating as a cause in her data}].

➡ [ ]는 명사절로 동사 realizes의 목적어 역할을 하며, 두 개의 { }는 an extraneous variable (exam format)에 공통으로 이어진다.

어휘 |

• take for granted that ~을 당연하게 여기다
• investigator 연구자　• deviant 정상에서 벗어난, 일탈적인
• hypothesize 가설을 세우다　• hypothesis 가설
• apparently 명백히
• multiple-choice exam 선다형 시험
• extraneous 외부의　• variable 변인
• interfere 방해하다　• regardless of ~에 관계없이

GET SET | 수능 感 잡기

본문 134~135쪽

정답 | 1. ③ 2. ②

소재 | 자본주의에서 여가의 생성과 발달

해석 | 산업 자본주의는 일거리를 만들어 냈을 뿐만 아니라, 그 말의 현대적 의미로의 '여가'도 또한 만들어 냈다. 이것은 놀라운 것으로 보일 수 있는데, 초기의 목화 농장주들은 자신들의 기계를 가능한 한 오랫동안 가동하기를 원했고, 자신들의 일꾼들에게 매우 오랜 시간을 일하도록 강요했기 때문이다. 하지만 근무 시간 동안 지속적인 일을 요구하고 비업무 활동을 배제함으로써 고용주들은 여가를 업무와 분리했다. 일부 고용주들은 공장이 문을 닫는 별도의 휴가 기간을 만듦으로써 이 일을 매우 명시적으로 했는데, 왜냐하면 이렇게 하는 것이 그때그때 휴가를 내는 것에 의해 일을 진척(→ 중단)시키는 것보다 더 나았기 때문이었다. 휴일의 형태이건, 주말의 형태이건, 혹은 저녁이라는 형태이건, 일하지 않는 별개의 시간으로서의 '여가'는 자본주의 생산으로 만들어진, 통제되고 제한된 근로 시간의 결과였다. 그 후 노동자들은 더 많은 여가를 원했고, 여가 시간은 노동조합 운동에 의해 확대되었는데, 이것은 면화 산업에서 맨 처음 시작되었고, 결국 노동 시간을 제한하고 노동자들에게 휴가의 권리를 주는 새로운 법이 통과되었다.

다른 의미에서 여가는 또한 여가의 상업화를 통한 자본주의의 창조였다. 이것은 더 이상 전통적인 스포츠와 여가 활동에의 참여를 의미하지 않았다. 노동자들은 자본주의 기업이 조직한 여가 활동에 돈을 지불하기 시작했다. 사람들에게 입장료를 받을 수 있는 관중 스포츠, 특히 축구와 경마로의 대규모의 이동이 이제는 가능했다. 이것의 중요성은 아무리 강조해도 전혀 지나치지 않은데, 왜냐하면 완전히 새로운 산업이 출현해서 레저 시장을 개발하고 발전시키고 있어서, 그 시장은 나중에 소비자의 수요, 고용, 그리고 이익의 거대한 원천이 될 것이기 때문이었다.

해설 | 1. 산업 자본주의에서 효율적인 생산을 위해 고용주들이 노동자들에게 여가를 허용하고, 여가가 점점 확대되면서 또 하나의 거대한 시장을 만들어 냈다는 것이 글의 주된 내용이므로, ③ '자본주의에서의 여가의 출현과 발전'이 글의 제목으로 가장 적절하다.

① 노동자를 만족시키기 위해 필요한 것
② 노동자들이 더 많은 여가를 위해 싸워 온 이유
④ 일과 여가 사이의 균형을 맞추는 방법
⑤ 현대 레저 산업의 밝은 면과 어두운 면

2. 노동자들이 그때그때 휴가를 내게 되면 일이 진척되지 않고 일이 중단되게 되므로 (b)의 promoted를 '중단되는'이라는 의미를 지닌 disrupted 같은 말로 바꿔 써야 한다.

구문 |

This might seem surprising, [for the early cotton masters {wanted to keep their machinery running as long as possible} and {forced their employees to work very long hours}].

➡ [ ]는 접속사 for가 이끄는 이유를 나타내는 절이며, 두 개의 { }는 병렬구조를 이루고 있다.

The importance of this can hardly be exaggerated, [for whole new industries were emerging to exploit and develop the leisure market, {which was to become a huge source of consumer demand, employment, and profit}].

➡ [ ]는 이유를 나타내는 부사절이며, { }는 the leisure market을 부연 설명하는 관계절이다.

01 정답 | ③　02 정답 | ②

소재 | 의사의 기술을 측정하는 것의 어려움

해석 | 환자들은 무작위로 의사에게 배정되지는 않는다. 두 명의 의사가 많은 측면에서 다를지 모르는 두 집단의 고객을 담당하게 된다. 더 훌륭한 의사의 환자가 심지어 더 높은 사망률을 보일 수 있다. 왜 그럴까? 어쩌면 병이 더 심한 환자는 최고의 의사를 찾게 되고, 그래서 그 의사가 진료를 잘 하더라도, 그의 환자는 다른 의사의 환자보다 사망할 확률이 더 높을 수도 있다. 따라서 환자의 결과만 보고 의사의 실력을 측정하는 것은 그릇된 인상을 줄 수 있다. 그것이 일반적으로 의사의 '성적표'가 하는 일이고, 그 생각은 분명 호소력이 있지만, 그것은 어느 정도 바람직한(→ 바람직하지 않은) 결과를 만들 수 있다. 자신이 환자의 결과에 따라 평가되고 있다는 것을 알고 있는 의사는 자신의 성과에 손상을 주지 않기 위하여 가장 치료를 필요로 하는 높은 위험의 환자를 거부할지도 모른다. 사실, 바로 이러한 종류의 부적절한 의사 장려책으로 인하여 병원의 성적표는 실제로 환자에게 해를 끼치고 있다고 연구는 보여주었다.

의사가 하는 결정의 영향은 환자가 치료받고 긴 세월이 흐르기 전까지는 찾아낼 수 없기 때문에 의사의 실력을 측정하는 것은 또한 다루기 힘들다. 예를 들어, 의사가 유방 방사선 촬영을 판독할 때, 그녀는 유방암이 있는지 여부를 확신할 수 없다. 만약 생검법이 지시된다면, 몇 주 뒤에 알 수 있게 되거나, 나중에 환자를 죽음에 이르게 하는 종양을 놓친다면, 결코 알지 못할 수도 있다. 심지어 의사가 아주 정확히 진단하여 잠재적으로 심각한 문제를 예방할 때조차도 그 환자가 지시를 확실히 이행하게 하기는 어렵다. 그가 처방된 약물을 복용했는가? 그가 지시받은 대로 식단과 운동 프로그램을 바꾸었는가?

해설 | 01 의사의 실력에 대한 평가의 부정확성과 의사의 진단을 판단하는 것의 어려움에 대해 이야기하고 있으므로 글의 제목으로는 ③ '의사의 실력을 정말로 측정할 수 있을까?'가 가장 적절하다.
① 왜 우리는 의사를 존중해야 하는가?
② 치료는 사실상 환자에게 달려 있다
④ 의사의 일: 유혹에 빠지기 쉬운
⑤ 잘못된 진단을 내릴 가능성
02 의사에 대해 평가하는 성적표가 잘못된 결과를 가져올 수 있다는 내용이므로 (b)의 desirable(바람직한)을 undesirable(바람직하지 않은)로 수정해야 한다.

✓ **Check**

정답 | **1.** 비판적인[부정적인]　**2.** if there is breast cancer or not

해설 |

1. 필자는 의사들을 평가하는 성적표를 비판적인[부정적인] 어조로 기술하고 있다.

2. 접속사 if가 '~인지 아닌지'의 의미로 쓰이고 있으며 there is(~이 있다) 뒤에 주어인 breast cancer가 오는 것이 적절하다.

구문 |

A doctor [who knows he is being graded on patient outcomes] may turn down the high-risk patients [who most need treatment] so as to not damage his score.
➡ 첫 번째 [ ]는 A doctor를 수식하는 관계절이며, 두 번째 [ ]는 the high-risk patients를 수식하는 관계절이다.

[Measuring doctor skill] is also tricky [because the impact of a doctor's decisions may not be detectable until long after the patient is treated].
➡ 첫 번째 [ ]는 동명사구로 주어 역할을 하고 있으며, 두 번째 [ ]는 이유를 나타내는 부사절이다.

03 정답 | ③　04 정답 | ③

소재 | 두려움 극복하기

해석 | 두려움 속에서 자라난 우리는 미래에서 두려움만 본다. 우리 문화는 두려움을 판다. 지역의 저녁 뉴스에서 무엇이 나올지 여러분에게 알려 주는 짧은 광고 방송을 보라. "왜 여러분이 먹고 있는 음식이 위험할 수 있는가!" "왜 여러분의 아이가 입고 있는 옷이 안전하지 않을 수 있는가." "왜 올해 휴가로 인해 여러분이 죽을 수도 있는가 하는 내용은 6시에 특집 보도로 나올 예정입니다."

하지만 우리가 두려워하는 것 중 얼마나 많은 일이 일어날 것인가? 사실 우리가 두려워하는 것과 우리에게 일어나는 것 사이에는 큰 상관관계가 없다. 우리가 먹는 음식은 안전하며, 우리 아이들의 옷에 갑자기 불이 붙지는 않을 것이고, 우리의 휴가는 재미있을 것이라는 것이 현실이다.

그래도 우리의 삶은 자주 두려움의 지배를 받는다. 보험회사들은 우리가 걱정하는 대부분의 일은 절대 일어나지 않을 것이라고 장담한다. 그리고 그들은 매년 수십억 달러를 잃는다(→ 번다). 요점은 우리가 보험에 가입해서는 안 된다는 것이 아니다. 요점은 우리가 도전적인 스포츠에 참여하며 매우 즐거운 시간을 보낼 가능성이 있다는 것이다. 몇 가지 위험을 감수하고 때로는 비틀거리겠지만, 우리는 비즈니스 세계에서 살아남을 것이고 어쩌면 심지어 번창할 가능성도 많다. 그리고 우리는 즐거운 시간을 보내고 사교 모임에서 좋은 사람들을 많이 만날 것이다. 그러나 우리들 대부분은 마치 우리가 가능성이 거의 없는 것처럼 살아간다. 여기서 우리의 가장 큰 도전 중 하나는 이러한 두려움을 극복하기 위해 노력하는 것이다. 우리는 매우 많은 기회를 제공받았고 우리는 그것들을 최대한 활용하는 법을 배울 필요가 있다.

해설 | 03 우리는 미래에서 두려운 것만 보지만, 우리가 두려워하는 일과 실제로 일어나는 일은 거의 상관관계가 없기 때문에 이러한 두려움을 극복하기 위해 노력하고 많은 기회를 최대한 활용하는 법을 배울 필요가 있다는 내용의 글이다. 따라서 글의 제목으로 가장 적절한 것은 ③ '두려워하지 말고 인생

의 기회를 최대한 활용하라'이다.

① 우리의 두려움 뒤에 있는 것
② 두려움이 우리의 사회 생활에 영향을 미치는 방식
④ 두려움: 우리 안의 사고 예방 체계
⑤ 보험회사는 두려움의 분위기를 조성한다

04 우리의 삶이 자주 두려움의 지배를 받지만 우리가 두려워하는 것과 실제 일어나는 것 사이에는 큰 상관관계가 없고, 우리는 도전적인 스포츠에 아주 재미있게 참여할 것이며, 비즈니스 세계에서 살아남을 것이고, 심지어 번창할 가능성도 높다는 내용을 통해, 우리가 걱정하는 것의 대부분이 절대 일어나지 않을 것이라고 하는 보험회사의 장담이 맞다는 것을 알 수 있으므로 보험회사가 수십억 달러를 벌어들인다는 내용이 되어야 한다. 따라서 ③ lose는 '벌다'를 의미하는 win과 같은 단어로 바꿔야 한다.

✅ Check

정답 | **1.** how much of what we fear
2. (B) insurance companies
(C) so many opportunities

해설 |

1. '우리가 두려워하는 것 중 얼마나 많은 일'이라는 의미가 되어야 하므로, 주어진 낱말의 알맞은 순서는 how much of what we fear이다.
2. (B) they는 앞 문장에 있는 복수명사인 Insurance companies를 가리킨다.
(C) them은 앞에 위치한 so many opportunities를 받는다.

구문 |

The truth is, there really isn't a big correlation between [what we fear] and [what happens to us].
➡ 두 개의 [ ]가 and에 의해 병렬 관계로 연결되어 있다.

The chances are good [we will survive and possibly even thrive in the business world, despite taking a few risks and occasionally stumbling].
➡ [ ]에서 we의 앞에는 The chances와 동격 관계인 명사절을 이끄는 접속사 that이 생략되어 있다. 원래 동격 관계인 명사절은 The chances의 바로 뒤에 위치하는 것이 원칙이지만, 그 경우 주어부가 너무 길어지게 되므로, 동격 관계인 명사절 [ ]를 주어인 The chances와 분리하여 뒤로 보냈다.

PLUS | 어법 잡기

본문 140쪽

Grammar Review

정답 | **1.** ③　**2.** (A) Measuring　(B) treated
3. (A) prevents　(B) to make　**4.** between what we fear and what happens to us (또는 between what happens to us and what we fear)

해설 |

1. 뒤에 나오는 to measure 이하가 내용상의 주어 역할을 하고 있으므로 ③의 That은 형식상의 주어 역할을 하는 It으로 수정해야 한다.
2. (A) 명사구를 이끌어 주어 역할을 하는 동명사 Measuring이 와야 한다.
(B) 주어인 the patient가 치료를 받는 수동의 상황이므로 treated가 와야 한다.
3. (A) 앞의 동사 gets와 병렬구조를 이루는 prevents가 적절하다.
(B) 내용상의 주어 역할을 해야 하므로 to make가 와야 한다.
4. 〈correlation between ~ and ...〉은 '~와 … 사이의 상관관계'라는 의미이고, 각각 what이 이끄는 명사절이 있어야 한다. 따라서 알맞은 순서는 between what we fear and what happens to us 또는 between what happens to us and what we fear이다.

PLUS | 어휘 잡기

본문 141쪽

Vocabulary Review

정답 | **1.** (1) randomly　(2) appeal　(3) stumble
(4) correlation
2. (1) govern　(2) misleading　(3) commercial
(4) diagnosis
3. (1) vulnerable　(2) overcome　(3) tricky　(4) bet

해석 및 해설 |

2. (1) 사람을 통제하거나 사람들에게 강하게 영향을 미치다: 지배하다
(2) 사실이 아닌 것을 누군가 믿게 할 것 같은: 오도하는
(3) 라디오나 텔레비전에서 나오는 광고: 상업 광고
(4) 누군가를 면밀히 검사함으로써 잘못된 것을 발견하는 과정: 진단
3. (1) 이 지역은 홍수에 <u>취약하기</u> 때문에 우리는 대책이 필요하다.

(2) 그들은 먼저 환경 문제를 극복해야 했다.

(3) 시험에서의 몇몇 까다로운 문제는 사실 여러분의 상상력을 증가시키는 데 도움이 될 수 있다.

(4) 나는 그들이 좋은 소식을 가져올 것이라고 장담한다.

Vocabulary in Context

정답 | **1.** (1) turn down (2) approximately
2. (1) (t)hrive (2) (o)bvious

해석 및 해설 |

1. (1) 그들의 제안은 너무나 매력적이어서, 그녀는 그 제안을 거절할 이유가 없다.
accept: 받아들이다   turn down: 거절하다
(2) 지구는 대략 40억 살이라고 알려져 있다.
approximately: 대략   exactly: 정확히

2. (1) Brown 박사는 노트북 컴퓨터의 인기가 번창할 것이라고 예상한다. (쇠퇴하다)
(2) Gloria가 거짓말을 하고 있는 것은 분명해 보였다.
(불명확한)

18 장문 독해 (2)

READY | 내신 感 잡기

소재 | 가난한 남자의 재치

해석 | (A) 옛날에 아르메니아의 한 왕이 있었는데, 그는 호기심이 강하고 약간의 변화가 필요해서 자신의 신하들을 전국 방방곡곡으로 보내어 다음과 같은 포고를 하게 했다. "이것을 들으시오! 여러분 중 어떤 사람이라도 자신이 아르메니아에서 가장 터무니없는 거짓말쟁이라는 것을 증명하면 국왕 폐하로부터 직접 순금으로 만든 사과를 받을 것이오!"

(D) 그 나라의 모든 고을과 마을에서 온갖 부류의 사람들, 왕자, 상인, 농부, 사제, 부유한 사람과 가난한 사람, 키 큰 사람과 키 작은 사람, 뚱뚱한 사람과 마른 사람이 궁궐로 떼지어 모여들기 시작했다. 그 나라에는 거짓말쟁이가 많았으며, 각자가 자신의 거짓말을 그 왕에게 들려주었다. 그러나 그 거짓말 중 어느 것도 그 왕에게 그가 최고의 거짓말을 들었다는 확신을 주지 못했다.

(C) 그 왕은 자신의 새로운 장난에 싫증이 나기 시작했고 승자를 공표하지 않은 채 전체 대회를 중단할 것을 생각하고 있었다. 그때, 그 앞에 누더기를 걸친 가난한 남자가 자신의 어깨에 커다란 자루를 메고 나타났다. "무슨 일이냐?"라고 왕이 물었다. "폐하! 분명히 기억하십니까? 폐하는 제게 황금 한 항아리를 빚지셨고, 저는 그것을 받으러 왔습니다."라고 그 가난한 남자가 약간 당황하면서 말했다.

(B) "여보게, 자네는 완벽한 거짓말쟁이야! 나는 자네에게 한 푼도 빚지지

않았어!"라고 왕이 외쳤다. "제가 완벽한 거짓말쟁이라고요? 그럼 제게 그 황금 사과를 주십시오!"라고 그 가난한 남자가 말했다. 그 남자가 자기를 속이려 하고 있다는 것을 깨달은 왕은 "아니, 아니! 자네는 거짓말쟁이가 아니야!"라고 말했다. "그럼, 제게 빚진 황금 한 항아리를 주십시오, 폐하."라고 그 남자는 말했다. 그 왕은 궁지에 몰린 것을 깨달았다. 그는 황금 사과를 건네주었다.

해설 | 글의 순서 찾기: 왕이 가장 터무니없는 거짓말쟁이를 찾는다는 포고를 내리는 주어진 글 (A)에 이어, 온갖 부류의 사람들이 모여들어 거짓말을 들려주었으나, 왕의 인정을 받지 못한 내용의 (D)가 와야 한다. 다음으로 실망한 왕이 대회를 중단하려고 했을 때, 누더기 옷차림의 한 남자가 나타나 왕에게 빚진 황금 항아리를 달라고 요구하는 (C)가 와야 하며, 마지막으로 왕이 이 사람을 가장 터무니없는 거짓말쟁이로 인정했다가 황금 사과를 넘겨주는 일을 당한 (B)가 와야 한다.

밑줄 친 부분 중 가리키는 대상이 나머지 넷과 다른 하나 찾기: (a), (b), (c), (e)는 왕을 가리키지만 (d)는 누더기 차림의 가난한 남자를 가리킨다.

내용과 일치하지 않는 것 찾기: 왕이 가난한 남자에게 하사한 것은 황금 항아리가 아니라 황금 사과였다.

Check

정답 | **1.** dilemma **2.** 가장 터무니없는 거짓말을 하는 사람을 찾는 것

해설 |

1. '무엇을 해야 할지 결정하기가 매우 어려운 상황'이므로 '궁지, 진퇴양난'의 의미를 갖는 dilemma가 적절하다.

2. new sport는 '새로운 장난'이란 의미로 '가장 터무니없는 거짓말을 하는 사람을 찾는 것'을 가리킨다.

구문 |

[Whatever man among you can prove himself the most outrageous liar in Armenia] shall receive an apple [made of pure gold] from the hands of His Majesty the King!

➡ 복합관계사 Whatever로 시작되는 첫 번째 [ ]가 문장의 주어를 이루고 있다. 과거분사 made로 시작되는 두 번째 [ ]는 앞의 an apple을 수식한다.

None of those lies, however, **convinced** the king **that** he had listened to the best one.

➡ 부정어 none은 전체 부정을 의미한다. 〈convince+목적어+that ~〉은 '~에게 …라는 확신을 주다'라는 의미를 나타낸다.

어휘 |

• a curious turn of mind 호기심이 강한 성격

- in need of ~이 필요하여
- proclamation 포고, 선언
- His Majesty 폐하, 왕
- owe 빚지다
- sire 폐하
- hand over ~을 건네주다
- sport (재미삼아 하는) 장난
- call off ~을 중단하다, ~을 취소하다
- declare 공표하다, 선언하다
- sack 자루, 마대
- bewildered 당황한, 당혹한
- merchant 상인
- no lack of ~이 많은
- following 다음의
- outrageous 터무니없는, 엉뚱한
- exclaim 외치다, 소리치다
- realize 깨닫다
- dilemma 궁지, 진퇴양난
- grow tired of ~에 싫증이 나다
- ragged 누더기를 걸친, 너덜너덜한
- slightly 살짝, 약간
- swarm (떼를 지어) 모여들다
- priest 성직자
- convince 확신시키다, 납득시키다

GET SET | 수능 感 잡기

본문 144~145쪽

정답 | 1. ② 2. ⑤ 3. ②

소재 | 자연의 섭리를 가르쳐주신 할머니

해석 | (A) Olivia와 그녀의 여동생 Ellie는 양배추의 한가운데 할머니와 함께 서 있었다. 갑자기 할머니가 "양배추 흰나비가 뭔지 아니?"라고 물었다. "네, 저는 생물 시간에 그것에 대해 배웠어요. 그것은 아름다운 하얀 나비예요."라고 Olivia가 대답했다. "맞아! 하지만 그것은 양배추에 알을 낳고, 그러고 나서 애벌레는 양배추 잎을 먹지! 그러니, 내가 애벌레를 잡는 것을 도와주지 않겠니?"라고 할머니가 제안했다. 두 자매는 기꺼이 동의했고 준비를 위해 집으로 돌아갔다.

(C) 곧, 각자 작은 양동이를 갖춘 채 Olivia와 Ellie는 할머니에게 다시 갔다. 그들이 양배추밭을 보았을 때, 그들은 갑자기 그것이 얼마나 넓은지 생각이 났다. 백만 개의 양배추가 있는 것 같았다. Olivia는 끝없는 양배추밭을 보고 입을 벌린 채 서 있었다. 그녀는 그들이 도저히 애벌레를 모두 다 떼어낼 수 없으리라고 생각했다. Olivia는 절망감에 한숨을 쉬었다. 할머니는 그녀를 보고 미소를 지으며 "걱정하지 마라. 우리는 단지 오늘 여기 첫 번째 줄에서만 일할 거란다."라고 말했다. 안도한 채 그녀와 Ellie는 첫 번째 양배추에서 시작했다.

(B) 양배추 흰나비들이 그들 주위의 하늘을 가득 메운 채 애벌레들이 잡히면서 꿈틀거렸다. 마치 그 나비들은 Olivia를 놀리고 있는 것처럼 보였다. 그것들은 수백만 개의 알을 더 낳겠다고 암시하면서 그녀를 비웃는 것처럼 보였다. 양배추밭은 마치 전쟁터처럼 보였다. Olivia는 싸움에서 지고 있다고 느꼈지만, 그녀는 계속 싸웠다. 그녀는 (양동이) 바닥이 모습을 감출 때까지 계속해서 자신의 양동이를 애벌레로 채웠다. 지치고 낙담한 채 그녀는 할머니에게 "나비를 모두 없애서 더 이상의 알이나 애벌레가 생기지 않게 하면 어때요?"라고 물었다.

(D) 할머니는 부드럽게 미소를 지으며 "왜 대자연과 싸우려고 하니? 나비들은 이 꽃에서 저 꽃으로 꽃가루를 옮기기 때문에 우리가 다른 식물들을 키우는 데 도움을 준단다." Olivia는 그녀가 옳다는 것을 깨달았다. 할머니는 애벌레가 양배추에게 해를 끼친다는 것을 알지만, 환경의 자연적 균형을 방해하고 싶지 않다고 덧붙였다. Olivia는 이제 나비의 진정한 아름다움을 깨달았다. Olivia와 Ellie는 자신들의 가득 찬 양동이를 보고

미소를 지었다.

해설 | 1. (A)에서는 할머니가 Olivia와 Ellie에게 양배추밭에 있는 애벌레를 잡는 것을 도와달라고 요청했고, (C)에서는 양배추밭의 크기에 놀란 Olivia가 동생 Ellie, 할머니와 함께 양배추에서 애벌레를 잡기 시작했으며, (B)에서는 마치 전쟁터 같은 양배추밭에서 지치고 낙담한 Olivia가 할머니에게 나비를 모두 없애버리면 어떻겠느냐고 물었고, (D)에서는 할머니가 Olivia에게 자연의 섭리를 일깨워 준 내용으로 전개되므로, 가장 적절한 글의 순서는 ②이다.

2. (a), (b), (c), (d)는 Olivia를 가리키지만, (e)는 Olivia의 할머니를 가리킨다.

3. (A)에서 "So, why don't you help me to pick the caterpillars up?"이라고 할머니가 말한 후 Olivia와 Ellie는 집에서 양동이를 준비해 와서 양배추밭에 있는 애벌레를 잡기 시작했으므로, ②가 글의 내용으로 적절하지 않다.

구문 |

It was [as if the butterflies were making fun of Olivia]; they seemed to be laughing at her, [suggesting that they would lay millions more eggs].

➡ 첫 번째 [ ]는 as if(마치 ~인 것처럼)로 시작하는 절로 '비유'의 의미를 나타낸다. 두 번째 [ ]는 분사구이며, suggest는 '암시하다'의 의미로 사용되었다.

Grandma added [that {although she knew caterpillars did harm to cabbages}, she didn't wish to disturb the natural balance of the environment].

➡ [ ]는 added의 목적어 역할을 하는 명사절이며, { }는 '비록 ~일지라도'라는 의미의 접속사 although로 시작하는 부사절이다.

GO | 수능 내신 둘 多 잡기

본문 146~149쪽

| 01 | ④ | 02 | ④ | 03 | ④ | 04 | ③ | 05 | ③ | 06 | ③ |

01 정답 | ④ 02 정답 | ④ 03 정답 | ④

소재 | 실종된 개를 찾게 된 사연

해석 | (A) 스물한 살 난 내 딸과 네 살 난 수컷 퍼그인 그녀의 개 Popeye는 4개월 동안 우리와 함께 살았고, 나는 그 기간 동안 Popeye를 돌보는 사람이었다. 딸은 이사할 때 나의 사랑하는 Popeye를 데리고 갔고 우리는 거의 두 달 동안 딸로부터 소식을 듣지 못했다. 내가 Popeye에 대해 물었을 때, 딸은 그 개가 자신이 머무르고 있는 집의 마당을 빠져나갔으며, 그 개를 찾을 수 없다고 말했다.

(D) 나는 전단지를 만들어 복사집에 가지고 가서 100부를 만들게 했다.

나는 Popeye가 실종된 지역 곳곳에 포스터를 붙였다. 나는 그 지역에서 퍼그 한 마리에 관한 전화를 여러 통 받았고, 전화를 건 사람이 그 개를 봤다고 말하는 곳이면 어디든 항상 달려갔다. 시간이 흐를수록 나는 전단지를 점점 더 많이 붙였지만, 전화는 점점 줄어들었다.

(B) 그러던 어느 날 어떤 남자로부터 전화를 받았는데, 그는 나에게 Popeye가 그의 조카딸과 함께 텍사스에 있다고 말했다. 그는 Popeye가 실종될 당시 조카딸이 방문해 있었고, 그 조카딸이 놀이터 근처에서 그 개를 발견했다고 말했다. 그 조카딸은 근처를 돌아다니며 그 개를 아는 사람이 있는지 물었지만, 아무도 찾지 못했다. 그래서 집에 갈 때가 되었을 때 조카딸은 그 개를 데리고 갔다. 조카딸의 삼촌은 여러 달 동안 여행을 하고 있었고, 그러다가 집에 돌아와 시내 도처에서 내 전단지들을 보았을 때, 그는 조카딸에게 전화를 걸어 Popeye의 가족이 그 개를 찾아다니고 있다고 말했다.

(C) 그는 조카딸의 전화번호를 내게 알려 주었고, 나는 전화를 걸어 그녀가 가진 개가 Popeye의 재롱을 부릴 수 있는지 물었고, 아니나 다를까, 그 개는 그렇게 했다. 이제 여러분은 Popeye는 텍사스에 있고 나는 미시시피에 있는데, 내가 그 개를 어떻게 데리고 올 것인지 궁금할 것이다. 그러니까, 나머지 이야기는 그 조카딸이 내 아버지 집에서 15분 떨어진 곳에 살고 있어서, 그가 내 아들의 졸업을 위해 올 때 Popeye를 차에 태워 집으로 데려왔다는 것이다!

해설 | 1. 필자의 딸이 필자가 애지중지하던 개인 Popeye를 잃어버린 상황을 언급한 (A)에 이어서 실종된 Popeye를 찾기 위해 필자가 애를 쓴 과정을 언급한 (D)가 와야 한다. 다음으로 어떤 남자가 자신의 조카딸이 Popeye를 데려가 텍사스에 있는 그녀의 집에서 함께 머무르고 있다는 소식을 전한 내용을 담은 (B)가 와야 하며, 마지막으로 Popeye를 되찾게 되는 과정을 언급한 (C)가 와야 한다. 따라서 (A)에 이어질 글의 순서로 가장 적절한 것은 ④ (D)-(B)-(C)이다.

2. (d)의 he는 Popeye를 데리고 필자의 아들 졸업 때문에 찾아온 사람이므로 필자의 아버지를 가리킨다. (a), (b), (c), (e)는 모두 Popeye를 가리킨다.

3. Popeye를 데려온 사람은 필자가 아니라 필자의 아버지이므로 ④는 글의 내용과 일치하지 않는다.

✔ Check

정답 | 1. had escaped   2. flyer

해설 |

1. 필자의 딸이 필자에게 말한(told) 것보다 개가 마당을 빠져나간 것이 먼저 일어난 일이므로 had escaped가 적절하다.

2. '어떤 것을 광고하고 많은 사람들에게 주는 작은 종이 한 장'이라는 의미를 갖는 어휘는 flyer(전단지)이다.

구문 |

Now, you may be wondering [how I would get

Popeye back when he was in Texas and I was in Mississippi].

➡ [ ]는 wondering의 목적어 역할을 하는 명사절로 〈의문사(how)+주어+동사〉의 어순으로 배열되었다.

I made up a flyer, took it to the copy shop, and **had a hundred copies made**.

➡ 〈사역동사(had)+목적어(a hundred copies)+과거분사(made)〉의 구조가 사용되었다. 목적어와 목적격 보어가 수동 관계이므로 과거분사가 사용되었다.

---

04 정답 | ③   05 정답 | ③   06 정답 | ③

소재 | 가정 침입자를 잡은 경찰견

해석 | (A) 새벽 2시에 Peter는 허기를 느껴서 주방 안으로 천천히 들어갔다. 전등을 켰을 때 한 낯선 남자가 주방에 서 있다는 사실을 그는 금방 깨달았다. 하지만 그 눈 깜짝할 순간에 그는 조치를 취해야 함을 알았다. 그는 소리를 질렀고 그 낯선 남자가 밤의 어둠 속으로 달아나는 것을 보았다. 떨리는 손가락으로 Peter는 경찰서에 전화를 걸었다. "방금 제 집에서 침입자를 쫓아냈습니다!"

(C) Dave Guest 경관과 경찰견인 Nero가 몇 분도 안 되어 현장에 도착했다. Dave는 그 겁에 질린 남자의 이야기에 귀를 기울였다. 그 거주자가 차량의 소리를 듣지 못했기에 용의자는 아마도 걸어 다녔을 것이다. Dave는 침입자가 여전히 그들 주변에 숨어 있을 가능성이 있다고 생각했다. "수색해!" 그는 Nero에게 지시했다. 그 즉시 그 개는 작업에 들어갔다. 목줄을 꽉 붙잡고 Dave는 Nero의 흔들거리는 꼬리 바로 뒤를 따라갔다.

(D) 그 개는 이쪽저쪽 코를 킁킁거리며 완전히 정신을 집중했다. 그는 콧구멍을 민감하게 벌름거리며 앞뒤로 바람을 점검했다. 그러더니 그의 예민한 코가 그의 희생양의 냄새 분자를 포착했고, 그는 뒤돌아 펄쩍 뛰며 추격했다. 그 개는 거친 덤불 구역으로 뛰어든 후 옆집 뒷마당으로 들어갔다. Dave는 후려치며 피부를 할퀴는 나뭇가지로부터 얼굴을 가리면서 따라갔다. 그 개는 용의자가 불과 몇 발짝 앞에 있음을 알고 있었음이 분명했다.

(B) 갑자기 그의 꼬리가 위로 올라갔다. 그는 뒷문으로 들어가는 계단을 펄쩍 뛰어 올라 짖어대기 시작했다. Dave는 그들의 수색이 끝났음을 알았는데, 파티오 문의 유리를 통해 용의자를 볼 수 있었기 때문이었다. Dave가 어떠한 일을 해야 하기도 전에 그 도둑 미수자는 손바닥을 펴고 손을 위로 든 채 걸어 나왔다. Nero의 짖는 소리로 충분했다. 그 겁에 질린 남자는 어떠한 모험도 감행하지 못하고 있었다. 그는 마룻바닥에 납작하게 엎드려 손목을 내밀었다.

해설 | 04 (A)에는 Peter가 한밤중에 주방에 갔다가 침입자를 발견하고 긴급하게 신고하는 장면이 묘사되고 있다. 그 다음으로는 Dave 경관과 경찰견 Nero의 출동과 침입자에 대한 수색이 시작되는 내용의 (C)가 이어져야 한다. (C) 다음에는 경찰견 Nero가 예민한 후각으로 침입자의 위치를 찾아가는 (D)가 이어져야 하며, 마지막으로 침입자를 찾아 검거하는 장면이 설명된 (B)가 와야 한다. 따라서 (A) 다음에 이어질 글의 순서로 가장 적절한 것은 ③이다.

05 (a), (b), (d), (e)는 Peter의 집에 침입한 범인을 가리키고, (c)는 침입자 때문에 겁에 질린 사람인 Peter를 가리킨다.

06 (C)의 Because the resident hadn't heard the sound of a vehicle, the suspect was probably on foot.을 통해 Peter는 차 소리가 들리지 않아 범인이 걸어왔을 것으로 추측했음을 알 수 있다. 따라서 글의 내용과 일치하지 않는 것은 ③이다.

✔Check

정답 | **1.** ④ **2.** realize → to realize / Keep → Keeping

해설 |

1. Nero가 예민한 후각을 이용하여 가정 침입자를 잡는 과정을 설명하고 있으므로 Nero가 용감하고(courageous) 충직한(faithful) 경찰견임을 알 수 있다.
① 느리고 게으른
② 웃기고 장난기 많은
③ 거칠고 다루기 힘든

2. '(시간이) 걸리다'라는 의미의 take는 〈It+takes+목적어(사람)+시간+to부정사〉의 어순을 형성하므로 realize는 to realize가 되어야 한다. 뒤에 주어(Dave)와 동사(followed)가 있으므로 주어의 동작을 부수적으로 설명하는 분사구를 이끄는 Keeping이 와야 적절하다.

구문 |

Dave knew their search was over; [through the glass in the patio door] he could see the suspect.
➡ [ ]는 부사구이며, 여기서 세미콜론(;) 이하는 앞 내용에 대한 이유를 설명해준다.

Dave thought **it** likely [**that** the intruder was still hiding near them].
➡ it은 형식상의 목적어이고 접속사 that이 이끄는 [ ]가 내용상의 목적어이다. likely는 형용사로 목적격 보어 역할을 하고 있다.

Back and forth he tested the wind, **nostrils flaring delicately**.
➡ nostrils flaring delicately는 nostrils를 의미상의 주어로 하는 독립분사구이다.

PLUS 어법 道 잡기 본문 150쪽

Grammar Review

정답 | **1.** ④ **2.** (A) traveling (B) that
3. (A) to be (B) suggesting
4. from whipping branches that scratched his skin

해설 |

1. 해설 ④에는 문맥상 수동의 의미를 갖는 과거분사가 필요하므로 making을 made로 고쳐야 한다.

2. (A) 여러 달 동안 여행을 해왔던 상황을 나타내므로 과거완료 진행형을 만드는 traveling이 적절하다. 문맥상 수동태는 올 수 없다.
(B) 뒤의 Popeye's family was hunting for him이 완전한 구조를 갖춘 절이므로 명사절을 이끄는 접속사 that이 적절하다.

3. (A) seem 다음에 to부정사가 필요하므로 to be가 적절하다.
(B) 흐름상 '암시하면서'라는 의미의 분사구가 와야 하므로 suggesting이 적절하다.

4. 〈shield ~ from ...〉은 '~을 …로부터 보호하다'라는 표현이다. from 다음에는 whipping branches가 필요하고, 이를 선행사로 하는 관계절을 뒤에 쓰면 된다.

PLUS 어휘 道 잡기 본문 151쪽

Vocabulary Review

정답 | **1.** (1) ragged (2) sigh (3) suspect (4) nostril
2. (1) intruder (2) leash (3) patch (4) flyer
3. (1) vast (2) outrageous (3) exhausted
(4) bewildered

해석 및 해설 |

2. (1) 불법적으로 한 장소에 들어가는 사람: 침입자
(2) 개나 다른 동물들을 산책시키고 통제하기 위해 사용되는 줄이나 로프: 가죽 끈, 목줄
(3) 주변 지역과 다른 무엇인가가 있는 작은 지역: 작은 땅, 구역
(4) 어떤 것을 광고하는 작은 종이 한 장: 전단지

3. (1) 북쪽으로는 광활한 황무지가 펼쳐져 있었다.
(2) 그는 터무니없는 거짓말을 하는 나쁜 버릇이 있다.
(3) 등반 후에 우리 모두는 육체적으로 지쳐 있었다.
(4) 그녀는 현관에서 여러 경찰관을 발견하고 당황했다.

정답 | **1.** (1) delicately (2) terrified
2. (1) (c)hase (2) (i)nstructed

해석 및 해설 |

1. (1) 이 그릇은 매우 깨지기 쉽기 때문에 조심스럽게 다루
어져야 한다.
delicately: 조심스럽게   carelessly: 부주의하게

(2) 그녀는 숲속에서 오도가도 못하게 된다는 생각에 겁에
질리는 느낌을 가졌다.
terrific: 멋진, 아주 좋은   terrified: 겁에 질린

2. (1) 그 경찰관은 호루라기를 불며 그 도둑을 뒤쫓기 시작
했다. (달아나다)

(2) 그녀는 우리에게 문서를 번역하는 방법에 대해 가르쳤
다. (배웠다)

memo

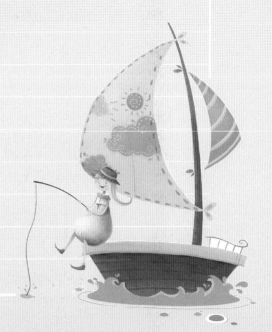